新媒体环境下阅读引导与读者服务

刘奕娜 ◎ 著

吉林出版集团股份有限公司

版权所有　侵权必究

图书在版编目（CIP）数据

　　新媒体环境下阅读引导与读者服务 / 刘奕娜著. — 长春：吉林出版集团股份有限公司，2024.4
　　ISBN 978-7-5731-4896-4

　　Ⅰ．①新… Ⅱ．①刘… Ⅲ．①阅读辅导②读者服务 Ⅳ．①G252

　　中国国家版本馆 CIP 数据核字（2024）第 078276 号

新媒体环境下阅读引导与读者服务
XINMEITI HUANJING XIA YUEDU YINDAO YU DUZHE FUWU

著　　者	刘奕娜
出版策划	崔文辉
责任编辑	侯　帅
封面设计	文　一
出　　版	吉林出版集团股份有限公司
	（长春市福祉大路 5788 号，邮政编码：130118）
发　　行	吉林出版集团译文图书经营有限公司
	(http://shop34896900.taobao.com)
电　　话	总编办 0431-81629909　营销部 0431-81629880/81629900
印　　刷	廊坊市广阳区九洲印刷厂
开　　本	787mm×1092mm　1/16
字　　数	220 千字
印　　张	14
版　　次	2024 年 4 月第 1 版
印　　次	2024 年 4 月第 1 次印刷
书　　号	ISBN 978-7-5731-4896-4
定　　价	83.00 元

如发现印装质量问题，影响阅读，请与印刷厂联系调换。电话：0316-2803040

前　言

随着新媒体的迅速崛起,我们正面临一场前所未有的数字化变革,这不仅对我们的信息获取方式和社交互动方式提出了新的挑战,也给图书馆、阅读引导和读者服务提供了前所未有的机遇。本书旨在深入研究新媒体环境下的阅读引导与读者服务,探索在这一时代背景下如何更好地满足读者的需求,引导他们在信息洪流中获取有价值的知识。

我们身处在一个数字化、网络化的时代,信息随时随地可获得,但也带来了信息过载和碎片化的问题。在这个背景下,阅读引导和读者服务需要更加智能、贴心,以帮助读者从海量信息中筛选出真正有价值的内容。同时,新媒体环境也让我们面临着与读者交互、传递信息的全新方式,这需要图书馆与阅读引导者不断创新和适应。

在新媒体时代,阅读引导不再仅限于传统的书籍推荐,更需结合个性化推荐系统、社交媒体等工具,实现更精准、个性化的引导。我们将研究如何通过数据分析和用户行为洞察,为每位读者量身定制阅读推荐,提升阅读体验,使阅读引导更加符合当代读者的习惯和需求。

新媒体环境下,读者服务不再局限于传统的图书借阅和咨询服务,而是需要涉及更广泛的领域。虚拟服务、在线问答社区、社交媒体参与等新兴服务模式将成为满足读者需求的重要途径。本书将研究这些创新模式,深入剖析其优势和应用场景,为图书馆从业者提供更多元化、贴近读者心理的服务理念。

本书为新媒体环境下的阅读引导与读者服务提供了全方位的指导和启示。我们期待通过共同努力,引领图书馆和阅读引导者更好地应对新媒体时代的阅读挑战,为读者提供更为个性化、便捷、丰富的服务体验。

本书在编写过程中,参考了其他一些作者的相关内容与资料,在此表示衷心地感谢。由于编者水平及时间所限,书中难免存在疏漏和不当之处,敬请有关专家和广大读者批评指正。

目 录

第一章 新媒体环境下阅读引导与读者服务概述 ……… 001
- 第一节 新媒体对阅读的影响与挑战 ……… 001
- 第二节 阅读引导与读者服务的重要性 ……… 009
- 第三节 当前新媒体环境下的阅读需求分析 ……… 019

第二章 新媒体阅读引导理论 ……… 031
- 第一节 新媒体与阅读习惯的变迁 ……… 031
- 第二节 阅读引导理论与模型 ……… 040
- 第三节 多媒体阅读体验的心理学基础 ……… 045

第三章 新媒体环境下的读者服务模式 ……… 055
- 第一节 个性化阅读推荐系统 ……… 055
- 第二节 社交媒体与读者互动 ……… 065
- 第三节 跨平台读者服务的整合 ……… 074

第四章 数字化阅读资源与管理 ……… 083
- 第一节 电子书与数字期刊的管理与推广 ……… 083
- 第二节 数字图书馆的建设与维护 ……… 092
- 第三节 版权与数字阅读资源的合规管理 ……… 100

第五章 阅读社区建设与运营 ……… 110
- 第一节 线上阅读社区的特点与优势 ……… 110
- 第二节 阅读社区的用户参与与沉浸式体验 ……… 121
- 第三节 社群运营与阅读活动策划 ……… 128

第六章 新媒体时代的阅读教育 ……… 136
- 第一节 数字素养与阅读教育 ……… 136
- 第二节 青少年新媒体阅读习惯的培养 ……… 145
- 第三节 在线学习与阅读推广活动 ……… 154

第七章　跨文化视野下的新媒体阅读服务····157
第一节　多语言阅读服务与翻译工具应用····157
第二节　跨国合作与阅读资源共享····164
第三节　跨文化沟通与新媒体阅读服务策略····172

第八章　新媒体环境下的阅读评估与数据分析····180
第一节　阅读数据的收集与分析方法····180
第二节　阅读评估指标与工具····188
第三节　数据驱动的新媒体阅读服务优化····199

第九章　未来趋势与发展方向····210
第一节　新技术对新媒体阅读的影响····210
第二节　创新模式与新媒体阅读服务的未来展望····218
第三节　新媒体时代的阅读引导与读者服务创新案例分析····228

参考文献····236

第一章 新媒体环境下阅读引导与读者服务概述

第一节 新媒体对阅读的影响与挑战

一、数字化阅读行为分析与趋势

随着科技的迅猛发展，数字化阅读在过去几年中取得了显著的进展。人们越来越倾向于使用电子设备进行阅读，数字图书馆、电子书籍、在线文章等形式逐渐成为主流。本书将对数字化阅读行为进行深入分析，同时探讨未来的趋势，以期更好地理解数字时代下人们的阅读习惯与需求。

（一）数字化阅读的普及与影响

1. 移动设备的普及

随着智能手机、平板电脑等移动设备的普及，人们能够随时随地获取数字化阅读材料。这使得阅读不再受限于时间和地点，极大地提高了阅读的便捷性。

2. 电子书籍的兴起

数字化阅读最突出的表现之一是电子书籍的兴起。人们可以通过各种平台购买和下载电子书，这不仅减轻了传统纸质书籍的负担，还提供了更多样化的阅读选择。

3. 在线阅读平台的崛起

许多在线阅读平台崭露头角，它们为读者提供了广泛的数字阅读内容。这些平台通过推荐算法、社交功能等手段，为用户提供了更加个性化和社交化的阅读体验。

4. 阅读行为的变革

数字化阅读的普及不仅仅改变了阅读的形式，还影响了人们的阅读习惯。短时阅读、碎片化阅读逐渐成为主流，而传统的深度阅读也在一定程度上受到了挑战。

（二）数字化阅读行为分析

1. 阅读平台数据分析

通过对阅读平台的数据进行分析，我们可以了解到读者的偏好、点击率、停留时间等信息。这些数据为出版社、作家等提供了更多精准的市场信息，帮助他们更好地了解读者需求，调整出版策略。

2. 阅读内容多样性

数字化阅读平台上的内容多样性为读者提供了更广泛的选择。不同类型、不同风格的作品都能够在数字平台上找到受众。这也使得作者更有可能通过数字渠道找到属于自己的读者群体。

3. 互动性的增强

许多数字阅读平台通过社交功能、评论区等手段增加了读者之间的互动性。读者可以在阅读过程中分享心得、讨论观点，这为阅读带来了更丰富的体验。

4. 阅读时间和地点的灵活性

数字化阅读的灵活性使得人们在忙碌的生活中仍能够保持阅读习惯。无论是在公交车上、等候医生的诊室里，还是在床头灯光下，人们都可以轻松地阅读数字内容。

（三）数字化阅读的未来趋势

1. 智能化推荐系统

未来数字阅读平台将更加注重智能化推荐系统的研发，通过深度学习等技术，更准确地推荐读者感兴趣的内容，提高用户满意度。

2. 虚拟现实与增强现实融合

随着虚拟现实（VR）和增强现实（AR）技术的不断发展，数字化阅读也将融入这一趋势。读者可以通过虚拟现实技术沉浸式地阅读，或者通过增强现实技术将数字内容与现实场景相结合，创造更为丰富的阅读体验。

3. 区块链技术的应用

区块链技术的应用将增加数字内容的安全性和可信度。通过区块链，数字阅读平台可以更好地保护知识产权，防范盗版，提高作家和出版商的收益。

4. 非线性阅读体验

未来数字化阅读可能会更加注重非线性阅读体验，通过交互式的故事叙述、多样化的故事分支等方式，让读者更多地参与到故事中，提高阅读的趣味性和吸引力。

数字化阅读已经深刻地改变了人们的阅读行为，成为信息时代不可或缺的一部分。通过对数字化阅读的普及与影响、阅读行为的分析以及未来趋势的探讨，我们可以更好地理解数字时代下人们的阅读需求，并为数字阅读平台的发展提供有益的参考。未来，数字化阅读将继续引领阅读文化的变革，为读者提供更加个性化、多样化、互动性强的阅读体验。

二、社交媒体与阅读习惯的交互影响

随着社交媒体在日常生活中的普及，人们的阅读行为和习惯也逐渐受到了影响。社交媒体不仅改变了信息获取的方式，还在阅读习惯、阅读内容选择和社交互动等方面产生了深远的影响。以下将对社交媒体与阅读习惯之间的交互影响进行深入分析，探讨这一趋势对个体和社会的影响，并展望未来可能的发展方向。

（一）社交媒体对阅读习惯的塑造

1. 信息碎片化与阅读习惯

社交媒体平台上的信息呈现通常是碎片化的，以短文、图文混合的形式存在。这种碎片化的信息形式对阅读习惯产生了影响，使人们更倾向于接受短时、集中的信息，降低了深度阅读的频率。

2. 社交分享与阅读推荐

社交媒体通过分享功能，使用户能够轻松分享自己的阅读体验、书评或文章链接。这种社交分享对阅读内容的传播和推荐产生了积极影响，推动了信息的流动和多样性。

3. 视觉化阅读体验

社交媒体的多媒体特性，如图像、视频等，给阅读习惯带来了新的体验。用户更容易接触到通过图像和视频呈现的内容，这种视觉化的阅读体验在社交媒体上得到了推崇。

（二）社交媒体与阅读内容选择

1. 社交过滤与信息过载

社交媒体通过算法为用户提供个性化的信息流，根据用户的兴趣、点击记录等推送相关内容。这种过滤机制可以帮助用户更好地选择符合个人喜好的阅读材料，但也可能导致信息过滤的局限性，使用户陷入信息茧房。

2. 群体思维与阅读趋势

社交媒体上的热门话题和讨论往往会影响大量用户的阅读选择。用户在社交平台上接触到的热门阅读趋势可能会在一定程度上影响其个人的阅读兴趣，形成一种群体思维。

3. 广告与商业内容的渗透

社交媒体平台上的广告和商业内容也会影响用户的阅读选择。用户可能会在社交平台上受到广告的引导而选择某种类型的图书或文章，从而影响其阅读内容的多样性。

（三）社交媒体对阅读社交互动的促进

1. 评论与互动

社交媒体提供了评论和互动的平台，使得阅读成为更富有社交性的活动。读者可以在社交平台上与他人分享读后感、提出问题，进行深入的讨论，形成一个社交化的阅读群体。

2. 书单分享与阅读推荐

通过社交媒体，用户可以轻松创建、分享自己的书单，向朋友推荐喜欢的书籍。这种书单分享不仅促进了阅读推荐，也使得用户更容易发现与自己兴趣相符的阅读材料。

3. 虚拟读书会与线上阅读社区

社交媒体为虚拟读书会和线上阅读社区的形成提供了便利条件。读者可以通过社交平台组织线上读书会，与全球各地的读者共同讨论同一本书，拓展了阅读的社交范围。

（四）社交媒体与阅读习惯的负面影响

1. 分散注意力与深度阅读减少

社交媒体上信息的碎片化和快速更新，容易导致用户分散注意力，使其更难以进行深度阅读。这可能导致读者的阅读深度和质量下降。

2. 虚假信息与信息可信度

社交媒体上存在大量用户生成的内容，其中可能夹杂着虚假信息和谣言。用户在阅读过程中需要更加谨慎地辨别信息的可信度，以免受到误导。

3. 阅读短时化与碎片化

社交媒体上的信息呈现形式多为短时、碎片化的内容，这容易使人养成阅读短时的习惯，降低了长篇深度阅读的意愿。

（五）未来发展与应对策略

1. 智能推荐算法的优化

社交媒体平台可以通过不断优化智能推荐算法，提高推荐的准确性和多样性，以更好地满足用户的个性化阅读需求。引入更先进的机器学习和人工智能技术，使推荐系统能够更好地理解用户的阅读兴趣，避免信息茧房的问题。

2. 阅读教育与媒体素养培养

面对社交媒体对阅读深度的影响，教育机构和社交平台可以共同合作，推动媒体素养教育。培养用户对信息的辨别能力、阅读深度和批判性思维，以更好地应对社交媒体可能带来的负面影响。

3. 社交媒体上的可信度管理

社交媒体平台应采取更加严格的措施，管理和维护信息的可信度。加强对用户生成内容的审核，提高平台上信息的真实性，减少虚假信息对阅读的负面影响。

4. 创新社交阅读体验

社交媒体和数字阅读平台可以共同努力，创新社交阅读体验。引入虚拟现实、增强现实等技术，创造更具互动性和沉浸感的阅读体验，以激发用户更多地参与到深度阅读中。

5. 培育多样性的阅读社群

社交媒体平台可以通过促进多样性的阅读社群的形成，鼓励用户分享不同类型的书籍、文章，从而打破信息茧房，让用户接触更广泛、更多样的阅读内容。

6. 强调数字素养与信息透明

加强社交媒体用户的数字素养培养，教育用户更加理性地对待社交媒体上的信息。社交媒体平台也应提高信息透明度，让用户更清晰地了解推荐算法、信息过滤机制等运作原理，从而增强用户对社交媒体的信任感。

社交媒体与阅读习惯的交互影响是数字时代不可忽视的现象。社交媒体尽管带来了碎片化、短时化的阅读趋势，但为阅读提供了更多元、更社交化的体验。在社交媒体与阅读习惯的交互中，我们需要认识到其积极和消极的影响，并努力通过创新、教育和技术手段，引导社交媒体与阅读之间的良性互动，为用户提供更丰富、更有深度的阅读体验。随着技术的不断发展和社会的变迁，我们也期待在未来看到更多改进和创新，以更好地平衡社交媒体与阅读习惯之间的关系。

三、新媒体平台对传统阅读方式的冲击

随着新媒体的崛起，尤其是社交媒体、视频平台等数字化内容传播平台的兴起，传统阅读方式受到了前所未有的冲击。这种冲击不仅来自信息传递的形式上的变革，还涉及人们的阅读习惯、文化传统等方面的转变。以下将深入探讨新媒体平台对传统阅读方式的冲击，分析其影响和可能的未来发展趋势。

（一）新媒体平台的崛起

1. 社交媒体的兴起

社交媒体的兴起，让信息传播变得更加迅速、广泛，用户可以通过分享链接、文字、图像等形式快速获取信息，而非传统的静态纸质媒体。

2. 视频平台的盛行

视频平台的盛行，使得信息传递更趋向于图文并茂、生动有趣的形式。短视频内容的普及也让用户更倾向于通过视觉方式获取信息，而非传统的长篇文章。

3. 移动设备的普及

随着智能手机和平板电脑的普及，人们随时随地都能够通过新媒体平台获取信息。这种便捷性使得用户更倾向于短时间内获取信息，而传统的深度阅读方式逐渐受到冲击。

（二）新媒体平台对传统阅读方式的冲击

1. 阅读习惯的改变

新媒体平台的碎片化、多媒体化特性，使得用户的阅读习惯发生了显著变化。人们更倾向于通过快速浏览短文、图片、视频等形式获取信息，而非深度沉浸于长篇文字阅读。

2. 内容表达形式的多样化

传统阅读方式以文字为主，而新媒体平台更注重多样化的内容表达形式，包括图文结合、视频展示、互动性强的内容等。这种多样化的表达形式对于用户更直观地理解信息起到了促进作用。

3. 信息过载与注意力分散

新媒体平台的信息量庞大，更新频率高，容易导致用户面临信息过载的困扰。同时，碎片化的信息容易导致用户注意力分散，使其难以集中精力进行深度阅读。

4. 传播速度的加快

新媒体平台的信息传播速度远远快于传统媒体，新闻、趋势可以在瞬间传遍全球。这使得人们更依赖于即时信息，而传统阅读方式在速度上显得相对滞后。

（三）影响因素分析

1. 便捷性与实时性

新媒体平台的突出优势在于其便捷性和实时性。用户通过手机就能够随时随地获取新闻、文章、视频等内容，与传统阅读方式相比更为灵活和迅速。

2. 多样性与互动性

新媒体平台注重内容的多样性和互动性，使得用户能够更好地参与到信息传递中。评论、分享、点赞等社交功能让用户成为信息的传播者和参与者，扩大和提高了信息的传播范围和深度。

3. 视觉化与娱乐化

新媒体平台更加注重内容的视觉化和娱乐化，通过图像、视频等形式使信息更生动有趣。这种内容呈现方式更容易引起用户的兴趣和共鸣，比传统的文字阅读更加吸引眼球。

4. 平台算法与个性化推荐

新媒体平台通过先进的算法分析用户的行为，提供个性化的推荐内容。这种精准的推荐使用户更容易找到符合自己兴趣的内容，形成信息的个性化过滤，而传统阅读方式在这方面显得相对匮乏。

（四）传统阅读方式的抗衡与变革

1. 数字化阅读的兴起

为了应对新媒体平台的冲击，传统出版业加速数字化转型。数字化阅读通过电子书、在线杂志等形式，提供更灵活、便捷的阅读方式，以适应当今用户的需求。

2. 高品质内容的突出

传统媒体通过提供高品质的内容，深度报道、分析和评论，力图与新媒体平台的内容量大、速度快相抗衡。精品阅读材料的制作和推广成为传统媒体的一项重要策略。

3. 互动性阅读体验的强调

传统媒体通过引入互动性阅读体验，尝试改变传统阅读方式的单向性。一些报纸、杂志等传统媒体逐渐加入了在线评论、读者来稿、线上社交互动等元素，以增加读者的参与感和互动性。

4. 个性化推荐与会员制度

传统媒体也在借鉴新媒体平台的个性化推荐机制，通过分析读者的兴趣和行为，为他们提供更符合个性需求的内容。一些传统媒体还推出了会员制度，通过提供独家内容、福利等来吸引和留住读者。

5. 教育与文化传承

一些传统媒体通过强调教育、文化传承等价值，试图在内容上与新媒体有所区别。推出有深度、有思考性的专题报道、文学作品等，旨在为读者提供更有深度的阅读体验，同时传承和弘扬文化传统。

（五）新媒体平台与传统阅读方式的协同发展

1. 创新合作模式

新媒体平台与传统阅读方式可以通过创新的合作模式，实现资源共享与优势互补。例如，传统媒体可以通过社交媒体平台进行内容推广，吸引更多读者，而新媒体平台也可以与传统媒体合作，获取高质量的原创内容。

2. 多渠道内容输出

传统媒体可以通过数字化平台，将内容进行多渠道输出，包括电子书、在线期刊、社交媒体等。这样可以更好地满足不同读者群体的阅读习惯，提高传统阅读方式的数字化水平。

3. 交流读者需求

新媒体平台和传统阅读方式可以通过积极的读者互动，了解读者的需求和反馈。通过用户调研、问卷调查等方式，深入了解读者的喜好，以便更好地调整和优化提供的内容。

4. 借助技术提升传统阅读体验

传统阅读方式可以借助新媒体平台上的技术手段提升阅读体验，例如利用虚拟现实（VR）技术创造更沉浸式的阅读环境，或者通过社交媒体上的讨论和互动来增强读者的参与感。

（六）未来趋势与展望

1. 跨界合作的深化

未来，新媒体平台与传统阅读方式之间的合作将更为深化，可能涉及更多领域的跨界合作，包括文化创意、科技创新等。这有望为读者提供更多元化、丰富化的阅读体验。

2. 内容生产的创新

新媒体平台和传统阅读方式在内容生产上将不断创新。传统阅读方式可能会融入更多多媒体元素，而新媒体平台可能会加大原创内容的力度，以保持吸引力和独特性。

3.用户体验的进一步优化

新媒体平台和传统阅读方式都将致力于进一步优化用户体验。在新媒体平台上，可能会涌现更多智能化、个性化的服务，而传统阅读方式可能通过数字化手段提升用户互动性和参与感。

4.阅读文化的保护与传承

随着新媒体平台的崛起，传统阅读方式所代表的文化传统有可能受到冲击。因此，未来的发展中，可能会强调对阅读文化的保护与传承，以确保各种形式的阅读方式都能够在文化多样性中得到充分发展。

新媒体平台对传统阅读方式的冲击是数字时代的必然趋势，但同时也带来了协同发展的机遇。未来，新媒体平台和传统阅读方式有望通过创新合作、技术提升、内容创新等手段实现更好的融合。无论是传统阅读方式还是新媒体平台，都需要关注读者需求，不断优化用户体验，以适应时代的发展，为读者提供更为丰富、个性化的阅读体验。

第二节 阅读引导与读者服务的重要性

一、阅读引导理论的演变与应用

（一）概述

随着社会的不断发展和科技的迅猛进步，人们的阅读行为和需求也发生了深刻的变化。阅读引导理论作为阅读教育和研究领域的一个重要理论体系，对于指导和促进读者有效阅读起到了关键作用。以下将追溯阅读引导理论的演变过程，分析其在不同历史时期的应用和影响，并探讨其未来可能的发展方向。

（二）阅读引导理论的演变

1.传统教育中的阅读引导

在传统的教育体系中，阅读被视为一种基本技能，但长期以来，阅读教育主要注重基础知识的灌输和理解能力的培养。阅读引导的概念在这个阶段相对较为简单，更强调教师对学生的指导，引导学生阅读经典文学作品和教科书。

2. 阅读引导理论的提出

20世纪后期，随着对阅读研究的深入和对学习理论的发展，阅读引导理论逐渐崭露头角。理论提出者认为，阅读不仅仅是获取信息的过程，更是一种深层次的认知活动。该理论将阅读从 passively receiving 转变为 actively constructing 的过程，注重读者在阅读中的主动参与和思考。

3. 元认知理论的影响

在阅读引导理论的演变过程中，元认知理论的提出对其产生了深远的影响。元认知理论强调个体对自己的思维过程进行监控和调控，提高了对阅读引导的认识。阅读引导理论逐渐从简单的技术教学转向培养学生的元认知能力，强调学习者如何有效地管理和控制自己的学习过程。

4. 多元文化阅读理论的兴起

随着社会多元化的发展，多元文化阅读理论逐渐引起人们的重视。该理论主张在阅读引导中应考虑到读者的文化背景、社会环境等因素，使阅读更具包容性，更能满足不同群体的需求。

（三）阅读引导理论的应用

1. 教育领域

在教育领域，阅读引导理论的应用主要体现在教育方法和教材设计上。教师通过了解学生的阅读水平和阅读习惯，有针对性地进行阅读引导，促使学生更好地理解和消化阅读材料。同时，针对不同年龄层次和学科领域的学生，开发更符合其特点和需求的教材，引导他们形成积极的阅读习惯。

2. 信息时代的新媒体

随着信息时代的来临，新媒体平台成为阅读引导的新领域。社交媒体、博客、在线论坛等平台为读者提供了更多获取信息的途径，也为阅读引导提供了更多的工具和资源。教育者可以通过这些平台开展在线讨论、分享阅读心得，促进学生在互动中进行更深层次的思考和学习。

3. 全球化视野的培养

多元文化阅读理论的引入使得阅读引导更注重培养学生的全球化视野。教育者可以通过引导学生阅读来自不同文化、背景的文学作品，拓宽学生的视野，提高他们对多元文化的理解和包容性。

4. 科技手段的运用

随着技术的发展，阅读引导理论的应用也涌现出一系列的科技手段。虚拟现实（VR）、增强现实（AR）等技术被引入阅读引导中，创造更具沉浸感和互动性的阅读环境。智能化的教育软件和平台可以根据学生的学习过程，提供个性化的阅读引导服务。

（四）阅读引导理论的挑战与应对

1. 数字化阅读的挑战

数字化阅读的普及使得读者更加依赖电子设备获取信息，但也带来了注意力分散、信息碎片化等问题。阅读引导理论需要适应数字化阅读的特点，引导学生在数字环境中保持深度阅读的能力。

2. 新媒体的信息过载

新媒体平台的兴起使信息变得更加庞大且瞬息万变，读者面临信息过载的风险。阅读引导理论需要解决如何帮助读者筛选、理解和评估海量信息的问题。培养读者的信息素养和批判性思维，使其能够在大量信息中辨别真伪，成为阅读引导面临的重要挑战。

3. 多元文化的挑战

虽然多元文化阅读理论推崇文化的包容和理解，但实际应用中可能面临文化差异和教育资源不平等等问题。阅读引导理论需要在多元文化的背景下，设计更加灵活、具体的教育方案，以确保不同文化背景的学生都能够受益。

4. 科技发展的快速变化

科技的迅速发展可能导致阅读引导理论跟不上技术的步伐。因此，教育者需要不断学习新技术，并将其有机地融入阅读引导的实践中。同时，也需要关注科技对阅读行为的影响，及时调整引导策略。

（五）未来发展方向

1. 强化数字化阅读引导

未来，随着数字化阅读的普及，阅读引导理论需要更加强化数字化阅读的引导策略。发展智能化的阅读引导工具，利用人工智能和大数据技术，为读者提供个性化、精准的阅读建议，以提高数字时代读者的阅读深度和效率。

2. 注重全球视野和文化多样性

未来的阅读引导理论应该更加注重培养学生的全球视野和跨文化沟通能力。通过引导学生阅读来自不同国家、不同文化背景的文学作品，拓宽他们的视野，增强他们的文化理解力。

3. 结合实践和社交元素

阅读引导理论未来的发展应更注重将阅读引导与实践相结合。通过实际参与项目、社会实践等方式，激发学生的学习兴趣和动力。同时，引导学生在社交媒体等平台上进行阅读讨论，促使他们在社交化的环境中形成更深层次的思考。

4. 重视生命周期的阅读引导

阅读引导理论未来的发展还需重视生命周期的阅读引导。从儿童时期开始培养阅读兴趣和技能，到成年后不断提升阅读素养，建立全生命周期的阅读引导机制。这有助于培养具有持续学习能力的个体。

5. 增强元认知和批判性思维

未来阅读引导理论应加强对学生元认知和批判性思维的培养。通过引导学生反思自己的阅读过程、理解策略，并在此基础上培养他们对信息的批判性思考，提高他们的思辨和分析能力。

阅读引导理论作为阅读教育的理论体系，不断演变并适应时代的发展。未来，随着社会、科技和文化的不断变迁，阅读引导理论需要不断创新，注重实际应用，以更好地引导学生适应多元文化的阅读环境。强调个性化、数字化、全球化和多元文化等方面的阅读引导策略，是未来阅读引导理论发展的重要方向。在面对挑战的同时，也要善于利用新兴技术、全球资源以及多元文化的优势，为学生提供更为丰富和有深度的阅读体验。

二、读者服务在新媒体时代的价值与定位

（一）概述

随着新媒体的蓬勃发展，信息传播方式发生了翻天覆地的变化，阅读习惯和需求也发生了深刻的转变。在这一背景下，读者服务的价值和定位越发凸显。本书将深入探讨在新媒体时代下，读者服务的价值所在，以及其在这个变革时期的定位和作用。

（二）新媒体时代的特征

1. 多元化的信息传播

新媒体时代以多元化为特征，社交媒体、博客、在线视频等形式丰富了信息的传播途径，使得用户能够更轻松地获取和分享信息。

2. 用户参与度的提高

社交媒体的兴起使用户不再仅仅是信息的接收者，更是信息的创造者和传播者。用户参与度的提高使得信息更具个性化和互动性。

3. 移动互联的普及

随着智能手机的普及，用户随时随地都能够获取信息。移动互联的便利性改变了人们的信息获取习惯和阅读方式。

（三）读者服务的价值

1. 个性化服务提升用户体验

在新媒体时代，读者服务通过个性化的方式，根据用户的兴趣和行为提供定制化的内容推荐，从而提升用户的阅读体验。通过智能算法分析用户历史阅读行为，为其推荐更符合兴趣的内容，使阅读更加精准和高效。

2. 解决信息过载问题

新媒体时代信息爆炸，用户可能面临信息过载的问题。读者服务通过筛选、整理、分类，为用户提供有针对性、高质量的信息，帮助用户更好地应对信息过载的挑战。

3. 促进社交化阅读体验

社交媒体的普及使得阅读不再是孤立的行为，读者服务通过社交平台的整合，让用户能够分享阅读心得、参与讨论，促进社交化的阅读体验，使阅读变得更加有趣和有参与感。

4. 提供多样化的阅读形式

新媒体时代，用户对于阅读形式的需求更加多样化，包括文字、图片、音频、视频等。读者服务通过提供多样化的阅读形式，满足用户的多元化需求，让阅读更富有创意和趣味。

（四）读者服务的定位

1. 信息中介者

在新媒体时代，信息的获取变得更加复杂和庞杂，读者服务充当了信息中介者的角色。通过精准的推荐系统，读者服务帮助用户过滤并获取对其有价值的信息，提高信息利用率。

2. 内容生产者

读者服务不仅仅是信息的搬运工，更是内容的生产者。通过挖掘用户需求和行为数据，读者服务平台能够创造出更具吸引力的原创内容，提升用户对平台的黏性。

3. 社交平台

社交化阅读已经成为新媒体时代的潮流，而读者服务正是社交平台的重要一环。通过用户互动、评论、分享等功能，读者服务平台促进了用户之间的交流和互动，形成了一个共同体，增加了用户黏性。

4. 智能化助手

随着人工智能的发展，读者服务逐渐发展成为智能化的助手。通过学习用户的阅读习惯和兴趣，智能助手能够为用户提供更个性化、精准的服务，让用户体验更加智能化和便捷。

（五）新媒体时代下的读者服务创新

1. 智能推荐算法的优化

为提高用户体验，读者服务平台应不断优化智能推荐算法。利用机器学习和深度学习等技术，精准地分析用户兴趣和阅读习惯，为用户推荐更符合其需求的内容，提高推荐的精准度和效果。

2. 多媒体内容的丰富化

读者服务平台可以通过引入更多的多媒体内容，如音频、视频等形式，丰富阅读体验。这样的创新不仅能够满足用户多样化的阅读需求，还能提升内容的吸引力和趣味性。

3. 用户参与的深化

为了加强用户与平台的互动，读者服务平台应当深化用户参与。通过推出在线读书会、作者互动等活动，激发用户积极参与，让阅读不再是孤独的行为，而是一个社交化的体验。

4. 跨平台整合

在新媒体时代，用户在不同平台上获取信息的习惯已经形成。读者服务平台可以通过跨平台整合，将用户在不同平台上的阅读行为整合到一个平台中，实现用户信息的一体化管理，提升用户的使用便利性。

5. 数据安全和隐私保护

随着用户个人信息的数字化，数据安全和隐私保护成为读者服务平台创新的重要方向。平台需要建立更加完善的数据安全体系，保障用户的个人隐私不被滥用，增强用户对平台的信任感。

（六）面临的挑战和应对策略

1. 信息可信度问题

在新媒体时代，信息的真实性成为一个备受关注的问题。读者服务平台需要加强信息审核和筛选机制，提高平台上信息的可信度，减少虚假信息的传播。

2. 用户隐私和数据安全

随着个人信息的数字化，用户隐私和数据安全成为读者服务面临的重要挑战。平台需要建立健全的数据安全体系，采取有效措施保护用户的隐私，符合法规要求，提高用户信任度。

3. 广告和商业化问题

为了维持平台的运营和盈利，读者服务平台可能会引入广告和商业合作。然而，如何平衡商业化和用户体验成为一项挑战。平台需要制定明确的商业合作准则，确保广告内容的质量，避免对用户阅读体验的干扰。

4. 用户黏性和参与度

提高用户黏性和参与度是读者服务平台持续创新的关键挑战。平台需要深入了解用户需求，开展有针对性的活动，增加用户参与度，促进用户与平台的互动，提高用户黏性。

（七）未来展望

随着新媒体时代的不断发展，读者服务将继续发挥重要作用。未来，读者服务平台有望通过技术创新、内容创新和用户体验的提升，进一步巩固其在信息传播领域的地位。以下是未来读者服务的一些展望：

1. 强化个性化推荐

通过不断优化智能算法，强化个性化推荐服务，使得用户获取的信息更加符合其兴趣和需求，提高用户满意度。

2. 拓展多媒体内容

未来读者服务平台可以进一步拓展多媒体内容，整合更多形式的阅读体验，如音频图书、虚拟现实阅读等，以满足用户对于多样化阅读形式的需求。

3. 强化社交化体验

通过加强社交功能，推出更多用户互动活动，强化用户之间的联系，使得阅读成为一种社交化的体验，增强用户对平台的黏性。

4. 推动技术创新

积极推动技术创新，利用人工智能、大数据分析等先进技术，提升读者服务的智能化水平，为用户提供更便捷、个性化的服务。

5. 加强合作与开放

读者服务平台可以加强与出版社、作者、其他新媒体平台的合作，实现内容资源的共享与交流，推动整个阅读生态系统的健康发展。

新媒体时代下的读者服务在信息多元化、用户参与度提高的大背景下，正面临着巨大的发展机遇和挑战。通过深化个性化服务、优化技术手段、加强社交体验等方面的创新，读者服务有望不断提升用户体验，引领阅读文化的新潮流。在创新的同时，也需要平衡商业化和用户权益，保障信息的可信度和用户隐私，以实现可持续发展。未来的读者服务将更加智能、多样化，为用户提供更加丰富和个性化的阅读体验。

三、新媒体环境下阅读引导的紧迫需求

（一）概述

随着新媒体时代的到来，信息的传播方式和获取途径发生了革命性的变化，人们的阅读行为和习惯也发生了巨大的转变。在这个信息爆炸的时代，阅读引导作为培养有效阅读能力的关键手段显得尤为重要。以下将深入探讨新媒体环境下阅读引导面临的紧迫需求，并分析如何满足这些需求以促进更高效、深度的阅读体验。

（二）新媒体时代的阅读特点

1. 信息过载

新媒体环境下，信息的涌入速度之快常常让人应接不暇。社交媒体、博客、新闻客户端等平台提供了大量的信息，但也导致了信息碎片化和过载的问题，使得人们难以深入阅读和消化信息。

2. 多样化的阅读形式

除了传统的文字阅读，新媒体时代还涌现出各种多媒体形式，如图文并茂的文章、音频书籍、视频资讯等。这种多样性让阅读形式更加灵活，但也需要读者具备更广泛的阅读技能。

3. 社交化阅读体验

社交媒体的兴起使阅读变得更具社交性。读者可以在平台上分享阅读心得、参与讨论，形成阅读社群。然而，社交化也可能导致浅尝辄止、碎片化阅读的问题。

（三）新媒体环境下的阅读引导紧迫需求

1. 培养深度阅读能力

信息过载和碎片化阅读让人们更难以进行深度阅读，而深度阅读能力是对于

复杂信息和深层次思考的必要基础。因此，阅读引导需要更加注重培养深度阅读能力，帮助读者更好地理解和分析文本。

2. 提升多媒体阅读素养

随着多媒体形式的盛行，读者需要更广泛的阅读技能，包括对图像、音频、视频等不同形式的信息进行有效阅读。阅读引导应关注提升读者的多媒体阅读素养，使其能够更全面地理解和利用多样化的信息形式。

3. 有效应对社交化阅读挑战

尽管社交化阅读带来了交流的便利，但也伴随着信息碎片化和浅尝辄止的问题。阅读引导需要引导读者在社交化阅读中保持深度，避免过度依赖点赞和评论作为阅读的唯一反馈。

4. 引导形成可持续的阅读习惯

新媒体时代的碎片化阅读和信息过载容易让人养成浅尝辄止的阅读习惯，导致缺乏持续深入阅读的耐心。阅读引导需要关注培养读者的持续阅读兴趣和习惯，使其能够更长久地专注于一个主题或一个作品。

（四）满足新媒体时代的阅读引导需求的策略

1. 引导深度阅读的技能

为满足新媒体时代深度阅读的需求，阅读引导可以采用以下策略：

（1）设计有深度的教材

教材的选择对于阅读引导至关重要。教材应该涵盖丰富的主题，让学生有机会深入探讨和思考。同时，引导学生通过深度解读文本、分析文本结构等方式，培养深度阅读的技能。

（2）提供导读和思考问题

在阅读引导中，提供有效的导读和思考问题，帮助读者聚焦主题，激发深度思考。这有助于引导读者更有目的地阅读，而不是仅仅浏览信息。

（3）引导学术性阅读

引导学生逐步接触学术性文献，培养其在专业领域进行深度阅读和思考的能力。学术性阅读往往要求读者对文献进行批判性分析，这有助于提高阅读深度。

2. 提升多媒体阅读素养

为提升读者在多媒体阅读方面的素养，阅读引导可以采用以下策略：

（1）引入多媒体资源

在阅读引导中，引入图像、音频、视频等多媒体资源，帮助读者更好地理解和体验文本。这可以通过使用丰富的图文资料、制作音频解说、引入相关视频等方式来实现。通过多媒体的形式呈现信息，可以激发读者的兴趣，提升阅读的吸引力。

（2）培养多媒体信息分析能力

阅读引导应该培养读者对多媒体信息的分析能力，使其能够从图像、音频和视频等多种形式的信息中获取有效的内容。通过引导学生关注信息的细节、语言、表达方式，培养其对多媒体信息的敏感性和理解能力。

（3）鼓励创造性的表达形式

在阅读引导中，鼓励学生通过多媒体的方式进行创造性的表达，例如制作多媒体展示、创作音频故事、拍摄阅读反馈视频等。这有助于培养学生运用多媒体进行信息传递和表达的能力。

3.有效应对社交化阅读挑战

为了应对社交化阅读的挑战，阅读引导可以采用以下策略：

（1）引导有深度的讨论

在阅读引导中，鼓励学生参与有深度的讨论。通过设计引导性问题，激发学生在社交平台上进行有意义的讨论，而非简单的点赞或泛泛的评论。这有助于保持社交平台上的阅读内容更具深度和价值。

（2）培养批判性思考

引导学生在社交化平台上进行阅读时，注重培养其批判性思考能力。帮助他们分辨信息的真实性，提高对评论和观点的分辨能力，使社交化阅读更有深度和质量。

（3）设计合作性项目

通过设计合作性的项目，引导学生在社交化平台上共同探讨和解决问题。这可以激发学生合作的兴趣，使他们更有可能在社交平台上进行深入的阅读和讨论。

4.引导形成可持续的阅读习惯

为了引导形成可持续的阅读习惯，阅读引导可以采用以下策略：

（1）培养阅读兴趣

通过设计多样化、有趣的阅读材料，培养学生的阅读兴趣。引导学生选择符合自己兴趣的读物，激发他们自发进行深入阅读的欲望。

（2）制订明确的阅读计划

在阅读引导中，帮助学生制订明确的阅读计划。设定阅读目标，分阶段安排阅读任务，培养学生有条不紊地进行阅读的习惯，形成持续的学习动力。

（3）提供丰富的奖励机制

在阅读引导中，设立奖励机制，激发学生的积极性。可以通过阅读挑战、阅读比赛等形式，为阅读者提供一定的奖励和认可，帮助他们建立持续的阅读动力。

（五）结合新技术的阅读引导创新

1. 利用人工智能技术

人工智能技术可以通过分析用户阅读行为、兴趣和反馈，为用户提供个性化的阅读建议。阅读引导平台可以引入人工智能算法，根据用户的阅读历史和偏好，精准推荐适合他们的阅读材料，提高阅读体验。

2. 采用虚拟现实技术

虚拟现实技术能够为用户创造出更具沉浸感的阅读环境。阅读引导平台可以借助虚拟现实技术，为用户提供更生动、互动性更强的阅读体验，激发阅读兴趣。

3. 引入大数据分析

通过大数据分析用户的阅读行为，平台可以更好地了解用户的阅读习惯、喜好和需求。这些数据可以用于优化阅读引导策略，个性化服务，提高阅读引导的效果。

第三节　当前新媒体环境下的阅读需求分析

一、读者群体分析与新媒体偏好调查

（一）概述

在新媒体时代，阅读行为和偏好发生了深刻的变化，这主要是因为受到新兴技术和多元化信息传播的影响。为了更好地理解读者群体的特点和他们在新媒体上的偏好，本书将进行深入的读者群体分析，并通过调查研究新媒体的偏好，以期为阅读引导、出版业等提供有针对性的参考。

（二）读者群体分析

1. 年龄分布

（1）青少年群体

在新媒体时代，青少年群体是最活跃的阅读者之一。他们习惯于通过社交媒体获取信息，更喜欢轻松、趣味性的阅读形式，如图文并茂的文章、短视频等。

（2）青年群体

青年群体更加注重专业性和深度，倾向于在新媒体平台上追踪行业动态、专业知识，对于长文阅读和深度思考有更强的需求。

（3）中老年群体

中老年群体在新媒体时代也逐渐成为重要的阅读力量。他们更注重传统媒体，但随着互联网的普及，开始逐渐接受新媒体，并在移动设备上进行便捷的阅读。

2. 教育程度

（1）高学历群体

高学历群体更倾向于深度阅读，通过新媒体获取专业知识，参与学术性讨论。他们可能更习惯于使用学术搜索引擎、专业社交平台等。

（2）中低学历群体

中低学历群体在新媒体上更注重实用性的信息，可能更多地关注生活方式、健康知识等方面的内容。对于简洁明了的信息更感兴趣。

3. 兴趣爱好

（1）文学艺术爱好者

喜欢文学、艺术的读者倾向于在新媒体上追踪文学评论、艺术家动态，参与文学社区和艺术讨论。

（2）科技数码爱好者

对科技和数码感兴趣的读者更关注科技资讯、数码产品评测，可能更倾向于使用科技类社交平台。

（3）生活方式追求者

追求时尚、生活方式的读者在新媒体上关注美妆、时尚潮流、健康养生等方面的内容，更喜欢图文并茂、有趣生动的阅读形式。

（三）新媒体偏好调查

1. 阅读平台偏好

（1）社交媒体平台

社交媒体平台是新媒体时代最受欢迎的阅读平台之一。用户通过社交媒体获取信息，分享阅读心得，参与热门话题讨论。

（2）新闻客户端

新闻客户端通过推送、分类阅读等方式提供了丰富的新闻内容。用户可以根据个人兴趣订阅内容，获取实时、定制化的新闻信息。

（3）在线论坛和社区

在线论坛和社区是深度讨论的场所，吸引着喜欢深度交流的读者。在这些平台上，用户可以找到更专业、深度的阅读内容和讨论。

2. 阅读内容偏好

（1）短文阅读

短文阅读在新媒体时代备受欢迎，符合碎片化阅读的需求。用户更愿意在碎片化的时间里阅读短文，获取信息和知识。

（2）视频阅读

随着视频形式的兴起，许多读者更倾向于通过视频获取信息。视频阅读可以通过图像和声音更生动地呈现内容，满足用户对多媒体形式的需求。

（3）长文阅读

尽管碎片化阅读占据主导地位，但依然有一部分读者偏好深度阅读，对长文内容有较高的兴趣。这类读者可能更喜欢在专业平台或应用上获取长篇文章，进行深入思考和学习。

3. 互动与参与偏好

（1）社交互动

社交互动是新媒体阅读中的重要特征之一。读者更倾向于在社交媒体上与他人分享阅读心得，参与评论和点赞，形成具有社交性的阅读体验。

（2）在线投票与问答

一些读者喜欢通过在线投票、问答等形式与作者或其他读者互动。这种形式使阅读不再是单向的，而是构建起作者与读者、读者与读者之间更紧密的联系。

（3）参与线上活动

许多新媒体平台推出线上活动，如读书会、讲座直播等，以吸引更多读者的参与。有一部分读者更倾向于通过这些活动获取信息、交流见解，加深对内容的理解。

（四）调查结果分析

1. 读者群体特点

通过调查结果的分析，可以看出不同年龄、教育程度和兴趣爱好的读者群体在新媒体阅读中有着明显的差异。青少年群体更偏好社交媒体和轻松趣味的阅读形式，而高学历群体更注重深度阅读和学术性讨论。

2. 平台偏好与阅读内容

调查结果显示，社交媒体平台在各个年龄群体中都有较高的受欢迎程度，符合社交互动的趋势。同时，短文阅读和视频阅读成为大多数读者的首选，而长文阅读则更受高学历群体的青睐。

3. 互动与参与特点

互动与参与在新媒体阅读中占据重要地位。社交互动、在线投票与问答、参与线上活动等方式使得阅读不再是孤立的个体行为，而是变得更加社交化、多元化。

（五）针对性策略与建议

1. 针对不同群体推出个性化服务

根据不同年龄、教育程度和兴趣爱好的读者群体特点，新媒体平台可以推出个性化服务。例如，为青少年群体提供更多趣味性的短文和视频内容，为高学历群体提供更专业、更有深度的长文和学术性讨论。

2. 优化社交互动功能

针对广泛存在的社交互动特点，新媒体平台应该不断优化社交互动功能。可以提供更方便的评论和分享方式，设计有趣的阅读挑战和活动，促使读者更积极地参与社交互动。

3. 引导深度阅读与多元化内容

针对喜欢深度阅读的群体，平台可以通过推荐系统引导其发现更多深度内容。同时，要在平台上推出更多多元化的内容形式，满足不同读者的阅读需求。

4. 创新线上活动形式

基于调查结果，读者对于线上活动的参与度较高。新媒体平台可以不断创新线上活动形式，如开展线上读书会、推出作者访谈直播等，以吸引更多读者积极参与。

（六）面临的挑战与未来展望

1. 平衡社交化和深度阅读

平衡社交化和深度阅读仍然是一个挑战。新媒体平台需要通过巧妙的设计，使社交互动不仅仅停留在碎片化的点赞和评论，同时能够促进更深层次的阅读和思考。

2. 信息真实性和可信度

在社交媒体上，信息的真实性和可信度成为一个持续的关切点。平台需要加强信息审核和筛选机制，提高平台上信息的可信度，以保障读者获取到真实、可靠的内容。

3. 未来展望

未来，随着技术的不断发展，新媒体阅读将更加智能化、个性化。通过人工智能技术，平台将能够更准确地理解读者兴趣，提供更精准的推荐服务。同时，随着虚拟现实技术的应用，阅读体验将变得更加沉浸、立体。

通过读者群体分析与新媒体偏好调查，我们能够更全面地了解不同群体的阅读特点和需求。在新媒体时代，平台和出版机构需要根据这些特点制定有针对性的策略，以满足读者的需求，提升阅读体验。

二、阅读需求的多元化与个性化趋势

（一）概述

在数字化和信息化时代，阅读行为正在经历深刻的变革。读者的需求不再受限于传统的纸质书籍，而是呈现出多元化和个性化的趋势。本书将深入探讨阅读需求的多元化与个性化趋势，分析驱动这一趋势的因素，并探讨在新媒体环境下如何更好地满足不同读者的需求。

（二）阅读需求的多元化趋势

1. 碎片化阅读的盛行

随着社交媒体的兴起和移动设备的普及，碎片化阅读逐渐成为主流。人们更愿意在碎片化的时间里进行短时、高频的阅读，从而获取信息、娱乐和知识。这种阅读模式适应了现代生活的快节奏和多任务处理需求。

2. 视听化阅读的兴起

随着互联网带来的多媒体技术发展，视听化阅读成为一种重要的阅读方式。

短视频、音频书籍、播客等形式受到读者的欢迎，因为它们以生动直观的方式呈现信息，更符合一些人对视听感官的偏好。

3. 个性化定制阅读的需求增加

读者对于定制化、个性化的阅读体验的需求日益增加。人们希望能够根据自己的兴趣、喜好和需求，获取到定制化的阅读内容，这使得个性化推荐系统和定制化服务变得越发重要。

4. 社交化阅读的兴起

社交化阅读是一种将阅读与社交互动相结合的新型阅读方式。读者通过社交媒体平台分享阅读心得、参与讨论，形成共读氛围。这种方式增强了阅读的社交性，使阅读不再是孤立的行为，而是能够与他人分享和交流的活动。

（三）驱动因素分析

1. 科技发展

科技的不断发展是阅读需求多元化的主要驱动因素之一。移动设备、高速互联网、多媒体技术等的普及，为人们提供了更为灵活和便捷的阅读方式。人们可以随时随地通过手机、平板电脑获取所需的阅读内容，推动了碎片化阅读和视听化阅读的兴起。

2. 社会生活变化

社会生活的变化也影响了人们的阅读需求。在繁忙的现代生活中，人们更倾向于选择短时、高效的阅读方式，以适应快节奏的工作和生活。同时，社会对于个性化、多样化的需求逐渐增加，反映在阅读上便是对于各类个性化定制服务的需求。

3. 信息过载与筛选压力

随着信息技术的发展，信息的产生和传播呈现爆炸性增长，人们面临着信息过载的困扰。在这种情况下，读者更加注重高效获取有价值的信息，这促使了碎片化阅读和个性化推荐的兴起，以更好地满足个体的信息需求。

4. 文化娱乐产业的变革

文化娱乐产业的变革也推动了阅读需求的多元化。影视剧、音乐、游戏等形式的娱乐内容竞争激烈，阅读作为一种文化娱乐形式，需要更好地与其他形式相互融合，以吸引更广泛的读者群体。

（四）新媒体环境下满足阅读需求的策略

1. 碎片化阅读策略

（1）提供短时内容

在新媒体平台上，提供更多短时内容，如微博、短视频、图文并茂的快速阅读，以迎合读者碎片化阅读的需求。

（2）设计信息导航

通过信息导航功能，帮助读者快速定位所需内容，降低信息过载的压力，使碎片化阅读更加高效和愉悦。

2. 视听化阅读策略

（1）开发多媒体阅读内容

在新媒体平台上推出丰富多彩的多媒体阅读内容，包括短视频解读、音频书籍、与图文结合的内容，满足读者对于视听感官的需求。

（2）优化用户体验

通过优化视听化阅读的用户体验，包括提供高清视频、音频效果、友好的操作界面，使读者能够更轻松地享受视听化阅读，提高用户黏性。

3. 个性化定制阅读策略

（1）引入个性化推荐系统

在新媒体平台上引入先进的个性化推荐系统，通过分析用户的阅读历史、兴趣标签等信息，为每位用户定制个性化的阅读推荐，提高用户满意度。

（2）提供定制服务

新媒体平台可以提供定制服务，允许用户根据自己的需求选择阅读背景、字体、主题等元素，创造独特的阅读体验，满足个性化的阅读偏好。

4. 社交化阅读策略

（1）创建阅读社区

在新媒体平台上创建专属的阅读社区，鼓励读者分享阅读心得、参与讨论，促进读者之间的交流与互动，使阅读变得更加社交化。

（2）设计社交功能

新媒体平台可以设计更多社交功能，如评论、点赞、分享等，使用户能够轻松参与社交互动，形成一个有趣、热闹的阅读社交圈。

5. 多元化与个性化融合策略

（1）提供丰富多元的内容

新媒体平台应当提供丰富多元的内容，包括长篇文章、短篇短文、图文结合、音视频等形式，满足不同读者的多元化阅读需求。

（2）整合跨媒体元素

通过整合跨媒体元素，如文字、图片、音频、视频等，创造更为丰富的阅读体验，使不同形式的媒体元素能够融合，提供更加综合的阅读内容。

（五）挑战与应对策略

1. 内容质量与真实性

挑战：随着新媒体环境下信息的爆炸性增长，内容质量和真实性成为读者关注的焦点。

应对策略：新媒体平台需要建立完善的内容审核机制，确保所提供的内容质量高且真实可信。同时，引导作者和机构加强自律，提供有深度、有价值的阅读内容。

2. 隐私与数据安全

挑战：个性化推荐和定制服务需要获取用户的个人信息，涉及隐私和数据安全问题。

应对策略：平台需加强隐私保护，明确用户数据使用政策，保障用户信息的安全。透明公开平台的数据处理方式，让用户更放心地使用个性化服务。

3. 用户体验与技术支持

挑战：碎片化阅读、视听化阅读等新兴阅读方式对用户体验提出更高要求，而技术支持方面可能存在短板。

应对策略：新媒体平台需不断提升用户体验，包括界面设计、加载速度、互动性等方面。同时，加强技术研发，引入新技术提升平台的稳定性和性能。

4. 内容分发与版权问题

挑战：多元化和个性化阅读可能带来更加复杂的内容分发和版权问题。

应对策略：平台需要建立合理的内容分发规则，确保作者和版权方的权益得到保护。与作者、版权方积极合作，探讨更加灵活的版权协议，推动内容的合法传播。

三、新媒体平台对阅读体验的塑造

（一）概述

新媒体平台的崛起对阅读体验产生了深远的影响。在数字化时代，人们不再依赖传统纸质媒介，而是通过互联网和移动设备，通过新媒体平台获取阅读内容。本书将深入探讨新媒体平台如何塑造阅读体验，从用户界面设计、个性化推荐、社交互动等方面进行分析，旨在了解新媒体平台如何满足读者多元化的需求，提升阅读的沉浸感和愉悦度。

（二）用户界面设计与可视化体验

1. 界面设计的重要性

新媒体平台的用户界面设计是塑造阅读体验的首要因素之一。一个直观、美观、易用的界面能够吸引用户进入平台，提高用户的停留时间和使用频率。

2. 响应式设计与多设备适配

为了适应不同设备的使用场景，新媒体平台采用响应式设计，确保在手机、平板、电脑等设备上都能提供良好的阅读体验。这种设计能够自动调整页面布局，使用户无论在何种设备上都能流畅地阅读。

3. 个性化定制与用户偏好

通过收集用户的阅读历史、点击行为和兴趣标签等信息，新媒体平台可以实现个性化定制，为每位用户呈现符合其喜好和兴趣的内容。这种个性化定制提高了用户对平台的黏性，使阅读体验更为个性化和愉悦。

4. 创新的交互方式

新媒体平台通过引入创新的交互方式，如滑动、翻页、手势操作等，使用户与阅读内容的互动更为自然而有趣。这种创新的交互方式提升了用户的参与感，增加了阅读的趣味性。

（三）个性化推荐系统的应用

1. 用户数据分析与兴趣挖掘

新媒体平台通过对用户的行为数据进行分析，了解用户的阅读偏好、兴趣爱好等信息。通过算法和机器学习技术，实现对用户兴趣的挖掘，建立用户画像。

2. 实时推荐与定制化服务

基于用户画像，新媒体平台可以实现实时推荐，为用户提供最新、最符合其兴趣的内容。同时，平台还可以提供定制化服务，允许用户根据个人喜好定制阅读内容的，进一步满足个性化需求。

3. 推荐算法的优化与升级

新媒体平台不断优化推荐算法，采用深度学习等技术，提高推荐的准确性和个性化程度。通过不断升级推荐系统，平台能够更好地适应用户的变化和需求，提供更具吸引力的阅读体验。

（四）社交互动的引入

1. 评论与互动平台

新媒体平台通过设置评论区、点赞、分享等互动功能，为读者提供交流和互动的空间。读者可以在评论区表达对文章的看法，与其他读者进行讨论，形成丰富的社交互动。

2. 作者互动与直播

一些新媒体平台推出了作者互动和直播功能，使读者有机会与喜爱的作者进行实时互动。作者可以回答读者的提问，分享创作心得，这种实时的互动形式加深了读者与作者之间的关系，提升了阅读的参与感。

3. 共读活动和社群建设

新媒体平台通过组织共读活动、建设专属社群，推动读者之间的更紧密互动。共读活动可以促进读者共同探讨一篇文章，分享阅读心得，社群建设则提供了一个更广泛的社交平台。

（五）多元化内容的提供

1. 文字、图片、音频、视频的结合

新媒体平台不仅提供传统的文字阅读，还通过整合图片、音频、视频等多种媒体元素，丰富阅读内容。这种多元化的内容形式使得用户能够以更丰富的方式获取信息和知识。

2. 长篇与短篇的搭配

为满足不同用户的阅读需求，新媒体平台通常搭配长篇文章和短篇短文。这样，读者可以根据自己的时间和喜好选择阅读形式，既有深度阅读的选择，又有碎片化阅读的便利。

3. 主题推荐与专题策划

新媒体平台通过主题推荐和专题策划，为读者提供具有一定深度和专业性的阅读体验。平台可以定期推出一些热门主题，或者通过专题策划将一系列相关的文章、视频等内容聚合在一起，形成更具吸引力的内容集合。

4.跨领域合作与内容创新

为了保持内容的新鲜感和多样性，新媒体平台积极进行跨领域的合作。与不同领域的作者、专家、机构进行合作，引入更多元化的观点和内容，为读者提供更广泛的选择。

（六）技术创新与未来趋势

1.虚拟现实和增强现实的应用

随着虚拟现实和增强现实技术的不断发展，新媒体平台有望将这些技术引入阅读体验中。通过虚拟现实，读者可以沉浸在一个全新的阅读环境中，增强现实则可以为读者提供与阅读内容相关的实时信息，使阅读更加互动和生动。

2.区块链技术保障内容安全

为了应对内容分发与版权问题，新媒体平台可以借助区块链技术来保障内容的安全性和可追溯性。区块链的不可篡改性和去中心化特性有望为平台建立更加公正、透明的内容分发机制，保护作者和版权方的权益。

3.人工智能在内容生成中的应用

人工智能技术的不断进步使得内容生成变得更加智能化。新媒体平台可以借助自然语言处理和生成模型，实现更高效、更有创意的内容生成，提供更具吸引力的阅读材料。

4.智能设备与物联网的融合

随着智能设备和物联网技术的融合，新媒体平台可以与智能设备联动，获得更智能、更个性化的阅读体验。例如，通过与智能家居设备联动，调整阅读环境的亮度和音效，以提升用户的舒适度。

（七）挑战与应对策略

1.隐私和数据安全问题

随着个性化推荐系统的应用，平台需要处理大量用户数据。因此，隐私和数据安全问题成为一项重要挑战。应对策略包括建立健全的隐私政策，加强数据加密和安全存储，同时明确告知用户数据的使用目的。

2.内容真实性和可信度

随着信息爆炸，平台上的内容真实性和可信度成为关注焦点。新媒体平台需要建立健全的内容审核机制，强化编辑团队，确保所提供的阅读内容质量高且真实可信。

3. 技术支持和用户体验

新媒体平台需要不断提升技术支持和用户体验。定期进行系统维护和更新，解决技术问题，确保平台的稳定性和性能。同时，通过用户反馈，及时调整和改进界面设计，提高用户的满意度。

4. 内容分发与版权问题

多元化的内容形式可能带来更复杂的内容分发与版权问题。平台需要与作者、版权方建立合理的合作关系，推动内容的合法传播。同时，建立更灵活的版权协议，使得作者能够得到应有的回报，同时保护平台的利益。

新媒体平台通过用户界面设计、个性化推荐系统、社交互动、多元化内容提供等方式，积极塑造阅读体验。随着技术的不断创新，未来新媒体平台有望进一步提升阅读体验，为读者提供更加丰富、沉浸式的阅读环境。然而，也需要平台在隐私保护、内容审核、技术支持等方面不断优化，应对新的挑战，确保用户能够在新媒体平台上享受到安全、高质量的阅读体验。

第二章 新媒体阅读引导理论

第一节 新媒体与阅读习惯的变迁

一、电子书与数字化阅读的普及

（一）概述

随着科技的不断发展，电子书和数字化阅读作为现代阅读方式的代表，逐渐在全球范围内普及。电子书的出现改变了传统纸质书籍的阅读方式，数字化阅读成为人们获取信息、娱乐和知识的新途径。本书将深入探讨电子书与数字化阅读的普及现状、影响因素以及未来趋势，旨在全面了解这一数字化阅读革命对阅读习惯和文化传承的影响。

（二）电子书的发展历程

1. 早期数字化阅读尝试

数字化阅读的雏形可以追溯到20世纪80年代，当时一些科技公司开始尝试将书籍数字化存储和传播。然而，由于技术受限、设备成本高昂等原因，这些尝试并未在当时取得显著成功。

2. 电子书阅读器的兴起

随着互联网技术的发展和电子纸技术的成熟，1998年索尼推出了第一台电子书阅读器——Data Discman。2007年，亚马逊推出了Kindle，成为推动电子书市场发展的关键产品。电子书阅读器的出现使得数字化阅读进入了一个新的阶段，用户可以通过电子阅读器随时随地获取丰富的图书资源。

3. 电子书市场的蓬勃发展

近年来，随着各类移动设备的普及，如智能手机、平板电脑等，电子书市场迎来了蓬勃发展。许多出版商纷纷推出电子版图书，数字化阅读成为读者获取图书的主要途径之一。

（三）数字化阅读的主要形式

1. 电子书阅读器

电子书阅读器是专为数字化阅读设计的设备，具有护眼、长续航等特点，提供良好的阅读体验。常见的电子书阅读器通过电子墨水技术模拟纸张的阅读感觉，减少眼睛疲劳。

2. 智能手机和平板电脑

智能手机和平板电脑作为多功能移动设备，内置阅读应用，使得用户可以随时随地通过这些设备进行数字化阅读。阅读应用的出现为用户提供了更为灵活的数字化阅读体验，同时支持各种格式的电子书。

3. 电子书平台和在线阅读

各类电子书平台提供了庞大的数字化图书馆，用户可以通过这些平台购买、下载并在线阅读电子书。这种在线阅读模式极大地方便了用户获取和管理数字图书。

（四）影响数字化阅读普及的因素

1. 科技发展

科技的迅速发展是推动数字化阅读普及的关键因素。电子纸技术、互联网技术、移动设备的不断更新换代为数字化阅读提供了技术基础，降低了数字化阅读的成本，提升了阅读体验。

2. 便捷性和灵活性

数字化阅读具有随时随地、轻便灵活的特点。读者可以在不同设备上同步阅读进度，一本设备上阅读的电子书可以无缝切换到另一设备上。这种便捷性和灵活性吸引了越来越多的读者选择数字化阅读。

3. 丰富的数字内容

数字化阅读带来了丰富多样的数字内容，包括电子书、杂志、漫画等。数字图书馆的建设和电子书平台的发展为读者提供了庞大的数字化阅读资源，满足了不同读者的阅读需求。

4. 环保意识的提升

随着环保意识的提升，数字化阅读被视为一种环保的阅读方式。相比传统纸质书籍的印刷和运输，电子书的数字传输和存储方式更加节能环保，吸引了注重环保的读者群体。

5. 个性化阅读体验

数字化阅读通过个性化推荐、定制化服务等手段，为读者提供更加个性化的阅读体验。读者可以根据自己的兴趣、喜好选择阅读内容，使阅读更贴合个体需求。

（五）数字化阅读的优势与劣势

1. 优势

（1）便携性

数字化阅读设备轻便易携带，读者可以携带数以千计的图书在一个小小的设备中，随时随地进行阅读。

（2）节约成本

相对于纸质书籍，电子书的制作、印刷、运输等成本较低。读者通过数字化阅读不仅可以省去购书、存书的空间成本，还有可能享受到电子书相对较低的价格。

（3）互动性

数字化阅读平台常常提供丰富的互动功能，如书签、标注、搜索、分享等，使读者与内容更为互动。这些功能使得读者能够更活跃地参与到阅读过程中，提高了阅读的互动性和参与感。

（4）多媒体融合

电子书不仅可以包含文字，还能够融合图像、音频、视频等多媒体元素，为读者提供更为丰富的阅读体验。这种多媒体融合使教育类电子书更具吸引力，提高学习效果。

2. 劣势

（1）数字眼疲劳

长时间使用电子设备进行数字化阅读容易导致数字眼疲劳，包括眼睛干涩、视疲劳等问题。电子墨水技术在减轻这一问题上有所帮助，但数字眼疲劳仍然是数字化阅读的一个劣势。

（2）电子设备依赖

数字化阅读依赖于电子设备，如电子书阅读器、智能手机、平板电脑等。电子设备的故障、电量耗尽等问题可能会中断阅读，而纸质书籍不受此类问题影响。

（3）数字版权与保护

数字化阅读带来了数字版权和保护的难题。数字化的内容容易被复制、传播，侵犯作者和版权方的权益。数字版权问题需要通过技术手段和法规建设来解决。

（4）阅读体验差异

部分读者依然认为纸质书籍的阅读体验更为舒适和愉悦。纸张的质感、翻页的手感等因素在数字化阅读中难以完全模拟，这使得一些读者对数字化阅读产生偏见。

（六）电子书与纸质书的共存

1. 读者群体多元化

由于读者群体的多元化，对阅读方式的需求也呈现多样性。一些读者依然钟情于纸质书籍，喜欢纸张的触感和纸书的香味；而另一部分读者更喜欢数字化阅读的便捷和多功能性。因此，电子书与纸质书的共存成了当前阅读市场的现实。

2. 出版业的变革

数字化阅读的兴起使得出版业面临新的挑战和机遇。出版商逐渐调整策略，加大对数字出版的投入，同时仍然维持纸质书籍的生产。一些书籍会同时推出纸质版和电子版，以满足不同读者的需求。

3. 数字化阅读与传统阅读的融合

一些书店和图书馆开始将数字化阅读与传统阅读融合起来，推出数字阅读服务。读者可以通过数字设备在书店或图书馆借阅电子书，实现数字化阅读与传统阅读的无缝连接。

二、新媒体对阅读时间与空间的重新定义

（一）概述

新媒体的崛起彻底改变了人们获取信息、沟通交流的方式，也深刻地影响了阅读的时间与空间。传统的阅读模式被数字化、网络化的新媒体所颠覆，阅读不再受限于特定的时间和地点。本书将深入探讨新媒体对阅读时间与空间的重新定义，从数字化阅读的普及、移动设备的普及、社交媒体的影响等方面进行分析，旨在全面了解新媒体如何改变了人们的阅读行为和体验。

（二）数字化阅读的普及与便利性

1. 电子书与数字图书馆

随着电子书阅读器、智能手机和平板电脑的普及，数字化阅读成了一种便捷的阅读方式。读者可以通过电子书阅读器访问数字图书馆，下载电子书，随时随地进行阅读。这种数字化阅读模式不再受到纸质书籍的物理限制，为人们提供了更大的阅读空间。

2. 便携性与多设备同步

数字化阅读的便携性是其一大优势。读者可以将数以千计的书籍存储在一个轻薄的设备中，随身携带。同时，阅读进度、书签、笔记等信息可以在多个设备上同步，使得用户在不同设备上的阅读体验更加流畅，不再受限于特定的阅读场所。

3. 个性化推荐与定制服务

数字化阅读平台通过收集用户的阅读历史、兴趣标签等信息，实现个性化推荐。读者可以根据自己的兴趣选择定制化的阅读内容，不再被局限于传统图书馆或书店提供的有限选择。这种个性化服务使得阅读更加贴合个体需求。

（三）移动设备的普及与随时随地的阅读

1. 智能手机的阅读应用

随着智能手机的广泛应用，阅读应用的普及使得人们可以在手机上轻松阅读各类内容。无论是在公共交通工具上、排队等候时，还是在床上、沙发上，读者都可以方便地利用碎片化的时间进行阅读。

2. 平板电脑的多媒体阅读

平板电脑的大屏幕和强大的性能使得阅读变得更为丰富。除了文字，平板电脑还能够支持图像、音频、视频等多媒体元素，提供更具互动性和视觉吸引力的阅读体验。人们可以通过平板电脑更深入地探索图书的内容。

3. 移动设备与定位服务

一些阅读应用结合定位服务，为用户提供基于位置的阅读推荐。当用户身处某个地方时，系统可以根据地理位置信息推荐与该地相关的书籍、历史文化等内容，使阅读更加贴近生活场景。

（四）社交媒体对阅读时间的重新定义

1. 阅读分享与社交互动

社交媒体平台成了人们分享阅读心得、推荐书单的重要渠道。读者通过社交媒体分享阅读体会，与朋友互动讨论，形成了一个更加开放、互动的阅读社区。阅读不再是孤独的行为，而是可以在社交媒体上找到共鸣和交流的体验。

2. 书评与评论文化

社交媒体上丰富的书评和评论文化使得读者在选择阅读内容时可以更全面地了解书籍的优劣。通过查看其他读者的评论，读者可以更有针对性地选择符合自己兴趣的图书，提高了阅读的效率和满足感。

3. 在线阅读社区的兴起

一些专注于阅读的在线社区成了读者分享阅读心得、参与阅读活动的平台。这些社区通过推荐系统和用户互动，为读者提供更丰富的阅读资源和更有深度的阅读体验。

（五）新媒体对阅读空间的重构

1. 虚拟图书馆与数字展览

一些数字化阅读平台通过建设虚拟图书馆和数字展览，将传统的图书馆、博物馆等文化场所带入了数字空间。读者通过虚拟现实技术可以在家中参观远在他方的博物馆，浏览全球的数字化图书馆，拓展了阅读的空间维度。

2. 全球化阅读体验

数字化阅读的普及使得人们能够随时随地获取来自世界各地的阅读内容。通过在线书店、数字图书馆等平台，读者可以轻松地阅读来自不同文化、语言的图书。这种全球化的阅读体验拓宽了阅读的空间范围，使人们更加开放地接触不同背景、不同观点的文学作品。

3. 科技与阅读空间的创新

随着科技的不断创新，新媒体平台推出了一系列与阅读空间相关的创新服务。例如，一些应用结合增强现实技术，将数字化内容与实际场景相结合，为读者创造更加沉浸式的阅读空间。这种创新使得阅读不再受限于传统的纸质书和数字屏幕，而是能够与现实世界更深入地融合。

4. 跨平台阅读与同步

新媒体时代，阅读不再被限定在单一设备上。通过云同步技术，读者可以在不同设备上同步阅读，使得阅读在移动设备、台式电脑、平板电脑之间实现无缝切换。这种跨平台的阅读体验打破了传统阅读空间的界限，让人们能够更加自由灵活地安排阅读时间与空间。

三、阅读行为的数字足迹分析

(一)概述

随着数字化阅读的普及和新媒体的兴起,人们的阅读行为在数字空间中留下了丰富的数字足迹。这些数字足迹包括阅读历史、点击行为、搜索记录等,为阅读平台和内容提供了大量有价值的信息。本书将深入分析阅读行为的数字足迹,探讨数字足迹分析的意义、应用领域以及可能的影响,以及如何平衡便利性和隐私保护。

(二)数字足迹的定义与范围

1. 阅读历史

阅读历史是读者在阅读平台上留下的最基本的数字足迹。这包括用户阅读过的书籍、文章、博客等内容的记录。阅读历史可以呈现用户的阅读兴趣、偏好,为平台提供个性化推荐服务奠定基础。

2. 点击行为

用户在阅读平台上的点击行为包括对文章、链接、广告等的点击记录。这些点击行为反映了用户的兴趣点、关注领域,也为广告推送、内容推荐等提供了数据支持。

3. 搜索记录

用户在阅读平台上进行的搜索操作形成的搜索记录,是另一类重要的数字足迹。搜索记录可以揭示用户关注的主题、问题,为平台提供更准确的搜索建议和推荐内容。

4. 互动与评论

用户在文章下的评论、点赞、分享等互动行为也构成了数字足迹的一部分。这些互动行为反映了用户对内容的态度、看法,为其他用户提供了社交化的信息。

5. 设备与地理信息

用户阅读时所使用的设备、阅读的时间、地理位置等信息也构成了数字足迹的一部分。这些信息有助于了解用户的阅读环境和习惯,为个性化服务提供更多的依据。

（三）数字足迹分析的意义

1. 个性化推荐与服务

通过分析用户的阅读历史、点击行为等数字足迹，平台可以为每位用户提供个性化的推荐服务。基于用户过往的阅读行为，平台可以精准地推断用户的兴趣和偏好，从而为其推荐更符合口味的内容，提高用户满意度。

2. 内容优化与改进

数字足迹分析也有助于内容创作者和平台优化内容质量。通过了解用户的点击、互动行为，创作者可以更好地理解受众需求，调整内容策略，提高内容的吸引力和可读性。同时，平台也可以根据数字足迹反馈，进行系统的优化和改进。

3. 广告精准投放

数字足迹分析为广告投放提供了有力支持。通过了解用户的兴趣点、点击偏好，广告平台可以实现更加精准的广告投放，提高广告的点击率和转化率。这不仅提高了广告主的投放效果，也为用户提供了更为相关和有价值的广告信息。

4. 业务决策的数据支持

对数字足迹进行深度分析可以为平台的业务决策提供有力的数据支持。了解用户行为可以帮助平台更好地了解市场需求、用户喜好，优化产品设计和服务策略，提高平台的竞争力。

（四）数字足迹分析的应用领域

1. 电商与图书推荐

电商平台可以通过分析用户的阅读历史、搜索记录，为用户推荐更符合其兴趣的图书、图书相关商品。这不仅提高了用户购物体验，也增加了电商平台的销售转化率。

2. 内容创作与社交媒体

数字足迹分析对内容创作者和社交媒体平台尤为重要。创作者可以根据数字足迹了解读者反馈，改进和优化自己的内容创作，提高内容的吸引力。社交媒体平台则通过分析用户的阅读历史、互动行为，为用户推荐更相关、更受欢迎的内容，提升用户黏性。

3. 广告行业与精准投放

数字足迹分析在广告行业中得到了广泛应用。广告平台通过分析用户的点击、浏览行为，精准推测用户兴趣点，实现更加精准的广告投放。这种精准投放不仅提高了广告主的 ROI（投资回报率），而且为用户呈现了更符合其兴趣和需求的广告信息，减少了广告对用户的干扰，提高了广告的接受度。

4. 教育与个性化学习

在教育领域，数字足迹分析有望为个性化学习提供有力支持。通过分析学生的阅读历史、学科兴趣，教育平台可以为每位学生制订个性化的学习计划，推荐适合其水平和兴趣的学习资料，提高学习效果。

5. 出版业与图书编辑

对于出版业和图书编辑而言，数字足迹分析是了解读者喜好的重要工具。通过分析读者在电子书平台上的阅读历史，编辑们可以更好地了解目标读者的口味，为编辑出更符合市场需求的图书提供指导。

（五）数字足迹分析的挑战与隐患

1. 隐私问题

数字足迹分析涉及大量个人信息，因此隐私问题是一个不可忽视的挑战。用户可能担心他们的阅读行为被平台过度追踪，导致个人隐私泄露。平台需要在数字足迹分析与用户隐私保护之间寻找平衡，明确数据使用政策，保障用户的隐私权益。

2. 数据安全

由于数字足迹包含大量用户行为数据，保障这些数据的安全性是一个重要的挑战。防范数据泄露、黑客攻击等安全问题，确保用户数字足迹的安全性，是平台需要高度重视的方面。

3. 数据准确性和偏见

数字足迹分析的准确性对于个性化推荐和服务至关重要。然而，数据的不准确性和可能存在的偏见可能导致推荐系统出现问题，向用户推送不合适的内容。平台需要采取有效手段，保证数字足迹分析的数据质量，减少因数据问题导致的误导。

4. 用户拒绝与反感

一些用户可能对数字足迹分析产生拒绝或反感情绪，认为这种行为侵犯了个人隐私。平台需要通过透明的隐私政策、用户选择权等方式，增加用户对数字足迹分析的接受度，缓解用户的反感情绪。

（六）数字足迹分析的未来发展

1. 隐私保护技术的创新

未来，随着隐私保护技术的不断创新，数字足迹分析有望更好地保护用户隐私。采用加密、去标识化等技术，对用户数据进行更加安全的处理，同时为用户提供更多的隐私控制选项。

2. 强化用户参与与透明度

平台可以通过强化用户对数字足迹分析的参与和透明度，增加用户在数据收集和使用过程中的话语权。例如，平台可以提供更细致的隐私设置，让用户决定是否分享特定的数字足迹信息，从而在便利性和隐私之间找到平衡。

3. 跨平台融合与云服务

未来数字足迹分析可能更加注重跨平台融合与云服务。用户在不同设备上的数字足迹数据可以在云端进行整合和分析，实现更全面、更一致的用户画像，提升个性化服务的水平。

4. 社会责任与伦理规范

数字足迹分析需要更加注重社会责任和伦理规范。平台应该制定明确的数据使用准则，遵循伦理原则，确保数字足迹分析服务的公正性、透明度和可控性。

数字足迹分析是数字化阅读和新媒体时代中不可或缺的一部分。通过分析用户的阅读行为，平台可以为用户提供更个性化、更符合兴趣的服务。然而，在追求便利性和个性化的同时，平台需要认真应对隐私问题、数据安全、用户拒绝等挑战。未来，数字足迹分析将在隐私保护技术、用户参与度强化、跨平台融合等方面得到不断的创新与完善，为用户提供更优质的数字阅读体验。

第二节　阅读引导理论与模型

一、阅读引导的概念与理论体系

阅读引导（Reading Comprehension Strategies）是指通过一系列的认知和元认知策略，帮助读者更有效地理解、分析和应用阅读材料的过程。这一概念涉及阅读的多个层面，包括文本理解、信息获取、批判性思维等方面，旨在提高读者的阅读水平和阅读体验。阅读引导的理论体系涵盖了心理学、教育学和认知科学等多个领域，旨在深入了解阅读的本质，从而更好地指导教学和实践。

（一）阅读引导的认知策略

预测：读者可以通过预测文本的主题、结构和内容，提前构建一个框架，有助于更有针对性地理解文本。这包括利用标题、副标题、图表等信息，形成初步的理解假设。

概括：将文本中的重要信息进行概括，有助于整合和加深对内容的理解。通过提炼核心观点和主旨，读者能够更好地把握文章的要点。

联想：将已有的知识和经验与新的信息相连接，促使更深层次的理解。通过建立与已知概念的关联，读者能够更容易地理解新的概念和信息。

问答：主动提问有助于引导注意力，促使深入思考。读者可以在阅读过程中不断提出问题，并寻找答案，从而提高对文本的理解深度。

图像化：将文字信息转化为图像，以提升对内容的感知和理解。通过绘制概念地图、制作图表等方式，读者能够更清晰地把握文章结构和内在逻辑。

（二）阅读引导的元认知策略

监控理解：在阅读过程中不断监控自己的理解程度，及时调整阅读策略。通过自我问答、反思等方式，读者可以发现理解上的问题，并采取相应的纠正措施。

调整策略：根据阅读的具体情境和难度，调整阅读策略。灵活运用各种认知策略，根据需要进行组合和调整，以更好地适应不同的阅读任务。

目标设定：设定明确的阅读目标，有助于提高阅读效果。通过明确阅读的目的，读者能够更有针对性地选择和运用相应的认知策略。

反思：阅读后进行反思是提高阅读水平的关键环节。通过思考自己的理解过程、对文章的评价等，读者可以深入挖掘阅读体验，发现潜在的问题并加以改进。

合作学习：与他人分享阅读经验，进行合作学习。通过讨论、互相提问等方式，读者能够从不同的角度获取信息，拓展自己的思维。

阅读引导的理论体系在教育实践中得到了广泛应用。在教学中，教师可以通过引导学生掌握这些认知和元认知策略，培养学生主动思考的能力，提高他们的阅读理解水平。同时，阅读引导理论也为个体化教育、差异化教学提供了理论支持，帮助教育者更好地满足学生多样化的学习需求。

总体而言，阅读引导作为一种全面的阅读教学理论，强调了认知和元认知策略的协同作用，使得学生在阅读过程中更为灵活、深入地理解文本。未来，随着对阅读过程认识的不断深化，阅读引导理论体系也将不断丰富和完善，为提升阅读素养提供更加科学有效的指导。

二、新媒体时代的阅读引导模型探讨

新媒体时代的到来带来了信息传播方式的巨大变革，阅读模式、阅读行为也随之发生了深刻的变化。在这一背景下，新媒体时代的阅读引导模型成为研究的热点之一。本书将探讨新媒体时代下阅读引导的新特点、挑战与机遇，并从认知和元认知层面分析新媒体时代阅读引导模型的构建。

（一）新媒体时代下阅读引导的新特点

多媒体性质：新媒体时代的阅读材料包含了丰富的多媒体元素，如图像、音频、视频等，相比传统纯文字的阅读，阅读者需要更好地整合这些多媒体信息，提高信息处理的能力。

信息爆炸：随着互联网的快速发展，信息呈现爆炸式增长，用户在获取信息时可能受到过多信息的干扰，阅读引导需要更有针对性地帮助读者筛选、过滤信息，提高信息获取的效率。

社交化阅读：社交媒体的兴起使阅读成为一种社交行为，人们更倾向于通过分享、评论等方式交流阅读体验。阅读引导模型需要考虑如何在社交化阅读环境中更好地引导读者获取、理解信息。

个性化需求：新媒体时代，用户对阅读的需求更加个性化，阅读引导模型需要更灵活地适应不同用户的兴趣、水平和学科需求，实现个性化的阅读引导。

实时性要求：新媒体时代注重实时性，信息更新迅速。阅读引导需要更好地适应实时信息的阅读和理解，培养读者处理新信息的能力。

（二）新媒体时代下阅读引导的认知策略

多模态阅读：针对多媒体性质，阅读引导模型应鼓励读者通过多种感官途径获取信息，包括视觉、听觉等。培养多模态阅读的能力，提高对图文、音视频等信息的综合理解。

信息筛选与过滤：针对信息爆炸的问题，阅读引导应帮助读者学会对信息进行筛选和过滤，区分信息的可信度和重要性，提高信息处理的效率。

社交化阅读技能：在社交化阅读环境中，阅读引导应培养读者的社交化阅读技能，包括参与评论、分享观点等。促进读者在社交媒体中更好地进行信息交流。

个性化学习路径：利用技术手段，如人工智能和大数据分析，构建个性化的阅读引导模型，根据用户的兴趣、学科需求等因素，为每个用户制定独特的学习路径。

实时反馈：提供实时的反馈机制，帮助读者更好地了解自己的阅读状态和问题，及时调整阅读策略，适应不断变化的阅读环境。

（三）新媒体时代下阅读引导的元认知策略

自我监控：鼓励读者在阅读过程中不断监控自己的理解程度，对比实际理解与预期理解，及时调整阅读策略。

动态调整策略：针对新媒体时代信息更新快、多变的特点，阅读引导应帮助读者灵活调整阅读策略，适应不同类型和形式的阅读材料。

目标设定：鼓励读者设定明确的阅读目标，帮助他们更好地理解为何阅读、阅读的目的是什么，从而更有动力地参与阅读。

社交合作：在社交化阅读环境中，鼓励读者与他人分享阅读经验，进行合作学习。通过社交合作，读者可以获取更多的观点和信息，拓展自己的思维。

反思与元认知意识：强调读者进行阅读后的反思，不仅对阅读过程进行评估，还要思考自己的元认知策略是否得当，是否存在提升的空间。

新媒体时代的阅读引导模型需要兼顾认知和元认知策略，通过整合多媒体信息、引导社交化阅读、个性化学习等方式，帮助读者更好地适应新的阅读环境。同时，技术手段的运用，如人工智能、大数据分析等，也为构建更为智能、个性化的阅读引导提供了可能。未来，随着新媒体时代的深入发展，阅读引导模型还有许多方面可以进一步探讨和优化。

三、跨学科视角下的阅读引导研究

跨学科视角下的阅读引导研究具有重要的理论和实践意义。通过融合多个学科的知识和方法，可以更全面地理解阅读引导的本质，深化对阅读过程的认知，同时为阅读教育提供更丰富的教学策略。以下将从心理学、教育学、计算机科学等多个学科的角度，探讨跨学科视角下的阅读引导研究。

（一）心理学视角下的阅读引导

认知心理学的贡献：认知心理学关注个体对信息的处理过程，通过实验和观察揭示人们阅读的认知机制。在阅读引导研究中，可以通过认知心理学的实验手段，深入研究读者在阅读过程中的信息加工、记忆、注意力分配等认知活动。

元认知策略的运用：元认知是指对自己的认知过程和认知状态进行监控、控制和调整的过程。心理学视角下的阅读引导可以侧重于培养读者的元认知策略，帮助他们更好地了解自己的阅读过程，提高自我监控和调整的能力。

发展心理学的观点：发展心理学关注阅读能力的形成和发展过程。跨学科的阅读引导研究可以结合发展心理学的观点，深入了解儿童和青少年阅读能力的培养过程，制定更科学有效的阅读引导策略。

（二）教育学视角下的阅读引导

教育理论的应用：从教育学的角度，研究者可以运用不同的教育理论，如建构主义、社会认知理论等，来设计阅读引导的教学模式。通过理论的指导，阅读引导可以更好地适应学生的认知特点和学科需求。

个性化教育的实践：教育学视角下的阅读引导强调个性化教育，即根据学生的兴趣、水平和学科需求进行差异化的阅读引导。通过个性化的教育设计，可以更好地满足学生多样化的学习需求，提高阅读引导的效果。

教学策略的研究：教育学的研究方法可以用于分析和评估不同的阅读引导教学策略。研究者可以通过实地观察、访谈、教学实验等方式，深入了解阅读引导在不同教学环境下的效果，并提出相应的改进建议。

（三）计算机科学视角下的阅读引导

自然语言处理技术：计算机科学为阅读引导研究提供了丰富的工具和技术。自然语言处理技术可以用于分析和理解文本，帮助设计更智能、更个性化的阅读引导系统，提供更精准的语言学习支持。

人工智能与机器学习：人工智能和机器学习技术可以用于个性化推荐、学习路径设计等方面，通过分析大量的学习数据，为不同学生提供定制化的阅读引导服务，提高阅读学习效果。

虚拟现实和增强现实：利用虚拟现实和增强现实技术，可以为学生创造更具沉浸感的阅读环境，提供更丰富的学科知识体验。这为跨学科的阅读引导研究带来了新的可能性。

（四）跨学科融合的阅读引导研究

整合认知科学和教育学：通过整合认知科学和教育学的理论和方法，可以更好地理解阅读过程中的认知机制，同时设计出更符合学生学习规律的阅读引导教学模式。

计算机科学与心理学的协同：计算机科学和心理学的协同研究可以帮助设计更符合认知规律的智能化阅读引导系统。通过深入研究人类阅读认知的模型，结合计算机科学的技术手段，实现更智能、更贴近人类认知的阅读引导。

融入其他学科的视角:跨学科研究还可以融入其他学科的视角,比如社会学、语言学、神经科学等,以更全面的视角理解阅读引导的复杂性。这样的研究有助于发现更多影响阅读过程的因素,提供更多的干预手段。

在跨学科的阅读引导研究中,不同学科的专业知识和方法可以相互交叉,互为补充,为阅读引导研究提供更加全面深入的认识。

第三节　多媒体阅读体验的心理学基础

一、视觉与听觉在数字阅读中的影响

数字阅读是指通过电子设备,如电脑、平板电脑、智能手机等,阅读数字化的文字、图片、图表等信息的过程。在数字阅读中,视觉和听觉是两个主要的感知通道,它们在阅读体验中发挥着关键作用。以下将深入探讨视觉与听觉在数字阅读中的影响,从视觉呈现、听觉反馈、多模态交互等方面进行分析。

(一)视觉在数字阅读中的影响

1. 视觉呈现的重要性

视觉是数字阅读中最主要的感知通道之一,因为阅读的本质就是通过观察文字和图像来获取信息。数字阅读平台通过屏幕向用户呈现文字、图片、图表等内容,视觉呈现的质量直接关系到用户的阅读体验。清晰、舒适的排版、字体、颜色等设计能够提高用户对信息的理解和吸引力。

2. 字体选择与排版设计

在数字阅读中,合适的字体选择和排版设计对阅读的舒适性和理解起着至关重要的作用。合适的字体大小、行间距、段落间距等因素,能够减少眼睛疲劳,提高阅读效率。精心设计的排版结构能够引导用户的注意力,帮助信息的有序传达。

3. 多媒体元素的视觉呈现

数字阅读通常涵盖丰富的多媒体元素,包括图片、图表、视频等。这些元素通过视觉呈现方式,能够更生动地展现信息,提高阅读的趣味性和深度。然而,视觉元素的过多或不当使用也可能分散读者的注意力,影响阅读体验。

4. 屏幕亮度与护眼设计

数字阅读通常在电子设备上进行，而设备的屏幕亮度对用户的视觉健康有一定的影响。过高的亮度可能导致眼疲劳，而过低的亮度则可能造成视觉不适。因此，数字阅读平台需要考虑护眼设计，允许用户调整屏幕亮度，同时提供夜间模式等功能，减轻长时间数字阅读对视觉的影响。

5. 交互式视觉体验

数字阅读不仅仅是被动接受信息，还可以通过交互式设计提供更丰富的视觉体验。例如，页面翻转、图片缩放、图表交互等功能，能够增加用户的参与感，提高阅读的互动性。

（二）听觉在数字阅读中的影响

1. 音频书籍与朗读功能

随着技术的发展，数字阅读中出现了音频书籍和朗读功能，为用户提供了通过听觉方式获取信息的选择。这对于一些有阅读障碍或者需要多任务处理的用户来说，是一种有效的辅助方式。朗读功能的语音合成技术不断提升，使得听觉体验更加自然。

2. 语音导航与辅助功能

数字阅读平台通常提供语音导航和辅助功能，通过语音提示引导用户进行操作。这对于一些视觉障碍的用户，或者在驾驶、运动等情境下无法观看屏幕的用户来说，提供了更便捷的阅读方式。

3. 音效设计与用户体验

数字阅读中的音效设计也能够影响用户的感知和体验。例如，在翻页、点击链接等操作时，通过合适的音效反馈可以增强用户的操作感和愉悦感。然而，音效的使用需要谨慎，避免对用户的阅读产生干扰。

4. 多模态交互体验

视觉和听觉可以结合起来，创造更为丰富的多模态交互体验。例如，在数字图书中，用户可以通过点击图表获得解释性语音，这种多模态的设计能够提高信息的理解和记忆效果。

（三）视觉与听觉的协同作用

1. 多感官协同认知

视觉与听觉的协同作用有助于多感官协同认知。通过同时利用视觉和听觉通道，读者能够更全面地理解文本内容，提高信息的消化和记忆效果。这对于数字学习、在线教育等场景尤为重要。

2. 语音图书与可视化互动

语音图书结合了视觉与听觉，通过让文字同时以文本和语音形式呈现，帮助用户更好地理解内容。在某些教育应用中，语音图书还可以与可视化互动相结合，提供更具参与感的学习体验。

3. 虚拟现实和增强现实的整合

虚拟现实和增强现实技术的整合也为视觉与听觉提供了更为全面的数字阅读体验。通过 VR 技术，用户可以沉浸式地阅读数字内容，仿佛置身于书籍或学习环境之中。AR 技术则可以将数字信息与现实环境融合，提供更为直观的学习体验，使得视觉与听觉更加贴近真实世界。

4. 辅助技术与通用设计

数字阅读中的辅助技术，如屏幕阅读器、文字识别软件等，能够帮助视觉障碍者通过听觉方式获取文本信息。通用设计的理念也包括对听觉障碍者的关注，通过合适的设计确保信息对所有用户都是可访问的，使得数字阅读更具包容性。

5. 用户个性化体验

视觉与听觉的协同作用还可以用于实现用户个性化的数字阅读体验。系统可以根据用户的喜好和需求，调整视觉呈现和听觉反馈的方式，提供更符合个体差异的阅读服务。这种个性化体验有助于提高用户的满意度和使用效果。

（四）挑战与未来发展方向

1. 注意力分散与认知负担

在数字阅读中，过多的视觉和听觉元素可能导致注意力分散，增加认知负担。因此，设计者需要平衡信息的呈现，避免信息过载，确保用户能够有效地处理和理解内容。

2. 技术标准和无障碍设计

为了更好地满足不同用户群体的需求，数字阅读平台需要遵循相关的技术标准和无障碍设计原则。这包括对于屏幕阅读器的支持、可调节的字体大小和颜色、音频内容的字幕等。

3. 个性化推荐与隐私保护

随着个性化推荐技术的发展，数字阅读平台可以根据用户的阅读历史和兴趣进行个性化推荐。然而，这也带来了用户隐私保护的问题，平衡个性化服务和隐私保护是未来的一个挑战。

4. 交互体验与用户参与

未来数字阅读的发展趋势可能会更加注重用户的参与感和交互体验。通过引入更先进的交互技术，如手势识别、语音识别等，提高用户的操作便捷性和参与感，使数字阅读更富有趣味性。

5. 多模态学习与教育创新

数字阅读的多模态性为教育领域带来了新的可能性。未来，数字阅读平台可以更加注重多模态学习的设计，结合视觉、听觉、触觉等多种感官通道，推动教育创新，提升学生的学习效果。

视觉与听觉在数字阅读中相辅相成，共同构建了丰富多彩的阅读体验。视觉通过呈现文字、图片、图表等信息，提供了直观的信息感知；而听觉通过语音朗读、音效设计等方式，为用户提供了另一种获取信息的途径。两者的协同作用使得数字阅读更加灵活、个性化，并在教育、娱乐、信息传递等方面发挥着重要作用。

随着技术的不断进步和用户需求的不断变化，数字阅读将不断面临新的挑战和机遇。通过充分发挥视觉与听觉的优势，设计者可以更好地满足用户的需求，提升数字阅读的质量和体验。同时，更深入的跨学科研究将为数字阅读领域带来更多创新和突破，推动数字阅读朝着更加智能、个性化的方向发展。

二、情感心理学与数字阅读体验

情感心理学与数字阅读体验之间存在着密切的关系。数字阅读作为一种新兴的阅读形式，不仅在认知层面有着独特的特点，也深刻影响了读者的情感体验。以下将从情感心理学的角度深入探讨数字阅读体验，包括情感对阅读的影响、数字阅读中情感的表达方式、情感设计在数字阅读中的应用等方面。

（一）情感对数字阅读的影响

1. 阅读情感的主观体验

情感在阅读过程中起着重要的调节作用。数字阅读不同于传统纸质阅读，它涉及电子设备、屏幕亮度、字体排版等因素，这些因素对阅读者的情感体验产生直接影响。例如，清晰舒适的排版和合适的字体选择会增强读者的愉悦感，而太亮或太暗的屏幕可能引起不适。

2. 情感对信息记忆的影响

情感与记忆之间存在着紧密的联系。研究表明，情感体验丰富的阅读更容易引起读者的情感共鸣，从而增强信息的记忆。在数字阅读中，通过巧妙运用情感元素，如插图、音效、情感词汇等，可以更好地激发读者的情感反应，提升信息的记忆深度。

3. 情感与注意力的交互作用

情感可以调动注意力，影响读者对特定信息的关注程度。在数字阅读中，通过合理引导读者的情感，设计者可以更好地引导读者关注重要信息，提高信息的传递效果。然而，过多的情感元素可能导致注意力分散，需要谨慎设计以保持平衡。

4. 情感与用户参与度的关系

情感体验可以增加用户对数字阅读的参与度。通过在阅读体验中融入情感元素，如人物情感描写、情节发展等，可以使读者更深度地融入故事情境，提高参与度。这对于数字教育、虚拟小说等领域尤为重要。

（二）数字阅读中情感的表达方式

1. 语言表达情感

文字作为数字阅读的主要信息载体，通过语言的表达方式可以传递丰富的情感。作者运用生动的词汇、形象的描写，可以在读者心中勾勒出丰富的情感场景，使数字阅读更具情感深度。

2. 多媒体元素传递情感

数字阅读中丰富的多媒体元素，如图片、音频、视频等，为表达情感提供了更多的可能性。图片可以通过色彩、构图传递情感信息，音频则能够通过声音的音调、节奏传递情感体验。这些多媒体元素的巧妙运用能够增强数字阅读的情感沟通效果。

3. 交互式设计体现情感

数字阅读的交互式设计也是表达情感的一种方式。通过读者与内容的互动，如点击、翻页等操作，可以让读者更加身临其境地感受故事情节，增强阅读的情感互动性。

4. 社交分享与情感共鸣

数字阅读平台的社交分享功能使得读者能够将自己的阅读情感分享给他人。通过社交媒体上的评论、点赞等形式，读者能够获得他人对于相同内容的情感反馈，形成情感共鸣，增强阅读体验。

5. 虚拟现实和增强现实技术

虚拟现实和增强现实技术为数字阅读提供了更为真实的情感体验。通过VR

技术，读者可以沉浸在虚拟的阅读环境中，感受到更为真实的情感体验。AR技术则可以将数字内容与现实环境融合，增强用户的情感互动感。

（三）情感设计在数字阅读中的应用

1. 个性化情感设计

数字阅读平台可以根据用户的个性化需求，采用不同的情感设计策略。一些人喜欢轻松幽默的阅读氛围，而另一些人可能更倾向于深沉、感性的情感表达。个性化情感设计有助于提高用户的满意度和阅读体验。

2. 情感导向的教育设计

在数字教育领域，情感设计可以用于引导学生对知识的情感投入。例如，在教育软件中加入有趣的动画、音效，或者设计引人入胜的教学情节，能够激发学生的学习兴趣，提高学科知识的吸收效果。

3. 品牌建设与情感营销

数字阅读平台作为品牌，通过情感设计可以建立独特的品牌形象。在广告、推广内容中融入情感元素，让读者在阅读的同时建立对品牌的情感认同感，从而提高用户的品牌忠诚度。

4. 情感分析与用户反馈

情感分析技术可以用于了解用户在数字阅读中的实时情感状态。通过分析用户在阅读过程中的评论、反馈、情感表达，平台可以更好地理解用户的需求和感受，从而调整内容策略、改进服务体验。

5. 心理治疗与阅读体验

数字阅读也被应用于心理治疗领域，通过数字平台提供的文字、音频、视频等多样化的表达形式，辅助心理治疗。情感设计在这一领域能够更好地引导用户情感表达，提供心理健康支持。

（四）数字阅读中的情感挑战与未来发展方向

1. 情感表达的主观性难题

每个人对于情感的理解和表达都是主观的，数字阅读平台在情感设计时需要考虑到不同用户的主观感受。挑战在于如何在数字平台上创造一个能够引起多数用户共鸣的情感氛围。

2. 情感设计的个体差异

不同文化背景、年龄段、性别等因素都会影响用户对于情感的接受和反应。数字阅读平台在情感设计时需要兼顾多样性，避免过于片面或刻板化的情感表达。

3.情感设计与信息传递的平衡

情感设计应当与信息传递平衡。过多的情感元素可能导致信息传递不明确，读者难以理解主要内容。因此，情感设计需要在不影响信息传递的前提下提供更丰富的阅读体验。

4.隐私与情感数据的处理

数字阅读平台收集用户的情感反馈数据，但在利用这些数据时需要考虑用户隐私。平台需要建立安全的隐私保护机制，确保用户的情感数据不被滥用或泄露。

5.技术创新与用户体验

未来的发展方向可能会包括更先进的情感识别技术和更智能的情感推断算法。这将使得数字阅读平台能够更准确地捕捉用户的情感状态，提供更个性化、

6.跨文化情感设计的挑战

数字阅读平台的用户来自不同文化背景，对于情感的理解和表达存在差异。未来的发展需要更加注重跨文化情感设计，以适应全球用户的需求。

情感心理学与数字阅读体验之间的关系是一个深刻而广泛的领域。通过巧妙的情感设计，数字阅读平台可以在情感共鸣、用户参与度、品牌建设等方面取得更好的效果。然而，情感设计也面临着个体差异、隐私保护、信息传递平衡等方面的挑战。未来，随着技术的不断创新和对用户需求的深入了解，数字阅读平台有望更加精细地运用情感心理学原理，为用户提供更富有深度和个性化的阅读体验。

三、认知心理学与新媒体阅读引导

认知心理学与新媒体阅读引导密切相关，它涉及人们在阅读新媒体内容时的思维过程、信息加工、记忆和学习等认知活动。本书将深入探讨认知心理学在新媒体阅读引导中的应用，包括认知过程、信息呈现、学习策略等方面，以期为新媒体阅读引导的研究和实践提供深刻的理论基础。

（一）认知心理学基础

1.感知与注意力

感知是信息处理的第一步，它涉及人们对新媒体内容的视觉、听觉等感知过程。注意力则决定了人们关注哪些信息。认知心理学通过研究感知和注意力的规律，为新媒体设计提供了优化用户体验的理论基础。

2. 记忆

记忆是认知活动的关键环节，新媒体内容的记忆与理解直接影响着读者的阅读体验。认知心理学研究了记忆的编码、存储和检索等过程，为新媒体阅读引导提供了有效的认知支持。

3. 学习和知觉

学习是认知心理学的核心领域之一，新媒体阅读引导旨在通过引导读者的学习过程，促进对信息的深入理解。认知心理学的学习理论为设计更有效的阅读引导策略提供了理论依据。

（二）认知心理学在新媒体阅读引导中的应用

1. 信息呈现的认知优化

新媒体内容的呈现方式对读者的认知有重要影响。认知心理学研究了不同信息呈现方式对阅读理解和记忆的影响，例如，合理的排版、清晰的字体、有序的信息结构等可以提高读者对信息的处理效率。

2. 注意力引导与内容导航

认知心理学研究了如何引导注意力以及设计有效的内容导航方式。在新媒体阅读中，通过合理的布局、明确的导航结构，可以引导读者更有针对性地获取信息，降低注意力的分散。

3. 交互设计与认知负荷

新媒体阅读通常伴随着复杂的交互设计，认知心理学关注用户在处理这些交互时的认知负荷。优秀的交互设计应该降低用户的认知负荷，使阅读更加流畅、自然。

4. 多模态学习的整合

认知心理学认为多感官的整合可以增强学习效果。在新媒体阅读中，整合文字、图像、音频、视频等多模态元素，有助于提高读者对信息的深度理解和记忆。

5. 认知启发与问题解决

认知心理学的启发式思维理论可以引导新媒体阅读者更加主动、有目的地解决问题。通过提出引导性问题、设计互动性元素等，可以促使读者更深入地思考和理解内容。

6. 个性化学习策略

认知心理学强调个体差异，新媒体阅读引导可以根据读者的个性差异提供个性化的学习策略。通过了解读者的学习风格、兴趣爱好等，定订相应的阅读引导计划。

（三）新媒体阅读引导中的认知挑战与未来发展方向

1. 信息过载与注意力分散

随着信息爆炸式增长，读者面临信息过载的问题。认知心理学需要应对读者的注意力有限的问题，设计更具针对性的信息过滤、推荐系统，避免信息过载导致的认知疲劳。

2. 虚假信息与认知偏误

在新媒体阅读中，虚假信息和认知偏误成为认知挑战。认知心理学可以通过研究人们对信息的理解方式、信息验证策略等，帮助设计更有效的阅读引导以应对虚假信息的传播。

3. 个体差异与个性化阅读引导

新媒体阅读涉及多样的读者群体，个体差异显著。未来的发展方向可能包括更加精细的个性化阅读引导，通过深度学习等技术手段，实现更智能的个性化推荐和引导，以满足不同读者的认知需求。

4. 跨文化认知与多语言处理

随着新媒体内容的全球传播，跨文化认知成为一个重要的挑战。认知心理学可以研究不同文化背景下读者的认知习惯、偏好，为多语言处理、跨文化沟通提供理论支持，以更好地满足全球读者的需求。

5. 深度学习与认知技术创新

未来的发展可能涉及深度学习等人工智能技术的广泛应用。通过深度学习算法对大量用户行为和认知数据进行分析，可以更精准地了解读者的认知过程，为阅读引导提供更智能、个性化的支持。

6. 情感认知与用户情感体验

认知心理学在情感认知领域也有着重要的研究，将情感认知理论与新媒体阅读引导相结合，有助于更好地理解读者的情感体验。通过对读者情感的深入分析，可以设计更具感染力、引人入胜的阅读引导策略。

7. 增强现实与虚拟现实技术的整合

随着增强现实（AR）和虚拟现实（VR）技术的发展，认知心理学可以探讨如何更好地整合这些技术以提升新媒体阅读的体验。通过在虚拟环境中模拟阅读场景，创造更为沉浸式的体验，有望进一步拓展认知研究的领域。

8. 脑机接口与认知增强

脑机接口技术的发展可能使得认知增强成为新媒体阅读引导的一种创新手

段。通过监测大脑活动，实现对用户认知状态的实时了解，并据此调整阅读引导策略，以提供更符合用户认知特征的个性化服务。

　　认知心理学与新媒体阅读引导的结合，为我们更好地理解人们在数字时代的阅读行为提供了深刻的认知视角。通过对感知、注意力、记忆、学习等认知过程的深入研究，我们能够更有效地设计新媒体阅读引导策略，提升用户的阅读体验。未来，随着科技的发展和对读者认知需求的不断深入了解，认知心理学在新媒体阅读引导领域的应用将更加广泛，为数字化时代的阅读提供更智能、个性化的引导支持。

第三章 新媒体环境下的读者服务模式

第一节 个性化阅读推荐系统

一、用户画像建立与数据分析

在数字化时代，大数据的快速增长使得企业和组织能够收集、存储和处理海量用户数据。用户画像作为一个用户信息的综合体现，通过对用户行为、偏好和特征的分析，为企业提供了更为精准的定制服务和个性化推荐。以下将深入探讨用户画像的建立和数据分析，包括建立用户画像的方法、数据分析的工具与技术，以及用户画像在不同领域的应用。

（一）用户画像的建立方法

1. 基础信息收集

用户画像的建立首先需要收集用户的基础信息，包括但不限于年龄、性别、地理位置、职业等。这些信息可通过用户注册、调查问卷、社交媒体等途径获取。

2. 行为数据分析

用户的行为数据是构建用户画像的关键。通过分析用户在网站、应用或社交平台上的浏览、点击、购买等行为，可以了解用户的兴趣、偏好和行为模式。

3. 社交媒体挖掘

社交媒体是获取用户信息的重要来源。通过分析用户在社交媒体上的发文、点赞、评论等活动，可以了解用户的社交圈子、话题关注点等。

4. 消费行为分析

用户的消费行为也是构建用户画像的重要组成部分。分析用户的购物记录、消费频率、购买偏好等信息，可以为企业提供更有针对性的推荐和服务。

5.用户反馈与评论分析

用户的反馈和评论包含了他们对产品或服务的直接意见。通过对用户评论的情感分析和关键词提取，可以了解用户的满意度和需求。

（二）数据分析的工具与技术

1.统计分析工具

统计分析是最基础的数据分析方法之一。通过使用统计工具如 SPSS、Excel 等，可以对数据进行描述性统计、相关性分析、回归分析等，揭示数据之间的关系。

2.机器学习算法

机器学习算法在用户画像的建立和数据分析中发挥着关键作用。分类算法、聚类算法、推荐算法等可以帮助企业根据用户的特征将其划分到不同的群体，从而更好地进行个性化推荐。

3.深度学习技术

深度学习技术在处理大规模、高维度数据上具有优势。神经网络的应用能够更准确地捕捉用户的复杂特征，提高用户画像的精准度。

4.自然语言处理（NLP）

对用户评论和反馈进行文本分析时，NLP 技术能够帮助企业理解用户的情感倾向、关注点等，为改进产品和服务提供有力的参考。

5.大数据处理平台

面对海量数据，大数据处理平台如 Hadoop、Spark 等能够高效地进行数据存储、处理和分析，为企业提供更迅速、精准的数据分析服务。

（三）用户画像在不同领域的应用

1.电商行业

在电商领域，通过用户画像，平台可以为用户推荐更符合其兴趣和需求的商品。基于用户的历史购买记录、浏览行为和评价，电商企业能够更精准地进行个性化推荐，提高用户购物体验和购买转化率。

2.社交媒体平台

社交媒体平台通过分析用户的社交网络、发布内容和互动行为，绘制用户画像。这些画像有助于平台向用户推送更相关的内容，提高用户留存率和广告点击率。

3.金融领域

在金融领域，用户画像可以用于信用评估、风险管理等方面。通过分析用户的消费行为、财务状况和信用历史，金融机构可以更准确地评估客户的信用风险。

4. 医疗健康

在医疗健康领域，用户画像可以帮助医疗机构更好地了解患者的健康状况和医疗历史。通过分析患者的病历、用药记录和生活习惯，医疗系统能够制定更个性化的治疗方案。

5. 教育行业

在教育领域，用户画像有助于为学生提供个性化的学习资源和建议。通过分析学生的学习历史、兴趣和学科偏好，教育平台可以制定更适合学生的教学计划和资源推荐。

（四）用户画像绘制与数据分析的挑战与未来发展方向

1. 隐私保护问题

随着用户数据的积累，隐私保护问题变得尤为重要。用户对个人信息的隐私非常敏感，因此在绘制用户画像和进行数据分析时，必须严格遵守相关法规和政策，采取有效的隐私保护措施，确保用户数据的安全。

2. 数据质量与准确性

用户画像和数据分析的结果取决于数据的质量和准确性。不准确、不完整的数据可能导致对用户特征的错误理解，从而影响个性化推荐和服务的质量。因此，确保数据的质量和准确性是一个持续的挑战。

3. 跨平台和跨系统集成

用户数据往往分散在不同的平台和系统中，这使得用户画像的绘制和数据分析面临跨平台和跨系统集成的挑战。解决这一问题需要强大的数据整合和集成技术，确保不同系统之间的数据能够无缝连接和共享。

4. 算法公正性与透明性

在机器学习和深度学习算法的应用中，算法的公正性和透明性成为关注的焦点。如果算法在用户画像的构建中存在偏见或不公正，可能会对用户造成不公平的对待。因此，如何确保算法的公正性和透明性是一个亟待解决的问题。

5. 实时性需求

随着用户行为的快速变化，实时性需求成为用户画像和数据分析领域的新挑战。企业需要快速响应用户的变化，提供更加实时的个性化推荐和服务。这要求数据分析系统具备强大的实时处理能力。

6. 融合多模态数据

随着技术的发展，用户产生的数据越来越多样化，包括文本、图像、语音等多模态数据。如何有效地融合和分析这些多模态数据，构建更全面、准确的用户画像，是未来的研究方向之一。

7. 个性化与随机性平衡

用户画像建立的目标之一是提供个性化的服务和推荐，然而，过度的个性化可能导致信息茧房，使用户只接触到与其兴趣相符的内容。如何在个性化推荐和服务中保持一定的随机性，让用户有机会接触到新领域的信息，是一个需要平衡的问题。

8. 以人为本的设计

未来的发展方向应该更加注重以人为本的设计理念。不仅要关注用户画像和数据分析的技术创新，还需要充分考虑用户体验、用户参与度和用户权益，确保技术的发展能够真正为用户带来价值。

用户画像的建立与数据分析在数字化时代已经成为各行业提供个性化服务、优化用户体验的重要手段。然而，随着数据规模的不断增大和技术的不断发展，相关领域仍然面临着众多的挑战。解决这些挑战需要全球社会的共同努力，包括技术研发、法规制定、伦理标准的建立等多方面的合作。未来，用户画像的建立与数据分析将继续发挥重要作用，为人们提供更加智能、个性化的服务，推动社会的进步。

二、个性化推荐算法与优化策略

在信息爆炸的数字时代，个性化推荐算法成为各类应用平台的核心技术之一。通过分析用户的历史行为、兴趣和偏好，个性化推荐算法能够为用户提供更符合其需求的内容，从而提升用户体验、增加平台黏性。本书将深入探讨个性化推荐算法的基本原理、常见算法类型以及优化策略，以期为推荐系统的设计和优化提供有益的理论参考。

（一）个性化推荐算法基本原理

1. 用户建模

个性化推荐的第一步是对用户进行建模，理解其兴趣和偏好。用户建模涉及对用户历史行为、个人信息、社交关系等数据的分析，以构建用户的兴趣模型。

2. 物品建模

除了用户模型，推荐系统还需要对物品进行建模。物品建模包括对物品的内容特征、标签、类别等信息的提取，以便系统能够理解物品的属性和关联。

3. 相似度度量

推荐算法的核心思想之一是通过计算用户与物品之间的相似度来进行推荐。相似度度量可以基于内容相似性、协同过滤等不同方式进行，从而找到与用户兴趣相近的物品。

4. 排序模型

在确定了用户和物品的相似度后，推荐系统需要根据这些相似度信息进行排序，将最符合用户兴趣的物品排在前面。排序模型的设计直接影响了推荐结果的质量。

（二）常见的个性化推荐算法类型

1. 基于内容过滤算法

基于内容过滤算法主要利用物品的内容特征和用户的历史行为进行推荐。通过分析物品的关键词、标签等信息，以及用户的历史点击、观看记录，系统可以推测用户的兴趣，并向其推荐与历史兴趣相似的物品。

2. 协同过滤算法

协同过滤算法基于用户-物品交互行为，分为用户协同过滤和物品协同过滤两种类型。用户协同过滤通过挖掘具有相似兴趣的用户，向目标用户推荐那些相似用户喜欢的物品。物品协同过滤则通过挖掘物品的相似性，向用户推荐与其历史喜好物品相似的物品。

3. 深度学习算法

深度学习算法在个性化推荐领域取得了显著的成果。基于神经网络的推荐模型能够更好地捕捉用户和物品之间的复杂关系，提高推荐的准确性。常见的深度学习模型包括多层感知机（MLP）、卷积神经网络（CNN）、循环神经网络（RNN）等。

4. 时序模型

考虑用户行为的时序性是个性化推荐的重要方面。时序模型通过分析用户行为的时间序列信息，识别用户的活跃周期、兴趣演变趋势等，更精准地进行推荐。

5. 集成算法

集成算法将多个不同类型的推荐算法进行组合，以提高推荐的稳定性和准确性。常见的集成算法包括加权融合、层次融合、元学习等。

（三）个性化推荐算法的优化策略

1. 实时性优化

随着用户行为的不断变化，推荐系统需要保持一定的实时性，及时更新用户画像和推荐结果。实时性优化涉及对用户行为的实时监测、模型参数的动态调整等方面。

2. 冷启动问题优化

冷启动问题指的是在用户刚刚注册或平台上线初期，由于缺乏用户行为数据，推荐系统无法准确地建立用户画像。优化策略包括基于用户注册信息的初始推荐、引导用户产生初步行为等。

3. 多样性优化

为了避免信息茧房，多样性优化是个性化推荐系统中的重要策略。通过引入多样性的相似度度量、惩罚过于相似的推荐结果等手段，系统可以提供更丰富多元的推荐体验。

4. 解释性优化

解释性优化强调推荐系统生成推荐结果的透明性和可解释性。用户更容易接受对推荐原因的解释，因此，解释性优化可以提高用户对推荐系统的信任感。

5. 个性化阈值优化

不同用户对推荐结果的敏感度不同，个性化阈值优化考虑到用户的个性差异。通过调整推荐结果的显示阈值，满足用户对个性化推荐的期望，使得推荐系统更好地满足多样化用户需求。

6. 实验与评估优化

推荐系统的优化需要依托有效的实验和评估手段。通过 A/B 测试、离线评估和在线评估等方法，可以不断优化算法模型，提高推荐系统的性能。

7. 用户反馈与主动学习

用户反馈是推荐系统优化的重要来源。系统可以通过收集用户的反馈信息，了解用户的满意度和不满意度，并调整推荐策略。此外，主动学习技术可以主动向用户询问反馈，从而更准确地了解用户需求。

8. 跨平台融合优化

在多平台应用场景下，推荐系统需要考虑跨平台融合优化。通过在不同平台之间共享用户行为数据和推荐模型，实现用户画像的一致性，提升整体推荐效果。

（四）个性化推荐算法的挑战与未来发展方向

1. 数据隐私与安全

随着个性化推荐系统对用户数据的需求增加，数据隐私与安全问题变得越发重要。如何在提供个性化服务的同时，确保用户数据的隐私和安全，是未来需要解决的重要挑战。

2. 用户画像的动态性

用户的兴趣和行为是动态变化的，传统的推荐系统往往难以迅速适应这种动态性。未来的发展需要更加灵活的推荐算法，能够实时更新用户画像，以更好地反映用户兴趣的变化。

3. 跨领域推荐

推荐系统在不同领域的应用越发广泛，如电商、社交媒体、在线教育等。跨领域推荐要求系统能够理解不同领域的用户行为和物品特征，实现更全面的个性化服务。

4. 可解释性与公平性

用户对于推荐结果的可解释性和公平性要求越来越高。未来的发展方向包括设计更具解释性的推荐算法，以及考虑不同用户群体的公平性问题，避免算法引入不公平的推荐结果。

5. 多模态推荐

随着多模态数据的不断增加，如图像、文本、语音等，未来的推荐系统需要更好地融合多模态信息。多模态推荐有望提供更全面、生动的推荐体验。

6. 推荐系统与社交网络融合

社交网络已经成为推荐系统的重要数据源之一。未来的发展将更加注重推荐系统与社交网络的融合，充分利用社交关系信息提升推荐效果。

7. 个性化推荐的伦理和法律问题

个性化推荐涉及用户行为分析和隐私问题，因此涉及伦理和法律层面的考虑。未来的发展需要更加重视推荐系统的伦理规范和法律合规性。

8. 推荐系统与增强现实的结合

随着增强现实技术的不断发展，推荐系统有望与增强现实技术结合，提供更为直观、沉浸式的个性化推荐体验。

个性化推荐算法作为数字时代的核心技术之一，不断地在用户体验、服务精准度方面发挥着重要作用。然而，面对不断涌现的挑战，推荐系统需要不断创新和优化。未来的发展将涉及更加智能、动态的推荐算法,更注重用户隐私保护和数据安全,以及更全面的跨领域推荐服务。随着技术的不断进步和用户需求的变化,个性化推荐算法将在数字化社会中发挥更为重要的作用。

三、用户反馈与推荐系统的持续改进

(一)用户反馈的作用

1. 理解用户需求

用户反馈是推荐系统理解用户需求的关键途径之一。通过分析用户的反馈,系统可以了解用户对推荐结果的满意度、不满意度,以及对特定推荐内容的偏好和不喜好。这有助于系统更准确地捕捉用户的兴趣和需求。

2. 改进推荐算法

用户反馈提供了改进推荐算法的宝贵信息。通过分析用户对不同推荐结果的反馈,系统可以调整算法的权重、优化相似度度量等,以提高推荐的准确性和个性化水平。

3. 解决冷启动问题

在推荐系统初始阶段或用户新加入时,由于缺乏用户行为数据,可能存在冷启动问题。用户反馈可以作为初始建模的重要依据,帮助系统更好地理解用户兴趣,缓解冷启动带来的挑战。

4. 提高用户参与度

通过充分考虑和利用用户反馈,系统可以提高用户对推荐系统的参与度。用户感受到系统对其反馈的关注和及时响应,更有可能积极参与,提供更多有价值的信息,形成良性的用户与系统互动。

5. 加强用户信任感

用户对推荐系统的信任感是推荐系统长期稳定运行的基础。通过充分重视用户反馈,系统能够及时解决用户的疑虑和不满,提高用户对系统的信任感,促使用户更愿意接受系统的推荐建议。

(二)常见的用户反馈类型

1. 评分和评论

用户对推荐内容进行评分和评论是最直接的反馈形式之一。这种方式能够提供给用户对内容的喜好程度、不满意点以及期望改进的建议。推荐系统可以通过分析评分和评论数据,洞察用户的主观感受,为改进提供方向。

2. 点击行为

用户的点击行为直接反映了其对推荐结果的兴趣。通过分析点击行为，系统可以了解用户对哪些内容更感兴趣，从而调整推荐策略，提供更符合用户兴趣的内容。

3. 购买行为

在电商领域，用户的购买行为是重要的反馈形式。购买行为不仅意味着用户对推荐商品的兴趣，还直接影响了商家的收益。分析购买行为可以更好地理解用户的购物习惯和偏好。

4. 收藏和分享

用户对推荐内容的收藏和分享行为表达了更深层次的满意度。收藏通常表示用户对某一内容的长期喜好，而分享则意味着用户认为某一内容值得与他人共享。这些行为可以作为推荐系统效果的积极指标。

5. 屏蔽推荐

用户对推荐结果进行屏蔽行为反映了不满意或不感兴趣的内容。系统可以通过监测这些反馈，识别并调整推荐内容，以提供更符合用户期望的推荐结果。

6. 搜索行为

用户的搜索行为也是一种重要的反馈形式。通过分析用户的搜索关键词、搜索历史，系统可以更好地了解用户当前的需求和兴趣点，为推荐策略的调整提供参考。

7. 反馈调查和问卷

系统还可以主动通过反馈调查和问卷等方式，向用户征询对推荐系统的看法和建议。这种形式的反馈能够提供更详细、系统的用户意见，为系统改进提供有针对性的建议。

（三）利用用户反馈实现推荐系统的持续改进

1. 建立反馈回路

推荐系统应该建立一个有效的反馈回路，确保用户的反馈能够被及时收集、分析和响应。系统需要设计合理的用户界面和交互流程，使得用户能够方便地提供反馈，并明确告知用户反馈将如何被利用。

2. 分析用户行为数据

除了直接的用户反馈，系统还应该充分利用用户的行为数据。通过分析用户的点击、购买、收藏等行为，系统可以挖掘用户的隐性反馈，更全面地了解用户兴趣和需求。这种数据分析可以为推荐算法的优化提供更为深入的参考。

3. 关注关键指标

在利用用户反馈进行推荐系统持续改进时，关注关键指标至关重要。这些指标可以包括用户满意度、点击率、转化率、留存率等。通过监测这些指标的变化，系统可以快速评估改进措施的效果，并及时调整策略。

4. 实施 A/B 测试

A/B 测试是一种常用的推荐系统改进方法，通过对比不同版本的系统推荐效果，找到最优方案。在 A/B 测试中，用户群分为多个组，每组应用不同的推荐算法或策略。通过分析不同组的用户反馈和关键指标，系统可以明确哪种算法或策略更受用户欢迎，从而做出调整。

5. 个性化调整

用户反馈往往是个体化的，因此推荐系统的改进也需要个性化的考虑。系统可以根据用户的反馈历史和行为模式，为每个用户提供更符合其个性化需求的推荐体验。个性化调整有助于提高用户对系统的满意度。

6. 及时响应用户反馈

用户提供的反馈应该被系统及时响应。无论是通过自动化的回复系统，还是通过人工客服，确保用户知道他们的反馈被注意到，并且系统正在采取措施进行改进。这种及时的反馈机制有助于增强用户对系统的信任感。

7. 引导用户积极反馈

系统可以通过积极引导用户提供反馈，例如在适当的时机弹出反馈调查或提供奖励机制，激励用户分享他们的观点。引导用户积极反馈有助于收集更多有价值的信息，推动系统的不断优化。

8. 用户教育和引导

有时用户提供的反馈可能不够具体或深入，系统可以通过用户教育和引导，提高用户提供有价值反馈的能力。这可以通过提供示范、解释系统运作原理等方式来实现。

第二节 社交媒体与读者互动

一、社交媒体平台在阅读引导中的应用

社交媒体平台作为信息传播的主要渠道之一，已经成为人们获取信息、分享观点和交流思想的重要场所。在这个数字化时代，社交媒体平台不仅改变了信息的传播方式，也对阅读行为产生了深远的影响。以下将深入探讨社交媒体平台在阅读引导中的应用，探讨其对用户阅读体验、信息获取方式以及阅读习惯的影响。

（一）社交媒体平台与阅读引导的融合

1. 内容分享与推荐机制

社交媒体平台通过用户生成的内容分享，成为推动阅读引导的重要平台。用户在平台上分享的文章、书评、阅读心得等信息，形成了一个庞大的阅读社区。推荐机制则通过分析用户的阅读历史和兴趣，为用户提供个性化的阅读推荐，使用户更容易发现和获取感兴趣的内容。

2. 话题讨论与阅读互动

社交媒体平台上的话题讨论成为推动阅读互动的桥梁。用户可以在平台上参与各种阅读相关的话题讨论，分享自己的见解和评论，与其他用户进行互动。这种互动不仅能够增加用户对特定主题的深度理解，也促进了用户之间的信息交流与共享。

3. 作者互动与读者反馈

社交媒体平台为读者和作者提供了更直接的互动渠道。作者可以通过社交媒体与读者沟通、回应读者的问题和评论，使阅读过程更加生动和互动。读者的反馈也为作者提供了改进和优化的机会，形成了一个更加开放、共建的阅读环境。

4. 阅读活动与挑战

社交媒体平台上的阅读活动和挑战成为促使用户积极参与阅读的手段。通过组织各类阅读活动，如读书会、阅读马拉松等，社交媒体平台能够激发用户的阅读兴趣，形成阅读的社群氛围，使阅读成为一种更加有趣、富有仪式感的体验。

（二）社交媒体平台对阅读体验的影响

1. 个性化推荐与定制化体验

社交媒体平台通过分析用户的社交网络、兴趣标签等信息，实现了个性化的阅读推荐。用户在平台上获得的推荐更符合其个体化的阅读偏好，使阅读体验更加定制化，减少了信息过载的问题。

2. 社交反馈与情感共鸣

社交媒体平台上的点赞、评论、分享等社交反馈机制，使用户在阅读时能够更直接地感受到其他用户的关注和认可。这种社交反馈不仅加强了用户与内容之间的互动，还增加了阅读的情感共鸣，使阅读体验更加丰富和深刻。

3. 即时性与实时讨论

社交媒体平台提供了即时性的信息传播渠道，使用户能够在第一时间获取到热门、新鲜的阅读资讯。同时，用户可以在平台上参与实时的讨论，与其他读者分享即时的感悟和观点，增强了阅读的社交性和互动性。

4. 多媒体内容与互动体验

社交媒体平台不仅限于文字，还包括图像、视频等多媒体内容。这种多媒体形式的阅读内容更加生动直观，为用户提供了更丰富的阅读体验。同时，用户可以通过点赞、评论等方式与多媒体内容进行互动。

（三）社交媒体平台对信息获取方式的影响

1. 社交分享与信息传播

社交媒体平台成为信息传播的主要渠道之一。用户通过在平台上分享有价值的阅读内容，将信息传播给自己的社交圈，形成信息扩散的网络效应。这种社交分享机制使优质的阅读内容更容易被发现和传播。

2. 社交导向与主题发现

社交媒体平台通过用户社交网络的关系，实现了社交导向的信息推荐。用户可以通过关注有相似兴趣的人，发现更多符合自己兴趣领域的阅读内容。这种社交导向的主题发现方式丰富了用户的信息获取途径。

3. 社交搜索与个性化发现

社交媒体平台上的搜索功能也受益于社交网络的数据。用户可以通过社交搜索更精准地找到符合自己需求的阅读内容，实现个性化的信息发现。社交搜索不仅考虑了内容的相关性，还会考虑用户社交网络中的因素，提供更加个性化、有针对性的搜索结果。

4. 社交评价与信任建立

在社交媒体平台上，用户可以看到其他读者对于某篇文章、书籍或作者的评价和评论。这种社交评价有助于建立阅读内容的信任。用户更倾向于相信来自朋友、同好的评价，从而提高了他们选择阅读的信心。

5. 社交趋势与热门话题

社交媒体平台上的阅读内容往往反映了当前社会、文化的热点和趋势。用户通过关注平台上的热门话题，能够更快速地了解到当前流行的阅读内容，保持对社会热点的敏感度。

（四）社交媒体平台对阅读习惯的影响

1. 碎片化阅读与快速获取信息

社交媒体平台上的信息呈现方式多样，用户可能通过浏览朋友圈、阅读快讯等碎片化的方式获取信息。这种碎片化阅读习惯使用户更容易快速获取信息，适应了快节奏、碎片化的生活方式。

2. 社交分享与社交压力

社交媒体上的社交分享机制，使得用户在阅读过程中更加关注内容的分享性和社交效应。这种社交压力可能影响用户的阅读行为，使其更倾向于选择能够引起社交反响的内容。

3. 多元化阅读兴趣与拓展视野

社交媒体平台上的内容涵盖了各种各样的主题和领域，用户在平台上容易接触到来自不同领域的阅读内容。这种多元化的阅读兴趣有助于拓展用户的视野，使其更加开放和包容。

4. 实时互动与深度思考的平衡

社交媒体平台上的阅读互动通常是即时的、短时的，用户可能更倾向于进行实时的讨论和互动。这与深度思考、长时间专注的阅读习惯形成一种平衡。用户在社交媒体上更容易追求轻松、即时的阅读体验。

5. 个性化推荐与信息过滤

社交媒体平台通过个性化推荐机制为用户提供符合其兴趣的内容，然而这也可能导致信息的过滤。用户更容易接触到与自己观点相符的信息，而忽略了一些多元化的观点。这可能对用户的信息获取方式和信息选择产生一定影响。

二、读者社群建设与社交互动策略

在数字化时代,阅读不再是孤独的行为,而是通过社交媒体平台等工具,与其他读者形成互动、分享观点和体验的社群化活动。读者社群建设和社交互动策略在推动阅读文化、促进信息传播方面发挥着重要作用。以下将深入探讨读者社群的建设过程、社交互动的意义,以及有效的社交互动策略,旨在为提升阅读社群的质量和影响力提供思路和建议。

(一)读者社群建设过程

1. 明确社群定位和目标

在建设读者社群之前,首先需要明确社群的定位和目标。社群可以是面向特定兴趣、图书类型、文化背景等群体,也可以是跨足多领域的综合性社群。确定社群的目标是更好地满足读者的需求,促使社群成员更积极地参与互动。

2. 选择适当的社交媒体平台

社交媒体平台是构建读者社群的关键基础。根据目标读者群体的偏好和平台特性,选择适合的社交媒体平台。不同的平台有不同的特点。

3. 创建引人入胜的内容

社群的吸引力来自于内容的质量和多样性。在社群中发布有深度、有趣味、有启发性的内容,可以吸引更多读者参与互动。这包括图书推荐、读后感分享、作者专访、主题讨论等内容形式。

4. 鼓励互动和参与

社群建设的核心在互动和参与。鼓励社群成员分享自己的观点、经验、心得,可以通过发布话题、发起投票、组织线上线下活动等方式激发读者的参与热情。同时,定期互动活动和挑战可以增加社群的黏性。

5. 建立清晰的规则和文化

社群需要有一套明确的规则和文化,以保持秩序、提升社群氛围。规则可以涵盖内容发布的规范、互动行为的规定、争议解决机制等。良好的社群文化能够让成员获得归属感,更愿意长期参与。

6. 激励优秀社群成员

对于社群中积极参与、分享有价值内容的成员,可以进行激励和表彰。这可以是一些小礼品、免费图书,也可以是在社群中公开表扬,激发更多成员的参与欲望。激励制度的建立有助于保持社群的活跃度。

7. 持续改进和优化

社群建设是一个动态的过程，需要不断改进和优化。定期收集社群成员的反馈，了解他们的需求和期望，以便进行有针对性的改进。社群管理员也要及时更新内容，调整互动策略，以保持社群的新鲜感。

（二）社交互动的意义

1. 促进信息传播

社交互动是信息传播的有效途径。通过社群成员的分享、评论、转发，有价值的阅读信息能够快速传播，吸引更多人关注。社交互动形成了信息流动的网络，有助于将优质的阅读内容传递给更广泛的读者群体。

2. 构建共同体验

社交互动使读者在阅读过程中获得更多的共同体验。通过互动讨论，读者可以分享自己的感受、理解和解读，形成更加丰富的阅读体验。共同体验能够加深读者之间的情感联系，增强社群凝聚力。

3. 促使深度思考

社交互动是一个相互启发、相互学习的过程。在社群中，读者之间的观点交流和辩论能够促使深度思考，帮助读者更好地理解和分析阅读内容。这种深度思考有助于提高阅读的质量和深度。

4. 扩大社交影响力

通过社交互动，个体读者可以在社群中建立自己的社交影响力。通过积极参与社群活动、分享有价值的观点，读者能够在社交媒体上建立起自己的阅读专家形象，吸引更多关注。

5. 增强用户参与感

社交互动有助于增强用户的参与感。当用户感到自己的意见被重视、被其他成员认可时，他们更有动力参与社群活动。这种参与感不仅仅来自个体的互动，也源于整个社群的认同和尊重。

6. 推动阅读文化的传承

社交互动有助于推动阅读文化的传承。通过社群的讨论和分享，读者可以学习到更多的文学知识、阅读技巧，形成一种共同的阅读理念和文化。这种文化的传承有助于激发更多人对阅读的兴趣和热情。

7. 促使阅读行为的深化

社交互动不仅仅局限于文字的交流，也可以包括音频、视频、图片等多种形式。通过多媒体的互动方式，社群成员能够更直观地分享阅读体验，促使阅读行为更加深化。这种深化有助于读者更全面地理解和体验阅读内容。

（三）有效的社交互动策略

1. 定期主题讨论

定期主题讨论是促使社交互动的有效手段。通过设立每月或每周一个特定主题，鼓励社群成员分享相关的阅读内容、经验和见解。这种主题讨论可以激发更多的互动，形成集体深度思考。

2. 开展线上线下互动活动

不仅限于线上互动，线下活动也是促进社交的重要方式。组织线上线下的阅读分享会、读书会、书签交换等活动，使社群成员能够更加直接地面对面交流，加强社交关系。

3. 发起挑战和活动

挑战和活动是鼓励社群成员参与的好方法。可以设立阅读挑战，如每月一书、百日读书计划等，通过设定目标和奖励激励成员积极参与。这种挑战和活动有助于形成共同的目标，提高社群的凝聚力。

4. 引入专家分享和访谈

邀请图书作者、文学评论家等专业人士参与社群，进行分享和访谈，是提升社交互动水平的有效策略。这样的专业观点和深度讨论能够为社群成员提供更多的启发和学习机会。

5. 建立积分和排名系统

建立社群积分和排名系统，对于激励社群成员参与互动是有帮助的。通过发布内容、互动评论、分享经验等行为积分，建立排名榜单，给予积分榜前列的成员一些奖励，能够更好地激发社交互动的积极性。

6. 设立读书俱乐部

建立社群内的读书俱乐部，形成小团队，共同选择、阅读、讨论一本书。俱乐部成员之间可以建立更紧密的联系，共同分享对书籍的理解，增加社交的深度和广度。

7. 及时回应和互动

社交互动需要及时的回应。社群管理员和成员对于其他成员的互动评论、分享应该能够及时回应，增加互动的时效性，使成员感受到关注和认可。

8. 创建社交媒体专属标签

为社群创建专属的社交媒体标签，让成员可以方便地在其他社交媒体平台上分享社群内的内容。这有助于吸引更多的读者加入社群，扩大社交影响力。

三、跨平台社交化阅读服务的整合

随着数字化时代的不断发展，阅读方式发生了翻天覆地的变化。传统的纸质书籍逐渐与数字化阅读相结合，而社交化阅读服务的兴起更是给阅读体验带来了全新的维度。以下将深入研究跨平台社交化阅读服务的整合，探讨整合的必要性、面临的挑战以及未来的发展方向。

（一）跨平台社交化阅读服务的概念

1. 社交化阅读服务

社交化阅读服务是将传统的阅读经验与社交媒体的互动特性相结合，创造出更具互动性、分享性的阅读体验。通过社交化阅读服务，读者能够在阅读过程中分享观点、评论、推荐书籍，与其他读者建立连接，形成一个阅读社群。

2. 跨平台整合

跨平台整合指的是将不同阅读平台和社交媒体平台连接起来，实现用户在多个平台上的阅读行为和社交互动的统一。通过整合，用户可以在不同平台之间实现数据同步、社交分享，提升阅读体验的一致性和便捷性。

（二）跨平台整合的必要性

1. 提升用户体验

跨平台整合可以提升用户的阅读体验。用户可能在不同平台上使用不同的设备进行阅读，通过整合，他们可以实现设备之间的同步，无论在哪个平台上进行阅读，都能够保持一致的阅读进度和标注。

2. 社交互动的一体化

社交化阅读的核心在于社交互动，而用户在不同社交媒体平台上可能建立了不同的社交圈。通过整合，用户能够将不同社交媒体上的阅读活动整合在一起，方便更多人参与、分享和交流。

3. 丰富阅读推荐

跨平台整合可以丰富阅读推荐的内容。用户在一个平台上的阅读历史、兴趣标签等信息可以被整合，从而为用户提供更精准、个性化的阅读推荐。这有助于推动用户发现更多有趣的书籍和内容。

4. 拓展社交化阅读服务的影响力

社交化阅读服务通过整合不同平台，能够拓展其影响力。用户在一个平台上的阅读和互动行为可以在其他平台上得到传播，形成更广泛的阅读社群。这有助于促进社交化阅读服务的快速传播和发展。

5. 提高平台竞争力

跨平台整合可以提高阅读平台的竞争力。在一个用户阅读的生态系统中，平台的服务越全面、一体化，用户越倾向于选择这样的平台。整合社交化阅读服务可以使平台更具综合性和吸引力。

（三）跨平台整合面临的挑战

1. 数据安全和隐私问题

跨平台整合需要处理大量的用户数据，其中包括阅读记录、兴趣标签等敏感信息。数据的安全性和用户隐私问题是整合过程中需要高度重视和解决的挑战之一。

2. 不同平台的技术差异

不同阅读平台和社交媒体平台可能采用不同的技术标准和数据格式。整合过程需要消除不同平台之间的技术差异，确保数据能够正常传输和解析。

3. 用户体验的一致性

用户体验的一致性是跨平台整合的关键问题。用户在不同平台上切换时，需要保持一致的阅读界面、社交互动方式等，以免影响用户体验。

4. 平台合作和竞争关系

实现跨平台整合需要不同平台之间的合作，然而，有些平台可能存在竞争关系，导致整合过程中合作不顺畅。平台间的竞争与合作关系需要谨慎平衡。

5. 用户习惯和社交圈的差异

不同用户可能在不同的社交媒体平台上有不同的社交圈和习惯。整合的过程中，需要考虑如何使用户习惯过渡更加平稳，确保用户能够在新平台上保持良好的社交体验。

（四）跨平台整合的解决方案和策略

1. 制定统一的数据标准

解决不同平台技术差异的问题，制定统一的数据标准是关键。建立通用的数据格式和接口标准，使得不同平台之间能够更加顺畅地进行数据传输和解析。

2.加强用户数据隐私保护

在整合过程中,用户数据隐私保护是至关重要的。平台需要建立健全的隐私政策和安全机制,采用加密、匿名化等技术手段,确保用户的个人信息不被泄露和滥用。

3.设计灵活的用户设置

为了解决用户体验的一致性问题,整合平台需要设计灵活的用户设置。用户可以根据自己的喜好和习惯,调整不同平台上的界面风格、社交互动方式等,以实现个性化的用户体验。

4.采用智能推荐算法

通过采用智能推荐算法,整合平台可以更准确地理解用户的阅读兴趣和偏好。这有助于提供更个性化、符合用户期望的阅读推荐,提高用户在整合平台上的黏性和满意度。

5.建立开放的合作生态

面对平台合作和竞争关系的挑战,建立开放的合作生态是一种有效的解决方案。平台可以通过开放 API 接口、推动行业标准的制定等方式,促进不同平台之间的合作,形成更加良性的竞争环境。

6.用户教育和引导

用户习惯和社交圈的差异可能导致整合过程中的一些困扰和疑虑。因此,平台需要进行用户教育和引导,帮助用户适应新的整合平台,理解其优势和便利之处。

7.多渠道的社交互动支持

跨平台整合需要支持多渠道的社交互动。不同社交媒体平台上有各自独特的互动方式,整合平台应该灵活应对,使用户能够顺畅地在多个渠道上进行社交分享、评论等活动。

(五)未来发展方向

1.深度学习与个性化服务

未来跨平台整合可以利用深度学习等技术,更精准地分析用户的阅读习惯和喜好,实现更个性化的阅读推荐和社交服务。通过深度学习的算法,平台可以更好地理解用户的行为,提升整合平台的智能化水平。

2.虚拟现实(VR)和增强现实(AR)的整合

随着虚拟现实和增强现实技术的不断发展,未来的跨平台整合可以更加深入地整合这些技术，为用户提供更丰富的阅读体验。例如，通过虚拟现实技术，用户仿佛置身于书中场景，增强整体阅读感官。

3. 区块链技术保障用户隐私

区块链技术的应用可以为整合平台提供更安全、去中心化的用户数据存储和传输方式，进一步保障用户隐私。用户的阅读历史、社交互动记录等信息可以以安全可控的方式存储在区块链上，用户拥有更多的掌控权。

4. 开展线上线下深度合作

未来的跨平台整合可以更加深入地融合线上线下的阅读体验。平台可以与线下书店、文化机构等合作，将线上社交互动扩展到线下活动中，创造更全面、立体的阅读社群。

5. 全球化社交阅读服务

跨平台整合也应更好地考虑全球化的发展趋势。平台可以通过多语言支持、全球合作等方式，打破地域限制，为全球读者提供更开放、多元的社交化阅读服务。

6. 生态系统建设与合作伙伴关系

未来整合平台可以通过建设更完善的生态系统，与更多的合作伙伴进行深度合作。这包括图书出版者、作者、文化机构等，共同推动整合平台的发展，为用户提供更全面的服务。

跨平台社交化阅读服务的整合是数字时代阅读体验的重要趋势之一。通过解决数据安全、用户体验、技术差异等挑战，未来整合平台将更加智能化、个性化，为用户提供更丰富、便捷的阅读社交体验。随着技术的不断创新和用户需求的不断变化，跨平台整合将持续演进，为全球读者打造更具吸引力的数字阅读生态。

第三节　跨平台读者服务的整合

一、融合阅读服务在不同平台的落地实践

随着科技的不断发展，人们获取信息和阅读的方式也在发生变化。融合阅读服务作为一种整合多种阅读形式的创新模式，已经在不同平台上展开了广泛的实践。以下将从融合阅读服务的概念入手，探讨其在不同平台上的具体落地实践，分析其对阅读体验和行业发展的影响。

（一）融合阅读服务的概念

融合阅读服务是将传统阅读形式与新兴科技相结合，以提供更丰富、个性化的阅读体验。这种服务不仅包括传统的纸质书籍和电子书，还整合了音频书籍、互动阅读、社交化阅读等多种形式，使用户能够在不同的场景和时机中获取更多元的阅读内容。

（二）在移动端的融合阅读服务实践

移动设备的普及使得人们可以随时随地进行阅读。在移动端，融合阅读服务得以更加灵活地实践。一些阅读应用通过整合电子书、有声书，以及在线社区，打破了传统阅读的界限。用户可以在同一个应用中选择不同的阅读形式，满足其多样化的阅读需求。

以某移动阅读应用为例，该应用提供了丰富的内容库，包括电子书、有声书、短篇小说等。用户可以通过个性化推荐系统找到适合自己口味的阅读材料，同时还可以选择听书、听讲座等形式。社交化阅读也是其中的一个特色，用户可以在应用内分享阅读心得，与其他用户互动，形成了一个更加开放和多元的阅读社区。

（三）在智能硬件平台的融合阅读服务实践

随着智能硬件的不断发展，融合阅读服务也开始涉足到智能音箱、智能眼镜等硬件平台上。通过语音交互和虚拟现实技术，用户可以在不使用屏幕的情况下进行阅读体验。

智能音箱可以通过语音指令为用户朗读电子书、新闻，甚至进行互动式故事讲解。用户可以通过声音控制来调整阅读速度、切换章节等，提升了使用的便捷性。同时，智能音箱也可以通过联网获取最新的阅读资讯，保持内容的更新和丰富。

智能眼镜则提供了一种全新的阅读体验。用户可以通过虚拟现实技术在视野中呈现文字，实现沉浸式阅读。智能眼镜还可以根据用户的视线变化自动翻页，增强阅读的流畅感。这种硬件平台上的融合阅读服务为用户带来了更加自由和立体的阅读体验。

（四）在社交平台的融合阅读服务实践

社交平台也成为融合阅读服务的一个重要场景。通过在社交平台上推出阅读功能，用户可以在浏览朋友动态的同时获得推荐的阅读内容。这种形式的融合阅读服务在一定程度上打破了传统阅读和社交的隔阂，使得用户可以更加自然地融入阅读的氛围中。

以某社交媒体平台为例，其推出了阅读推荐功能，根据用户的兴趣、社交圈等信息为用户推荐相关的文章、书评或阅读活动。用户可以在平台上直接阅读文章，同时还可以进行评论、点赞等社交互动。这种社交平台上的融合阅读服务不仅拓宽了用户的阅读来源，还促进了用户之间的文化交流和分享。

（五）融合阅读服务对阅读体验和行业发展的影响

融合阅读服务的实践不仅丰富了用户的阅读选择，也对整个阅读行业产生了深远的影响。

首先，融合阅读服务提升了用户的阅读体验。通过整合多种形式的阅读内容，用户可以更加灵活地选择阅读方式，满足不同场景下的阅读需求。个性化推荐系统的运用也使得用户更容易找到符合自己兴趣的内容，提高了阅读的满足感和深度。

其次，融合阅读服务推动了阅读产业的创新发展。传统的出版业、图书零售等环节受到了新兴科技和服务模式的冲击，推动了整个行业朝数字化和智能化方向发展。新兴的阅读服务形式也带动了相关产业链的升级和变革，为阅读产业注入了新的活力。

总体而言，融合阅读服务的实践在不同平台上展现了多样性和创新性，使阅读不再局限于传统的模式，而是变得更加灵活、丰富，以及与时俱进。然而，随着这一新型服务的不断发展，也面临一些挑战和问题需要关注和解决。

二、多渠道推广与跨平台协同合作

在当今竞争激烈的商业环境中，企业为了拓展市场份额、提高品牌曝光度以及增加销售收入，通常会采用多渠道推广和跨平台协同合作的战略。以下将深入探讨这两种战略的概念、优势、实践方式，以及它们对企业发展的影响。

（一）多渠道推广的概念

多渠道推广是一种通过多个不同的媒体和渠道传播产品或服务信息的策略。这些渠道可以包括线上和线下的各种途径，如社交媒体、电子邮件营销、搜索引擎优化（SEO）、广告宣传、参与线下活动等。多渠道推广的目标是通过多样性的渠道覆盖更广泛的目标受众，提高品牌知名度，并促使潜在客户转化为实际消费者。

1. 多渠道推广的优势

全面覆盖受众：通过多渠道推广，企业可以覆盖到不同渠道上的潜在客户，满足各类用户的信息获取习惯，提拓展触达面。

增加品牌曝光度：在多个平台上展示品牌形象和产品信息，使品牌在潜在客户中建立更强烈的印象，提高品牌曝光度。

提高市场适应性：依赖单一渠道可能会使企业面临市场风险，而多渠道推广可以提高市场适应性，降低对某一渠道的过度依赖。

2. 多渠道推广的实践方式

社交媒体推广：利用不同社交媒体平台，通过发布内容、广告投放等手段推广品牌和产品。

电子邮件营销：发送定期电子邮件，包括产品信息、促销活动等，与潜在客户建立直接联系。

搜索引擎优化（SEO）：通过优化网站内容和结构，提高在搜索引擎中的排名，增加有机流量。

广告宣传：利用线上和线下广告宣传手段，如电视广告、广播广告、户外广告等。

（二）跨平台协同合作的概念

跨平台协同合作是指企业与不同平台或行业的合作伙伴共同合作，实现资源共享、互惠互利的目标。这种合作可以涉及产品开发、市场推广、销售渠道等多个方面。通过与其他平台或企业合作，企业可以更有效地利用外部资源，实现更高效的运营，以及更好地满足客户需求。

1. 跨平台协同合作的优势

资源共享：通过与合作伙伴共享资源，包括技术、人才、品牌影响力等，有助于降低成本，提高效益。

拓展市场：通过与不同平台或行业的合作，企业可以进入新的市场领域，吸引新的客户群体。

提高竞争力：跨平台协同合作使企业能够更好地应对市场竞争，通过整合资源和优势，提高自身的竞争力。

2. 跨平台协同合作的实践方式

合作伙伴关系：与其他企业建立战略性的合作伙伴关系，共同推动业务发展。可以包括同行业企业、供应商、分销商等。

跨行业联盟：参与跨行业联盟，与不同领域的企业建立合作关系，实现资源的共享和交流。

生态系统建设：构建自己的业务生态系统，吸引各类合作伙伴，形成全方位的合作网络。

（三）多渠道推广与跨平台协同合作的协同效应

1. 互为推动

多渠道推广和跨平台协同合作可以互相促进，形成协同效应。通过多渠道推广，企业提高了品牌的知名度和曝光度，从而使其在跨平台合作中更具吸引力。同时，通过与其他平台或企业的合作，企业可以借助合作伙伴的资源和渠道，实现更广泛的推广。

2. 数据共享和分析

多渠道推广和跨平台协同合作需要对大量数据进行收集和分析。通过数据共享和分析，企业可以更好地理解消费者行为、市场趋势以及合作伙伴的绩效。这为制定更有效的推广策略和合作计划提供了有力支持。

（四）影响与挑战

1. 潜在的挑战

渠道管理复杂性：多渠道推广可能导致渠道管理的复杂性增加。不同渠道的特点和运营模式各异，需要企业具备更强大的管理和协调能力，以确保各渠道的推广效果。

合作伙伴关系管理：跨平台协同合作涉及多个合作伙伴，需要建立良好的合作伙伴关系管理机制，以防潜在的合作冲突和合作伙伴信任问题。

数据安全与隐私保护：在跨平台合作中，数据的共享和使用涉及安全和隐私问题。企业需要建立健全的数据安全和隐私保护机制，确保信息不被滥用或泄露。

2. 潜在的影响

品牌影响力提升：通过多渠道推广和跨平台协同合作，企业可以更好地提升品牌影响力。品牌在不同渠道和合作伙伴的支持下，得以更广泛地传播，使其在消费者心中建立更为积极的形象。

销售增长：多渠道推广有助于拓宽销售渠道，吸引更多潜在客户。跨平台协同合作则可以提高销售效率，通过共享资源和优势，实现销售增长。

市场份额提升：通过在不同平台和行业建立合作伙伴关系，企业可以进入新的市场领域，提高市场份额。这有助于降低市场风险，增加市场份额的稳定性。

（五）实践建议

1. 整合内部资源

在实施多渠道推广和跨平台协同合作之前，企业应该充分整合内部资源，包括人力、技术和资金。这将有助于确保企业在多渠道和跨平台合作中有序推进，有效利用各项资源。

2. 制定清晰的战略计划

企业在推行多渠道推广和跨平台协同合作时，需要制订清晰的战略计划。这包括明确推广的目标、选择合适的渠道和合作伙伴，以及建立明确的执行计划。有一个明确的战略计划有助于提高执行效率。

3. 投资于技术和数据分析

在数字化时代，技术和数据分析的重要性不可忽视。企业需要投资于先进的技术工具，以更好地管理多渠道推广和跨平台合作中的数据。通过数据分析，企业可以更深入地了解市场和用户行为，提高决策的准确性。

4. 建立灵活的合作模式

在跨平台协同合作中，建议企业采用灵活的合作模式。这意味着要根据不同的合作伙伴和项目，灵活调整合作模式，以适应不同的合作需求。这有助于建立更加稳健和持续的合作关系。

5. 关注用户反馈

在多渠道推广和跨平台协同合作中，关注用户反馈是至关重要的。用户反馈可以帮助企业了解市场需求、发现潜在问题，并及时调整推广和合作策略，提高企业的灵活性和适应性。

多渠道推广和跨平台协同合作是当今商业发展的重要策略。通过利用多渠道推广，企业可以在不同平台上覆盖更广泛的受众，提升品牌曝光度；而通过跨平台协同合作，企业能够充分利用外部资源，实现更高效的运营和更好地满足客户需求。

三、数据整合与用户体验的统一性

在数字化时代，企业面临着海量的数据来源和多样化的用户接触点。数据整合和用户体验的统一性成为企业成功的关键要素之一。以下将深入探讨数据整合和用户体验的概念、优势、实践方式以及对企业的影响。

（一）数据整合的概念

数据整合是指将来自不同来源、不同系统的数据整合到一个集中的、一致的数据仓库中，以便更好地进行分析、共享和利用。这涉及从内部和外部来源汇总各种数据，包括客户数据、销售数据、市场数据等，以建立全面而准确的数据资产。

1. 数据整合的优势

全面洞察：通过整合多个数据源，企业可以获得更全面、深入的洞察，了解客户行为、市场趋势以及业务运营的各个方面。

准确决策：一致、准确的数据能够提供更可靠的基础，支持管理层做出更明智的决策，减少基于不准确数据的误导性决策。

提高效率：数据整合可以简化数据管理流程，减少数据处理的时间和资源成本，提高企业的运营效率。

（二）用户体验的概念

用户体验（User Experience，简称 UX）是指用户在与产品、服务、应用或网站等进行交互时所体验到的整体感觉。用户体验的好坏直接关系到用户对产品或服务的满意度和忠诚度。

用户体验的优势如下：

提升用户满意度：通过提供良好的用户体验，企业可以提高用户的满意度，建立用户对品牌的积极认知。

增加用户忠诚度：用户在体验良好的环境中更容易建立对品牌的信任，从而提高用户的忠诚度，增加再次购买和长期合作的可能性。

口碑传播：用户体验良好的产品或服务更容易被用户口口相传，形成良好的口碑，为企业带来更多潜在客户。

（三）数据整合与用户体验的关联

1. 数据支撑用户体验

数据整合为用户体验提供了关键的支撑。通过整合多个数据源，企业可以更全面地了解用户的需求、偏好和行为。这种深入的了解可以用来个性化用户体验，为用户提供更符合其期望的产品或服务。

2. 个性化用户体验

通过整合不同渠道和来源的数据，企业可以实现对用户的个性化定制。例如，通过分析用户的购买历史、点击行为等数据，企业可以推送定制化的产品推荐、个性化的服务，从而提升用户体验。

3. 数据驱动优化用户界面

企业可以通过数据整合分析用户在不同平台和设备上的行为，了解用户的使用习惯和喜好。这种数据驱动的分析可以帮助企业优化用户界面，提供更直观、易用的产品和服务，增强用户体验的友好性。

（四）实践方式

1. 数据整合的实践方式

建立一体化数据平台：创建一个集成的数据平台，将来自各个部门和系统的数据整合到一个集中的数据仓库中，确保数据的一致性和准确性。

采用数据标准：制定和采用数据标准，统一数据的格式和定义，以便在整合过程中减少混乱和错误。

利用数据整合工具：使用先进的数据整合工具和技术，如ETL（抽取、转换、加载）工具，以提高数据整合的效率和精确度。

2. 优化用户体验的实践方式

用户研究与测试：进行用户研究，了解用户需求和反馈。通过用户测试和反馈机制，企业可以不断优化产品或服务的设计，以更好地满足用户的期望。

响应式设计：采用响应式设计，确保用户在不同设备和平台上都能够获得一致且良好的体验。这包括移动设备、平板电脑和桌面电脑等各种终端。

个性化内容推送：利用用户的历史行为和偏好数据，实现个性化的内容推送。通过精准的推送，提高用户对内容的关注度，增强用户体验。

用户友好的界面设计：优化界面设计，使其简洁直观、易于导航。通过用户界面的友好性，降低用户使用产品或服务的学习曲线，提升整体用户体验。

（五）数据整合与用户体验的影响

1. 提高整体运营效率

通过数据整合，企业能够更快速、精准地了解市场和用户需求。这种深入的洞察有助于企业更有针对性地制定战略、推出新产品，并提高整体运营效率。

2. 促进精准营销

整合的数据可为企业提供关于客户偏好、购买历史等方面的信息。这使得企业能够进行更精准的营销活动，提高营销效果，同时避免对用户造成过多的干扰。

3. 增强客户忠诚度

通过提供个性化、一致的用户体验，企业能够提高客户满意度和忠诚度。满意的用户更有可能成为长期忠实的客户，为企业带来更为稳定的收入。

4. 改善用户口碑

良好的用户体验和一致的品牌形象有助于形成积极的用户口碑。用户的正面口碑传播可以帮助企业吸引更多潜在客户，促使他们选择企业的产品或服务。

第四章　数字化阅读资源与管理

第一节　电子书与数字期刊的管理与推广

一、电子书制作与出版流程

在数字化时代，电子书的制作与出版成了一种快速、灵活且高效的出版方式。电子书不仅提供了更广泛的传播途径，也为作者和出版商提供了更多的创作和推广机会。本书将深入探讨电子书制作与出版的流程，从创作、编辑、格式转换、发行到推广等多个方面展开。

（一）电子书创作

1. 内容创作

电子书的制作始于内容的创作。作者需要编写或撰写书籍的文本内容，确保内容清晰、有趣、符合目标读者的需求。这包括小说、散文、技术手册、教育教材等多种类型。

2. 图片、图表、插图的设计与插入

如果电子书需要包含图片、图表或插图，作者或设计团队需要进行相关设计工作，并将这些元素有机地嵌入文本中。这不仅提升了电子书的可读性，还可以增加读者的阅读体验。

（二）电子书编辑

1. 校对与编辑

一旦内容创作完成，编辑团队将对电子书进行校对与编辑。这一步旨在确保文本没有语法、拼写错误，并保持一致的文体。编辑还可以对内容进行适度调整，以提高整体质量。

2. 格式编辑

在电子书编辑中，特别需要关注不同设备和阅读平台的格式要求。编辑团队通常会对电子书进行格式编辑，以确保它在各种设备上都能够正确显示，并且具备响应式设计，适应不同屏幕尺寸。

（三）电子书格式转换

1. 选择电子书格式

电子书可以采用多种格式，包括 EPUB、MOBI、PDF 等。在格式转换之前，需要确定目标读者使用的设备和平台，选择适合的电子书格式。

2. 利用专业工具进行格式转换

使用专业的电子书编辑工具或在线转换服务，将原始文件转换为目标格式。确保转换后的电子书在不同设备上都能够正确显示，文字、图片等元素排版合理。

（四）电子书发行

1. 确定发行渠道

在电子书发行阶段，需要确定电子书的发行渠道。这可包括电子书商店、在线平台、自有网站等。不同的渠道可能有不同的要求和标准。

2. 制定定价和销售策略

确定电子书的定价是发行的重要一环。制定合理的定价策略，考虑市场需求、竞争对手的定价、电子书的内容质量等因素。同时，设计销售促销策略，吸引更多读者购买。

3. 提交电子书

将经过编辑和格式转换的电子书提交到选择的发行平台或书商。根据平台的要求填写相关信息，包括书名、作者、描述、封面等。

（五）电子书推广

1. 制作专业封面

电子书封面是吸引读者的第一印象。设计一个专业、吸引人的封面，能够提高电子书的点击率。

2. 利用社交媒体和网络营销

通过社交媒体平台、博客、论坛等进行网络营销，增加电子书的曝光度。这包括发布相关内容、提供试读、与读者互动等。

3. 利用促销手段

参与电子书促销活动，例如限时优惠、打包销售等。促销手段有助于提高销量，吸引更多读者。

（六）电子书维护与更新

1. 及时修复问题

监测读者的反馈，及时修复电子书中可能存在的问题，保证读者能够获得良好的阅读体验。

2. 定期更新内容

对于长期销售的电子书，作者可以定期更新内容，添加新章节、修订错误，以保持内容的新鲜度，吸引新的读者。

（七）电子书销售与收益

1. 监控销售数据

利用发行平台提供的销售数据分析工具，监控电子书的销售状况。了解哪些地区、哪些时间段销售较好，为未来的推广提供参考。

2. 收益分配

根据与发行平台或书商的合同，了解电子书销售所产生的收益分配情况。有些平台采取分成模式，有些则要求作者支付一定的费用。

电子书制作与出版是一个综合性的过程，需要作者、编辑、设计师、市场人员等多方协同合作。从内容的创作、编辑、格式转换、发行到推广、销售与收益，每个环节都需要经过精心策划和执行。

二、数字期刊的编辑与发布策略

数字期刊作为科研、学术交流的主要载体，其编辑与发布策略对于保证学术质量、拓展读者群体、提高可持续性至关重要。以下将深入探讨数字期刊的编辑与发布策略，包括期刊构建、编委会组建、投稿与审稿、内容发布、社交媒体运用等方面。

（一）数字期刊构建

1. 确定期刊定位和主题

在构建数字期刊之初，需要明确期刊的定位和主题。这包括确定期刊的学科范围、关注的研究领域、读者群体以及期刊的创新点。明确期刊的定位有助于吸引目标读者，形成明确的学术特色。

2. 制定期刊策略和发展规划

建立数字期刊需要制定明确的策略和发展规划。这包括期刊的发展目标、发行频率、论文类型、国际化水平、合作伙伴关系等。制定合理的规划有助于数字期刊有序发展，提升影响力。

3. 配置数字期刊平台

选择适当的数字期刊平台是关键一步。这包括选择期刊投稿系统、在线审稿系统、数字出版平台等。平台的选择应考虑易用性、安全性、可定制性以及对多种文件格式的支持。

（二）编委会组建

1. 选聘资深学者和专业人士

建立一个强大的编委会对于提高期刊的学术声誉至关重要。选择资深学者和专业人士担任编委，确保编辑团队具有广泛的学术背景和经验，有能力评估和选择高质量的论文。

2. 多元化编委会成员

构建编委会时，应力求多元化。包括不同学科领域、不同地区、不同性别和不同背景的专业人士，以确保期刊涵盖更广泛的研究主题，提高学术质量。

3. 确定编辑流程和责任分工

明确编辑流程和编委会成员的责任分工。建立高效的稿件处理机制，确保稿件评审和决策的及时性。同时，规范编委会成员在期刊日常管理中的职责，保障期刊的正常运作。

（三）投稿与审稿

1. 建立清晰的投稿指南

提供明确的投稿指南，包括论文格式、引文规范、参考文献格式等。明确的指南有助于作者准确无误地准备和提交稿件，提高稿件质量。

2. 优化审稿流程

审稿流程是数字期刊编辑的核心环节。优化审稿流程，确保高效的审稿周期。采用在线审稿系统，建立审稿专家数据库，及时沟通审稿进展，提高稿件的及时性和透明度。

3. 坚持严谨的学术伦理

严谨的学术伦理是数字期刊的基石。确保论文的原创性、真实性，防范学术不端行为。制定明确的学术伦理规范，鼓励学者遵循伦理标准。

（四）内容发布

1. 定期发行与更新

建立稳定的发行频率，例如每季度、半年度或年度。定期发行有助于吸引读者的关注，形成读者的期刊阅读习惯。同时，及时更新已发表论文的修订版本。

2. 多媒体丰富的内容呈现

数字期刊可以更灵活地呈现丰富多样的内容。通过多媒体元素，如图像、视频、数据集等，丰富期刊内容，提升阅读体验。

3. 与学术数据库合作

将期刊内容与学术数据库进行合作，提高期刊的可见性和检索性。这有助于吸引更多的读者，增加论文的引用率。

（五）制定社交媒体策略

1. 利用社交媒体平台

积极利用社交媒体平台，扩大期刊的社交媒体影响。通过社交媒体，期刊可以分享最新研究成果、互动读者、吸引关注。

2. 创建专业博客或论坛

建立专业的博客或论坛，提供学术评论、专题讨论等内容，增加期刊的社交互动性。这有助于构建期刊与读者之间更加紧密的联系。

（六）读者反馈与调整

1. 搜集读者反馈

积极搜集读者的反馈，包括对期刊内容、审稿流程、用户体验等方面的意见。这可以通过在线调查、邮件反馈、社交媒体互动等方式进行。

2. 定期调整与改进

根据读者反馈，定期对数字期刊的编辑与发布策略进行调整与改进。这可能包括改进审稿流程、拓展期刊主题领域、提升期刊的可读性等方面。持续的改进有助于保持期刊的活力和吸引力。

3. 重视作者和读者关系

与作者和读者建立紧密的关系，回应他们的关切和需求。通过邮件、在线会议、学术活动等方式，促进交流，建立起互信互利的合作关系。这有助于吸引更多高质量的投稿和提升读者的黏性。

（七）学术评价与提升期刊影响力

1. 定期评估期刊影响力

定期评估期刊的影响力，包括浏览量、下载量、引用频次等指标。这有助于了解期刊在学术领域的地位，为提升影响力提供数据支持。

2. 扩大国际化水平

通过与国际学术组织、学者建立联系，提高期刊的国际化水平。开展国际合作，吸引国际作者和读者，提升期刊的国际知名度。

3. 申请被收录到学术数据库

积极申请将期刊内容被收录到知名的学术数据库。被收录后，期刊的可见度和引用率将显著提升。

（八）确保可持续发展

1. 制订财务计划

确保数字期刊有稳健的财务计划，包括经费来源、开支预算、资金使用等。制定明确的财务计划有助于期刊的可持续发展。

2. 寻求多元化的支持

不仅仅依赖于单一的资金来源，期刊可以寻求多元化的支持，如学术机构、赞助商、广告等。多元化的支持有助于分散风险，确保期刊的长期运营。

3. 推动开放获取（OA）

考虑采用开放获取的出版模式，使期刊的内容对全球范围内的读者免费开放。这不仅有助于期刊更广泛地传播知识，还提升了期刊的社会责任感和学术声誉。

数字期刊的编辑与发布策略直接影响着期刊的学术声誉、读者群体和可持续发展。通过明确定位、科学组建编委会、优化审稿流程、灵活运用社交媒体、与国际接轨等手段，数字期刊可以更好地服务学术社区，促进学术交流与合作。在数字化时代，数字期刊将继续发挥重要作用，推动科学研究的前行。

三、数字资源的推广与用户培养

在数字化时代，各类数字资源的存在为用户提供了丰富的信息和服务，包括数字图书馆、学术数据库、在线期刊等。然而，数字资源的推广和用户培养至关重要，以确保这些资源得到广泛利用，提高用户的信息素养。本书将深入探讨数字资源推广的意义、策略以及用户培养的方法和重要性。

（一）数字资源推广的意义

1. 丰富知识获取途径

数字资源的推广使得用户能够更广泛、更便捷地获取知识。无论是学术界还是普通用户，数字资源为他们提供了更多的信息来源，促进了知识的多元化获取。

2. 提高信息素养

通过数字资源，用户可以学习更先进的信息检索技能，获得阅读和筛选信息的能力，提高信息素养。这对于在信息过载的时代更好地应对各种信息具有重要作用。

3. 促进学术研究和创新

数字资源的推广有助于学术研究的深入发展。研究人员可以更方便地访问前沿研究成果，推动学术创新。此外，数字资源也为跨学科研究提供了更广泛的资料来源。

4. 扩大数字资源的影响力

通过推广，数字资源的使用率和知名度可以得到提升，进而扩大其在社会中的影响力。这有助于吸引更多的用户，使得数字资源成为社会信息传播和知识传承的主要力量。

（二）数字资源推广策略

1. 制定明确的推广目标

在数字资源推广的初期，需要制定明确的推广目标。这包括提高资源的知名度、扩大用户群体、增加资源使用率等方面。明确的目标有助于制定有针对性的推广策略。

2. 制定多样化的推广渠道

选择多样化的推广渠道是推广策略的核心。这包括利用社交媒体、学术会议、合作伙伴关系、在线广告、电子邮件宣传等多种途径，以确保信息覆盖面更广。

3. 创意宣传与互动

在推广过程中，创意宣传和互动非常重要。制作吸引人的宣传资料、设计有趣的推广活动，以及通过各种方式与用户互动，都能够引起用户的兴趣和关注。

4. 提供免费试用或体验活动

提供免费试用或体验活动是吸引用户尝试数字资源的一种有效手段。通过免费提供有限期限的访问权或特殊功能，用户可以更直观地了解数字资源的价值，增加其使用的动力。

5. 制作教育性内容

制作教育性的内容，如使用教程、操作指南、使用案例等，有助于向用户传达数字资源的使用价值和使用方法。这种内容可以通过各种媒体形式，如视频、博客、工作坊等进行传播。

（三）用户培养的重要性

1. 提高用户黏性

用户培养是在用户初次接触数字资源后，通过一系列手段和策略，提高其对资源的认知、喜好和持续使用的过程。这有助于提高用户黏性，使其成为长期的资源用户。

2. 促进用户参与

用户培养还包括促进用户的主动参与。通过鼓励用户提出建议、参与讨论、分享使用经验等方式，增加用户对数字资源的参与感和责任感。

3. 建立用户社区

建立数字资源的用户社区，通过在线平台、社交媒体群体等形式，促进用户之间的互动与交流。用户社区可以成为资源使用者分享经验、提出问题、寻求帮助的场所，有助于形成更紧密的用户群体。

4. 个性化服务与定制化体验

通过个性化的服务和定制化的体验，满足用户个性化的需求。这可以包括提供个性化推荐、定制搜索功能、定期更新用户关注的领域等，使用户感到资源更贴近他们的需求。

5. 定期培训与更新

定期进行用户培训，帮助用户更好地掌握数字资源的使用技巧。随着数字资源不断更新和升级，定期提供培训和更新服务，确保用户能够充分利用资源的新功能和新内容。

6. 响应用户反馈

重视并响应用户的反馈，建立起用户和数字资源提供方之间的沟通桥梁。用户的意见和建议有助于改进资源的质量和服务，形成良好的用户体验。

（四）利用数据分析和评估

1. 收集用户数据

通过数据分析工具，收集用户的行为数据、偏好数据等。这些数据可以帮助理解用户的使用习惯、兴趣点、瓶颈等，为进一步的用户培养提供有力支持。

2. 制定数据驱动的策略

基于用户数据的分析结果，制定数据驱动的策略。这包括优化推广渠道、调整用户培养策略、改进资源内容等，以提高数字资源的整体效能。

3. 定期评估和调整

定期对数字资源的推广和用户培养策略进行评估和调整。随着用户需求和市场变化，策略也需要不断地适应和优化，确保数字资源始终保持活力和竞争力。

（五）挑战与应对策略

1. 信息过载与竞争激烈

挑战：在信息过载的时代，用户可能面临信息过载，数字资源的竞争也变得激烈。

应对策略：通过精准的推广和个性化的服务，使数字资源更符合用户需求，提高资源被关注和使用的机会。

2. 技术差异与用户熟悉度

挑战：数字资源的技术差异较大，一些用户可能对新技术不够熟悉，导致使用障碍。

应对策略：提供简明易懂的使用指南、定期的培训活动，帮助用户更好地掌握数字资源的使用技巧。

3. 用户需求多样化

挑战：用户需求多样化，如何满足不同用户的个性化需求是一个挑战。

应对策略：通过定制化体验、个性化服务和多元化的内容，提供更贴近用户需求的服务，增强用户黏性。

4. 隐私与安全问题

挑战：用户可能担心数字资源使用中的隐私与安全问题，影响其信任度。

应对策略：建立严格的隐私保护机制，明确数据使用规范，向用户透明地传达数据收集和使用目的，增强用户对数字资源的信任。

数字资源的推广与用户培养是在数字化时代保障信息可持续流通与传播的关键环节。通过明确的推广目标、多样化的推广策略、有效的用户培养手段以及不断的数据分析与调整，数字资源能够更好地服务社会、推动学术进展，成为信息化时代的重要力量。

第二节　数字图书馆的建设与维护

一、数字图书馆架构与系统选择

在数字化时代，数字图书馆作为信息资源的重要载体，扮演着集成、存储和传播数字化文献的关键角色。数字图书馆的架构设计和系统选择对于实现高效管理、便捷检索以及信息共享至关重要。以下将深入探讨数字图书馆的架构设计原则和系统选择的关键因素。

（一）数字图书馆架构设计原则

1. 开放性与可扩展性

数字图书馆的架构应具备开放性，能够与其他系统无缝集成，实现信息的互通互联。同时，架构要具备良好的可扩展性，以便随着信息量的增长和技术的发展进行适时扩展。

2. 标准化与互操作性

采用标准化的数据格式、协议和接口，以确保数字图书馆系统能够与各类系统进行有效的交互。互操作性的设计有助于实现数字资源的共享和利用，提高系统的整体效能。

3. 安全性与隐私保护

数字图书馆中存储了大量的敏感信息，因此架构设计必须重视安全性。采用安全的身份认证、访问控制机制，并严格遵循隐私保护法规，以确保用户信息的安全性和隐私权的保护。

4. 用户友好性与易用性

数字图书馆的用户主要包括研究人员、学生、教育工作者等多个群体，因此架构设计应当考虑用户友好性和易用性。通过直观的界面设计、智能化的检索功能，提高用户体验，使得用户更容易获取所需信息。

5. 元数据管理与标准化

元数据对于数字图书馆的管理和检索至关重要。架构应当具备强大的元数据管理能力，支持多种标准元数据格式，以便实现更精确的文献检索和数据管理。

6. 多渠道访问与移动端支持

数字图书馆的用户可能通过不同的终端访问，包括个人电脑、平板电脑、手机等。因此，架构设计应当支持多渠道的访问，并提供移动端友好的界面，以适应用户多样化的需求。

（二）数字图书馆系统选择的关键因素

1. 需求分析与系统定位

在选择数字图书馆系统之前，进行充分的需求分析是关键的一步。明确数字图书馆的具体需求，包括用户群体、所管理的文献类型、服务功能等，以确定系统的定位和功能范围。

2. 开源与商业系统的选择

在选择数字图书馆系统时，机构可以考虑开源系统和商业系统两种类型。开源系统具有成本低、灵活性强的特点，而商业系统通常提供更多的定制化服务和技术支持。选择应根据机构的具体需求和资源情况进行权衡。

3. 可定制性与易集成性

选择的数字图书馆系统应具备可定制性，以满足机构特定的需求。同时，易于集成是另一个关键因素，以确保数字图书馆系统能够与其他系统协同工作。

4. 技术支持与维护服务

系统的技术支持和维护服务是数字图书馆系统正常运行的重要保障。选择提供稳定技术支持和定期维护服务的供应商或厂商，有助于保障系统的稳定性和安全性。

5. 数据安全与隐私保护

数字图书馆系统涉及大量的敏感信息，因此数据安全和隐私保护是选择系统时必须考虑的关键因素。确保系统具备强大的数据加密、访问控制和备份机制，以应对潜在的安全风险。

6. 元数据标准和规范支持

系统应当支持主流的元数据标准和规范，以便更好地管理和检索数字资源。标准化的元数据有助于提高资源的可发现性和可用性，促进数字图书馆的互操作性。

7. 用户培训和技术支持

选择数字图书馆系统后，为用户提供充分的培训和技术支持是至关重要的。系统供应商应当提供培训计划，并确保用户能够充分了解系统的各项功能和操作步骤。此外，提供及时的技术支持服务，帮助解决用户在使用过程中遇到的问题。

8. 可持续性和更新策略

数字图书馆系统的选择应当考虑其可持续性和更新策略。系统供应商是否有持续的技术更新和升级计划，以适应科技的发展和机构需求的变化，是影响系统长期使用的关键因素。

（三）实际架构与系统整合

1. 数据库系统与服务器架构

数字图书馆的数据库系统和服务器架构直接影响到系统的性能和稳定性。选择高性能、可靠的数据库系统和服务器架构，以确保数字图书馆能够满足用户大规模并发访问的需求。

2. 检索引擎与搜索算法

检索引擎和搜索算法是数字图书馆系统的核心部分。选择先进的检索引擎和搜索算法，能够提高用户的检索效率和准确性，增强系统的搜索功能。

3. 元数据管理系统

元数据管理系统对于数字图书馆的信息组织和检索起着关键作用。有效的元数据管理系统应当支持多种元数据标准，能够灵活地管理数字资源的元数据，提高资源的可发现性。

4. 用户界面与体验设计

用户界面和体验设计是数字图书馆系统中直接接触用户的组成部分。采用直观友好的用户界面设计和人性化的交互体验，有助于提高用户满意度和系统的使用率。

5. 多渠道访问与移动端适配

数字图书馆系统应当支持多渠道的访问，包括网页端、桌面端和移动端。移动端适配能够满足用户在不同设备上的需求，提高系统的灵活性和可用性。

（四）架构升级与维护策略

1. 定期的系统升级计划

建立定期的系统升级计划，确保数字图书馆系统始终采用最新的技术和功能。系统升级有助于修复潜在的安全漏洞，提升性能和用户体验，保持系统的竞争力。

2. 数据备份和恢复机制

建立完善的数据备份和恢复机制，确保数字图书馆系统的数据在意外情况下能够迅速恢复。备份策略应当包括定期的全量备份和增量备份，以最大限度地保护数据安全。

3. 系统性能监测与优化

通过系统性能监测工具，及时发现系统性能瓶颈和异常情况。定期进行系统性能优化，调整系统配置，以确保数字图书馆系统在高并发和大数据量情况下仍能保持高效稳定运行。

数字图书馆的架构设计与系统选择是数字化时代信息管理的核心环节。通过遵循开放性、可扩展性、安全性等设计原则，机构可以选择适合自身需求的数字图书馆系统。关注系统选择的关键因素、实际架构和整合，以及架构升级与维护策略，有助于建立高效、安全、可持续发展的数字图书馆系统，为用户提供更便捷、高效的信息服务。

二、数字化馆藏管理与更新

在数字化时代，图书馆的馆藏管理和更新是信息服务机构面临的重要任务。数字化馆藏管理旨在将传统的纸质馆藏转化为数字形式，以提高馆藏的可访问性和可持续性。以下将深入探讨数字化馆藏管理的意义、关键要素以及更新策略。

（一）数字化馆藏管理的意义

1. 提高馆藏可访问性

数字化馆藏管理通过将纸质馆藏转化为数字形式，使馆藏更易于访问。读者无需亲临图书馆，通过数字平台即可检索和浏览馆藏，极大地提高了馆藏的可访问性。

2. 保护文献资料的保存

数字化馆藏不仅方便用户获取，同时也是一种保护文献资料的手段。数字形式的保存能够减少纸质文献的磨损，延长文献的寿命，有助于文献资料的长期保存。

3. 实现信息共享与合作

数字化馆藏为图书馆提供了更多的机会参与信息共享和合作。通过数字平台，不同图书馆之间可以更轻松地共享馆藏信息，开展合作项目，促进文献资源的互通共享。

4. 提升用户体验

数字化馆藏的在线检索和浏览功能大大提升了用户体验。读者可以随时随地访问馆藏，进行全文检索，获取更准确和快速的检索结果，从而提升了图书馆服务的质量。

（二）数字化馆藏管理的关键要素

1. 数字化处理流程

建立清晰的数字化处理流程是数字化馆藏管理的关键。流程包括文献筛选、扫描、OCR（光学字符识别）处理、元数据添加等环节。合理的流程设计有助于提高数字化效率和质量。

2. 元数据标准与规范

数字化馆藏的元数据标准与规范对于信息组织和检索至关重要。选择并遵循国际通用的元数据标准，确保数字资源的一致性和可发现性，有助于提升馆藏管理的效率。

3. 版权与合规性

数字化馆藏涉及大量的文献资料，因此必须关注版权问题和法律合规性。在数字化过程中，需要对文献资料的版权情况进行清晰的了解，并确保数字馆藏的建立和使用符合法规和版权协议。

4. 数字化技术与设备

选择适当的数字化技术和设备对于数字化馆藏的效果至关重要。高分辨率的扫描仪、优秀的OCR技术以及数字化处理软件等都能够影响数字化的质量和效率。

5. 存储与备份策略

建立可靠的数字化馆藏存储与备份策略是数字馆藏长期稳定管理的基础。选择合适的存储系统，并制订定期的备份计划，以确保数字化馆藏的安全性和可用性。

6. 用户权限与访问控制

在数字化馆藏管理中，需要设定用户权限和访问控制策略。对于不同的用户群体，设定不同的权限级别，以保障信息的安全性和合理利用。

（三）馆藏更新策略

1. 定期的数字资源审查

建立定期的数字资源审查机制，对数字馆藏进行全面的检查和更新。此过程中，可以检查数字资源的完整性、准确性，并及时更新元数据信息。

2. 持续的数字化项目

采取持续的数字化项目，对尚未数字化的文献资源进行处理。通过制定数字化计划，逐步完善馆藏，确保新的文献资源能够迅速纳入数字馆藏之中。

3. 利用技术手段进行自动更新

借助技术手段，建立自动化的更新机制。例如，通过网络爬虫技术自动获取相关文献资源，并进行数字化处理。这有助于减轻人工工作量，提高更新效率。

4. 利用社区参与进行更新

引入社区参与机制，鼓励用户主动提交数字化需求或提供新的文献资源。社区参与能够丰富馆藏内容，实现用户需求与馆藏更新的有机结合。

5. 关注数字技术发展趋势

及时关注数字技术的发展趋势，采纳新的数字化技术和工具，以不断提升数字馆藏管理的水平。应用先进技术，如人工智能、机器学习等，优化数字化馆藏的处理流程。

（四）面临的挑战与应对策略

1. 版权问题

挑战：数字化馆藏管理中，涉及大量的文献资源，处理涉及版权问题。确保数字化馆藏的合规性，尊重著作权法规定，是一个亟待解决的挑战。

应对策略：建立专业的法务团队或与法律专业机构合作，进行版权风险评估。确保数字馆藏的处理符合相关法规，与版权方保持密切联系，获取必要的授权或许可。

2. 数字资源更新的及时性

挑战：数字资源的内容不断更新，如何保证数字馆藏的及时性，让用户获取到最新的信息，是一个挑战。

应对策略：建立定期的数字资源审查和更新机制，利用自动化技术手段实现部分自动化的数字资源更新。与相关领域的社群和机构保持紧密联系，获取最新的数字资源，以确保馆藏的及时更新。

3. 技术设备和人才支持

挑战：数字化馆藏管理需要一系列的技术设备和专业人才支持，这对于一些小型图书馆或资源有限的机构而言可能是一个挑战。

应对策略：可以考虑与其他机构合作，共享技术设备和人才资源。另外，培养本地团队的数字化管理能力，通过培训和技术支持，提高机构内部对数字化馆藏的管理水平。

4. 数据安全与隐私问题

挑战：数字化馆藏管理涉及大量用户信息和文献资料，数据安全和隐私问题是一个需要高度关注的挑战。

应对策略：建立完善的数据安全体系，采用加密技术、访问控制和权限管理，确保用户信息和文献资料的安全。并定期进行安全审查，及时更新防护措施。

数字化馆藏管理与更新是图书馆在数字化时代提供高效信息服务的基础。通过清晰的数字化处理流程、规范的元数据管理、合规的版权处理、有效的数字资源更新策略等关键要素的综合考虑，可以实现馆藏的数字化管理和更新。机构应认识到数字化馆藏的重要性，不断优化数字资源处理流程，充分利用技术手段和社区参与，保障数字馆藏的安全性、可访问性和持续更新，从而更好地服务用户，推动信息共享和学术研究的发展。

三、数字图书馆用户培训与支持

在数字化时代，数字图书馆作为信息服务的主要形式之一，为用户提供了更广泛、便捷的信息获取途径。然而，为了充分发挥数字图书馆的优势，用户培训与支持变得至关重要。以下将深入探讨数字图书馆用户培训的重要性、实施策略以及提供支持的有效手段。

（一）用户培训的重要性

1. 提高用户技能水平

数字图书馆的使用涉及各种技能，包括检索、下载、分享等。通过系统的用户培训，用户能够更熟练地掌握数字图书馆的使用技巧，提高信息检索和利用的效率。

2. 促进资源的充分利用

数字图书馆中包含了丰富多样的数字资源，用户通过培训能够更全面地了解馆藏内容，充分利用图书馆提供的各类文献、数据库和学术资源，促进学术研究和学习的深入开展。

3. 提升用户满意度

通过系统的用户培训，用户能够更好地理解数字图书馆的功能和服务，减少使用中的困惑和问题，从而提升用户满意度。用户满意度的提高对于数字图书馆的长期发展至关重要。

4. 提高用户对数字图书馆的信任度

用户培训有助于用户更深入地了解数字图书馆的运作机制、信息来源和质量保障措施，从而提高用户对数字图书馆的信任度。信任是用户持续使用数字图书馆的基础。

（二）用户培训的实施策略

1. 制订全面的培训计划

在进行用户培训之前，图书馆应当制订全面的培训计划。计划内容应包括培训的时间、地点、对象、内容、形式等方面，确保培训工作的有序进行。

2. 差异化培训服务

不同用户群体对于数字图书馆的需求和技能水平有所差异。因此，差异化培训服务是保障培训效果的重要手段。可以根据用户的角色、专业背景等因素，量身定制相应的培训内容。

3. 创新培训形式

传统的面对面培训仍然是一种有效的方式，但随着科技的发展，图书馆可以尝试创新的培训形式，如在线培训、视频教程、虚拟培训等，以满足不同用户的学习需求。

4. 引入专业培训师资

图书馆可以邀请专业的培训师资，特别是熟悉数字图书馆系统和服务的专业人才，为用户提供系统、专业的培训，确保培训的深度和质量。

5. 定期的培训课程更新

数字图书馆服务和技术不断发展，因此培训内容需要定期更新以适应变化。建立定期的培训课程更新机制，确保用户始终了解到最新的服务和技术信息。

6. 强调实际操作与问题解决

培训内容应当注重实际操作，让用户亲自操作系统，熟悉各项功能。同时，强调问题解决的能力培养，使用户能够独立解决在使用中遇到的问题。

（三）提供支持的有效手段

1. 建立在线帮助平台

建立在线帮助平台，为用户提供常见问题解答、使用指南、视频教程等支持材料。用户可以随时随地获取帮助，解决使用中的问题。

2. 设立专业的咨询服务

在数字图书馆中设立专业的咨询服务，由专业人员提供针对性的咨询。用户可以通过电话、邮件等方式咨询有关数字图书馆的问题，得到及时解答。

3. 社区互助机制

建立用户社区，鼓励用户之间进行互助和交流。通过社区平台，用户可以分享使用经验、提出问题，形成用户之间的良好互动，增强用户群体的凝聚力。

4.定期举办培训和交流活动

定期举办培训和交流活动,让用户有机会集体学习和交流经验。这不仅有助于提高用户的技能水平,也为用户提供了建立社交网络的机会。

5.用户反馈机制

建立用户反馈机制,鼓励用户提出对于数字图书馆服务的意见和建议。通过用户的反馈,图书馆能够及时了解用户需求,不断改进服务质量。

第三节 版权与数字阅读资源的合规管理

一、数字版权法律法规解读

随着数字化时代的发展,数字版权问题逐渐成为法律领域的焦点之一。数字版权法律法规的制定和解读对于保护创作者权益、促进数字产业创新发展以及维护数字信息的合法使用至关重要。本节将对数字版权法律法规进行综合解读,探讨其核心内容、适用范围、权利人义务等方面的要点。

(一)概述

1.背景

数字版权法律法规的制定是为了适应数字化时代信息传播的新特点,有效保护知识产权,维护创作者和权利人的利益,促进数字创意产业的繁荣发展。数字版权法规通常包括了与数字环境下著作权、相关权利、数字化技术保护措施等相关的法规。

2.意义

数字版权法律法规的制定对于数字信息的安全合法传播、知识产权保护、数字内容产业的创新和发展都有着深远的意义。这些法规为数字时代的信息产业提供了有力的法律保障,同时也规范了数字内容的生产、传播和使用。

(二)核心法规解读

1.著作权法

(1)著作权主体

《著作权法》是数字版权领域的基础法规,规定了著作权的主体、客体和内容。在数字环境下,著作权主体不仅包括传统的自然人和法人,还可能涉及计算机程序的著作权、数据库的著作权等。该法规明确了数字环境下的著作权适用范围,为数字内容的产生和使用提供了法律基础。

(2)著作权保护对象

《著作权法》对保护对象的定义也进行了拓展。除了传统的文字、音乐、美术、摄影等作品外,数字化时代中产生的数字作品、数字图书、数字音乐等也被纳入保护范围。这有助于创作者在数字环境下更好地享有其著作权。

(3)相关权利的规定

著作权法不仅涉及著作权本身,还包括相关权利的规定,如表演者权、录音制作者权等。在数字化时代,音乐、影视等数字作品的表演和制作涉及多方面的利益关系,相关权利的明确有助于权益关系的合理处理。

2. 信息网络传播权保护条例

(1)信息网络传播权的主体和客体

《信息网络传播权保护条例》进一步规定了信息网络传播权的主体和客体。在数字环境下,信息网络传播权是著作权的延伸,主体包括了网络服务提供者和使用者。该法规强调了对信息网络传播权的保护,明确了权利人对其作品在信息网络上传播的控制权。

(2)数字化技术保护措施

数字环境下,数字化技术的广泛应用为内容的传播提供了更多可能性,但也带来了盗版和侵权等问题。《信息网络传播权保护条例》规定了禁止破解技术保护措施的行为,保障了数字内容的安全传播。

3. 互联网服务提供者著作权责任裁定规定

(1)互联网服务提供者的义务和责任

该规定主要明确了互联网服务提供者在著作权纠纷中的法律责任。在数字环境下,互联网服务提供者作为信息传播的平台,其对著作权的保护和承担的责任日益凸显。规定了互联网服务提供者对侵权行为采取的合理措施和迅速删除、封锁侵权信息的义务,保障了权利人的合法权益。

4. 软件保护条例

(1)软件著作权的保护

数字化时代,软件作为一种重要的知识产权,其保护问题也备受关注。《软件保护条例》规定了软件著作权的保护范围和方式,加强了对软件开发者的保护,有利于鼓励创新和提高软件质量。

（2）反盗版措施

该规定规定了反盗版措施，明确了制作者和发行者对非法复制、传播软件的打击措施。通过技术手段、市场监管等手段，加强对盗版软件的打击力度，维护了软件产业的健康发展。

（三）数字版权法律法规的适用与挑战

1. 适用范围与侵权问题

数字版权法律法规在适用范围上需要不断更新以应对技术和产业的发展。随着新型数字作品的涌现，如虚拟现实作品、人工智能创作等，法规的适用范围需要及时调整，以确保对新兴领域的充分保护。同时，数字环境下的侵权问题也更加隐蔽和复杂，涉及跨境传播、在线转载等，法规需要不断完善以解决这些挑战。

2. 跨境传播和国际合作

数字环境下，信息的跨境传播日益频繁，数字版权法律法规的适用涉及跨国问题。国际合作成为解决数字版权问题的关键，需要建立更加完善的国际协作机制，制定统一的标准和规范，以应对全球化数字环境下的版权挑战。

3. 技术保护措施的平衡

数字化技术的广泛应用带来了数字版权的保护和侵权行为的挽救，但在制定和执行技术保护措施时，也需要平衡技术保护和用户权利。一些过于严苛的技术保护措施可能会对用户的合法使用产生负面影响，法规需要在此方面找到平衡点，以确保权利人和用户的权益都得到合理的保护。

4. 个人信息保护与版权

数字版权问题和个人信息保护之间存在着交叉点，尤其是在数字环境下，数字内容的使用可能涉及用户的个人信息。法规需要对此类问题进行明确规定，以确保在维护版权的同时保护用户个人信息的隐私。

二、版权保护技术在数字阅读中的应用

随着数字阅读的兴起，图书数字化带来了便捷的阅读体验，但与此同时，数字内容的复制、传播和侵权问题也日益突出。为了保护作者和版权持有人的权益，版权保护技术应运而生。本书将深入探讨版权保护技术在数字阅读领域的应用，分析其原理、种类以及对数字阅读产业的影响。

（一）概述

1. 背景

数字阅读作为数字化时代的产物，改变了人们获取信息的方式，提高了阅读的便捷性。然而，数字内容的易复制性和传播性也使得版权保护成为数字阅读领域亟须解决的问题。为了防止盗版、非法传播和侵权行为，各种版权保护技术应运而生。

2. 意义

版权保护技术的应用不仅有助于维护作者和版权持有人的权益，保障其合法权利，同时也为数字阅读产业的健康发展提供了重要保障。通过技术手段，数字阅读平台能够更好地控制内容的合法传播，创造更良好的创作和阅读环境。

（二）版权保护技术原理

1. 数字水印技术

数字水印技术是一种在数字内容中嵌入不可见信息的技术。通过在文本、图片、音频等数字化内容中嵌入特殊标记，形成数字水印，实现对内容的身份识别和溯源。数字水印的主要原理是在不影响内容质量的前提下，嵌入独特标记，使得被嵌入的信息不易被察觉，但可以通过专门的工具进行提取。

2. 数字版权管理（DRM）技术

数字版权管理技术是通过在数字内容中加密、许可、控制访问等手段，实现对数字内容的保护和控制。DRM 技术通过数字签名、加密、许可证等手段，防止未经授权的拷贝、传播和篡改，保障数字内容的安全性和合法使用。

3. 区块链技术

区块链技术作为一种分布式账本技术，具有去中心化、不可篡改的特点。在数字阅读中，区块链技术可以用于建立去中心化的数字版权登记系统，确保数字作品的版权信息不被篡改，为作者提供可信的版权证明。

（三）版权保护技术的应用

1. 数字水印技术在数字阅读中的应用

（1）身份识别与溯源

数字水印技术可以嵌入数字图书、图片等内容中，用于身份识别和溯源。一旦发现未经授权的传播行为，版权持有人可以通过提取数字水印，确定侵权方的身份，并追溯侵权行为的起源。

（2）知识产权保护

数字水印不仅可以用于身份识别，还可以包含作品的相关信息，如作者、出版社等。这有助于建立起一个可追溯的知识产权保护体系，为维护知识产权提供有力支持。

2.DRM技术在数字阅读中的应用

（1）加密保护

DRM技术通过对数字内容进行加密，使得未经授权的用户无法直接访问、复制或传播受保护的内容。这有效地防止了数字作品的非法传播和盗版行为。

（2）许可控制

通过DRM技术，版权持有人可以灵活地授予不同用户不同的访问权限。例如，通过许可证管理，可以实现按时效、按次数等方式进行授权，确保数字作品的合法使用。

3.区块链技术在数字阅读中的应用

（1）去中心化版权登记

区块链技术可以构建去中心化的数字版权登记系统。版权信息一旦被录入区块链，就无法被篡改，为作者提供了更加可靠的版权证明。这有助于解决数字版权登记中的信任问题。

（2）智能合约实现自动化管理

区块链上的智能合约可以实现自动化的版权管理。例如，当有用户购买数字作品时，智能合约可以自动执行相关授权和付款，确保作者和权利人能够及时获得相应的权益。

（四）版权保护技术的挑战与问题

1.隐私与合规问题

在数字阅读中使用数字水印技术时，可能涉及用户的隐私问题。如何在保护版权的同时保障用户隐私，确保符合相关法规，是一个需要认真考虑的问题。

2.兼容性与用户体验问题

在应用DRM技术时，需要确保其兼容性，以不影响用户使用体验。一些过于严格的版权保护措施可能导致用户在合法使用数字作品时遇到麻烦，从而影响数字阅读平台的用户体验。

3.技术破解和反制问题

无论是数字水印技术还是DRM技术，都面临着被技术破解的可能。黑客和侵权者可能尝试通过各种手段绕过版权保护技术，导致数字内容的非法传播。因此，持续改进和加强技术保护是一个必要的挑战。

4. 产业标准与合作问题

在数字阅读领域，各个数字阅读平台可能采用不同的版权保护技术和标准，这可能导致互操作性和合作的问题。建立更为统一的产业标准，推动数字阅读产业的合作，将是解决这一问题的关键。

（五）未来发展与趋势

1. 强化多层次的技术保护措施

未来，数字阅读平台可能采用更为多层次的技术保护措施，综合利用数字水印、DRM 技术、区块链等手段，形成更为全面的版权保护体系。这有助于提高数字作品的整体安全性。

2. 结合人工智能技术

结合人工智能技术，数字阅读平台可以更加智能地识别和响应潜在的侵权行为。通过机器学习等技术，建立更为精准的版权保护系统，提高对侵权行为的预警和应对能力。

3. 推动国际合作与标准化

解决数字阅读领域版权保护的问题需要国际合作，共同制定标准和规范。未来，推动国际数字阅读产业合作，建立更为统一的国际标准，有助于加强全球数字阅读版权保护。

4. 用户教育与意识提升

加强用户对数字版权的认知和理解，提高其合法使用数字作品的意识，也是未来数字阅读产业发展的一个重要方向。通过教育和宣传，培养用户尊重知识产权的文化氛围。

数字阅读作为数字化时代的重要产业，面临着版权保护的严峻挑战。版权保护技术的应用，包括数字水印技术、DRM 技术、区块链技术等，为数字阅读平台提供了有效手段来应对盗版和侵权问题。然而，这些技术在应用过程中也面临着隐私问题、兼容性问题和技术破解问题等挑战。未来，数字阅读产业需要在技术创新的同时，加强国际合作、推动标准化、增强用户意识，共同构建一个健康有序的数字阅读生态系统，为数字阅读产业的可持续发展提供有力支持。

三、合规采购与数字资源合同管理

随着数字化时代的到来，图书馆和机构在获取数字资源方面面临着越来越多的挑战。合规采购和数字资源合同管理成为保障图书馆和机构权益、优化资源利用的重要环节。以下将深入探讨合规采购与数字资源合同管理的关键内容，包括合规采购的原则、数字资源合同的核心要素、合同管理的流程与挑战，并讨论未来发展趋势。

（一）概述

1. 背景

数字资源的广泛应用使得图书馆和机构能够更好地满足用户需求，提升知识服务水平。然而，数字资源采购和合同管理的复杂性不断增加，要求图书馆和机构在采购过程中遵循一系列法规，确保合同的公平、透明和可执行性。

2. 意义

合规采购和数字资源合同管理的重要性在于确保资源的合法获取、权益的保护，以及对资源的有效管理。通过建立合规采购机制和规范的合同管理流程，图书馆和机构能够更好地利用数字资源，提高信息服务水平。

（二）合规采购的原则与策略

1. 合规采购的原则

（1）透明原则

透明是合规采购的核心原则之一。在数字资源采购过程中，确保采购流程的透明度，使得相关信息对所有潜在供应商和相关利益方都是可见和可获取的，有助于建立公正的竞争环境。

（2）竞争性原则

竞争性原则是合规采购的基础。通过竞争性招标、询价等方式，确保多个潜在供应商之间的公平竞争，以获取最优质和最有价值的数字资源。

（3）合理性原则

合理性原则强调采购决策应当是合理的、基于充分信息的。在数字资源采购中，确保决策过程是经过深思熟虑和充分调研的，能够为图书馆和机构带来最大的利益。

2. 合规采购的策略

（1）制订详细采购计划

在数字资源采购前，制订详细的采购计划是关键一步。该计划应包括需求分析、预算确定、供应商评估等内容，以确保采购过程的合理性和透明度。

（2）建立供应商数据库

建立供应商数据库有助于对潜在供应商的全面了解，包括其信誉、服务质量、价格等方面。这样的数据库能够在采购决策中提供更充分的信息支持。

（3）采用数字化采购工具

数字化采购工具如电子招标系统、采购管理软件等，可以提高采购效率，降低采购成本，并确保采购过程的规范性和合规性。

（三）数字资源合同的核心要素

1. 合同的基本要素

（1）合同主体

合同主体是合同的签署方，包括供应商和图书馆或机构。明确双方的法律地位、责任和权利，是合同中的基本要素。

（2）服务内容和范围

明确数字资源的服务内容和使用范围是合同中的关键要素。包括数字资源的类型、数量、使用期限、访问权限等内容。

（3）价格和支付方式

合同中需明确数字资源的价格和支付方式。这包括数字资源的订购费用、续订费用、付款周期等，确保价格公正合理。

2. 特殊要求与保障措施

（1）数据隐私和安全要求

在数字资源合同中，尤其需要关注数据隐私和安全方面的要求。确保供应商遵循相关法规，对用户数据进行合法、安全的处理。

（2）技术支持和培训服务

如果数字资源需要技术支持和培训服务，这些服务的内容、形式、费用等都需要在合同中明确，以确保数字资源的正常使用。

（3）版权与知识产权保护

数字资源合同中必须详细规定对数字资源版权和知识产权的保护。明确数字资源的知识产权归属、使用许可范围、保护措施等，以防止未经授权的侵权行为。

3. 合同履行和解决争议的条款

（1）履行期限和终止条件

合同中应明确数字资源的履行期限和终止条件。这包括数字资源订购的周期、续订规定、提前终止的条件和流程等。

（2）违约责任和赔偿条款

合同中需规定双方的违约责任和赔偿条款，以应对可能发生的违约情况。确保违约方对损失承担相应的责任。

（3）争议解决机制

在合同中明确争议解决的机制，可以选择仲裁、诉讼等方式。建立明确的解决争议的程序，有助于降低合同履行过程中可能出现的纠纷。

（四）合同管理的流程与挑战

1. 合同管理流程

（1）合同起草和审批

合同管理的第一步是合同的起草和审批。确保合同文本准确、明确、合规，并经过相关部门的审批流程，保证签署的合同符合组织的法规和政策要求。

（2）合同签署和执行

一旦合同起草和审批完成，即可进入合同的签署和执行阶段。签署前要确保合同双方的权利和义务得到明确，签署后需按照合同的约定履行各项义务。

（3）合同监测和维护

在合同执行的过程中，需要进行合同的监测和维护，确保双方按照合同约定履行各自的责任。同时，及时更新合同信息，处理可能发生的变更。

2. 合同管理的挑战

（1）复杂的合同结构

数字资源合同通常涉及复杂的许多方面，包括技术细节、法律条款、价格结构等。管理这些复杂的合同结构需要专业知识和仔细的监管，以确保每一项都得到有效管理。

（2）多样化的数字资源类型

不同类型的数字资源可能涉及不同的合同要素和管理要求。例如，电子期刊、数据库、电子书等数字资源在合同管理上可能存在差异，需要针对性的管理策略。

（3）合规性和法规变化

在数字资源合同管理中，涉及的法规和合规性要求不断变化。合同管理人员需要密切关注相关法规的更新和变化，确保数字资源合同的合规性。

（五）未来发展与趋势

1. 数字合同和智能合同技术的应用

未来，数字资源合同管理可能会借助数字合同和智能合同技术的发展而进一步优化。这些技术能够提高合同管理的效率，实现合同自动化、智能化的管理。

2. 区块链技术的应用

区块链技术具有去中心化、不可篡改的特点，有望在合同管理中发挥重要作用。数字资源合同的信息可以被安全地存储在区块链上，确保数据的完整性和安全性。

3. 合同管理平台的发展

未来，合同管理平台的发展将更加完善。这些平台将整合数字资源合同管理的各个环节，提供更全面、便捷的合同管理解决方案，以适应数字资源合同管理的日益复杂的需求。

4. 多维度的合同分析和数据挖掘

随着大数据和人工智能的发展，未来的合同管理可能会更加强调数据分析和挖掘。通过对合同数据的分析，可以为图书馆和机构提供更多关于资源使用和合同效益的见解。

合规采购与数字资源合同管理在数字化时代中变得尤为重要，是图书馆和机构在获取数字资源时必须面对的问题。遵循合规采购原则、精心管理数字资源合同，有助于提高数字资源的获取效率、降低合同风险、保障资源使用的合法性。未来，随着技术的发展和环境的变化，数字资源合同管理将不断演进，图书馆和机构需要不断调整策略，以适应新的挑战和机遇。

第五章 阅读社区建设与运营

第一节 线上阅读社区的特点与优势

一、线上社区的用户活跃特征分析

随着互联网的普及和社交媒体的兴起,线上社区成为人们分享、交流和互动的主要平台之一。对于线上社区来说,用户活跃度是评估其健康发展的重要指标。以下将通过对线上社区用户活跃特征的分析,探讨影响用户活跃的因素、用户活跃的模式和趋势,以及如何利用这些特征提升线上社区的运营效果。

(一)概述

1. 背景

线上社区是一个由互联网支持的虚拟社交空间,用户可以在这里分享信息、参与讨论、建立联系。随着社交媒体、论坛、博客等形式的线上社区的不断涌现,用户活跃度成为社区运营的核心关注点。

2. 意义

深入了解线上社区用户活跃的特征,有助于社区管理员更好地了解用户需求、改进社区运营策略,提高用户满意度和忠诚度。通过分析用户活跃的模式,可以制定有针对性的措施,促进社区的持续健康发展。

(二)影响用户活跃的因素

1. 内容质量与多样性

(1)高质量内容吸引用户

线上社区中,用户更倾向于参与和留存在拥有高质量内容的平台。优质的文章、独特的观点和深度的讨论能够吸引用户积极参与,提高用户活跃度。

（2）内容多样性鼓励互动

多样性的内容涵盖了不同主题、形式和媒介，能够满足用户多样化的兴趣和需求。社区提供丰富多彩的内容形式，可以激发用户参与讨论、分享自己的见解。

2. 社交互动与用户参与

（1）互动设计增加用户黏性

社交互动是线上社区的核心。良好的社交设计，包括点赞、评论、分享等功能，能够增加用户与社区的黏性，促使用户更频繁地参与互动。

（2）社交氛围促进用户参与

建立积极、友好的社交氛围有助于用户更愿意参与。社区管理员可以通过引导讨论方向、处理纠纷等方式，创造出积极向上的社区氛围，提高用户活跃度。

3. 个性化体验与用户需求

（1）个性化推荐提高用户留存

通过个性化的推荐算法，向用户推送符合其兴趣的内容，可以提高用户留存率。个性化体验能够满足用户的独特需求，增加用户的满意度。

（2）参与决策激发用户归属感

让用户参与社区决策过程，例如投票选题、参与活动策划等，能够激发用户的归属感，使用户更积极地参与社区的运营和建设。

（三）用户活跃的模式和趋势

1. 活跃周期模式

（1）新用户引导和培养

新用户通常在加入社区后经历一个引导和培养的阶段。社区应提供清晰的导航、引导流程和欢迎活动，以便用户更快地融入社区。

（2）稳定期的持续参与

用户在社区中逐渐建立关系、获取信息后，进入稳定期。在这一阶段，社区需要提供持续的丰富内容、互动活动，以保持用户的稳定参与。

（3）活跃下降与唤回机制

随着时间的推移，一些用户可能会经历活跃度下降的情况。社区需要设计相应的唤回机制，通过个性化推荐、定期活动等方式，重新激发用户的兴趣。

2. 用户活跃的趋势

（1）移动端活跃度增长

随着智能手机的普及，用户更倾向于通过移动端访问社区。因此，社区需要适应移动端的用户习惯，提供良好的移动体验，以促进用户活跃。

（2）多媒体内容的兴起

图文并茂、视频分享等多媒体形式的内容在社交媒体中越来越受欢迎。社区应关注这一趋势，提供更多多媒体化的内容，以满足用户多样化的阅读和分享需求。

（3）虚拟现实和增强现实的整合

随着虚拟现实（VR）和增强现实（AR）技术的发展，社区可以考虑将这些技术整合到社区体验中。例如，通过虚拟社交空间或 AR 互动，社区可以提供更具沉浸感和创新性的用户体验，从而吸引用户更加积极地参与。

（4）数据驱动的个性化推荐

未来社区活跃的趋势之一是更加强调数据驱动的个性化推荐。通过深度学习算法等技术，社区可以根据用户的历史行为和兴趣，为其提供更加精准的内容推荐，提高用户留存和参与度。

（四）利用用户活跃特征提升社区运营效果

1. 制定个性化的运营策略

基于用户活跃特征的分析，社区管理员可以制定个性化的运营策略。不同用户群体可能对内容类型、互动方式等有不同的偏好，因此需要有针对性地设计社区活动和推送内容。

2. 激励机制的建立

建立激励机制是提高用户活跃度的有效手段。社区可以通过设置积分制度、勋章体系、奖励机制等方式，激发用户的积极参与和贡献，从而增强用户黏性。

3. 引导新用户快速融入社区

针对新用户，社区应设立引导机制，提供详细的社区介绍、导航指引和新用户专属活动，帮助新用户快速融入社区，降低新用户的流失率。

4. 强化社交互动设计

社交互动是社区的核心，因此社区应强化互动设计，提高用户互动的便捷性和趣味性。例如，设置热门话题、开展线上活动、推动用户间的深度交流等。

5. 不断优化用户体验

通过用户反馈、行为数据分析等手段，社区应不断优化用户体验。改进界面设计、提升网站速度、修复 bug 等措施有助于提高用户对社区的满意度，从而促进用户更多地参与。

（五）面临的挑战与未来发展趋势

1. 面临的挑战

（1）隐私和安全问题

随着社区活跃度增加，用户的个人信息和数据也在增多，社区需要加强隐私和安全保护，防范信息泄露和滥用。

（2）内容质量和虚假信息

社区在提升用户活跃度的同时，也要应对内容质量和虚假信息的问题。社区管理员需要加强对内容的审核和管理，确保用户获取到可信赖的信息。

2. 未来发展趋势

（1）强调社区文化和价值观

未来社区发展趋势将更加强调社区文化和价值观。通过树立清晰的社区形象和核心价值观，社区能够更好地吸引和留住有相似兴趣和价值观的用户。

（2）引入虚拟现实和增强现实技术

随着技术的不断创新，社区可能会引入更多虚拟现实和增强现实技术，提供更沉浸式的用户体验。这将为用户带来更多创新和趣味性。

（3）跨平台整合

未来社区可能更加注重跨平台整合，使用户能够在不同设备上无缝切换和使用。这有助于提高用户在不同场景下的活跃度。

（4）多元化社区形态

未来社区形态可能会更加多元化，不仅有传统的论坛和社交媒体，还可能涌现出更具创新性的社区形式。社区需要及时调整发展战略，迎接新的挑战和机遇。

通过对线上社区用户活跃特征的分析，我们可以深入了解用户参与的驱动因素、活跃的模式和未来的发展趋势。社区管理员应根据这些特征，制定个性化的运营策略，激发用户积极参与，提升社区的活力。同时，社区需要面对隐私安全、内容质量等方面的挑战，不断优化用户体验，引入新技术，以适应社区发展的新形势。通过综合考虑用户需求、技术创新和社区文化建设，线上社区将更好地满足人们社交、交流和分享的需求，为用户提供更丰富、有趣的社区体验。

二、社区交互机制与用户黏性

随着互联网的发展，社区作为一个在线交流和分享信息的平台，逐渐成为人们日常生活的一部分。社区的成功运营离不开有效的交互机制，而用户黏性则是衡量社区活跃度和吸引力的重要指标之一。以下将深入探讨社区交互机制的概念、影响用户黏性的因素以及提升用户黏性的策略。

（一）概述

1. 背景

社区是一个集体性的在线空间，它能够汇聚拥有相似兴趣、目标或经验的用户，促进信息的共享、讨论和交流。社区的交互机制是用户参与、互动和贡献的桥梁，直接影响社区的活跃度和用户的黏性。

2. 意义

用户黏性是衡量用户在社区中停留和参与的程度，是社区运营成功与否的关键指标之一。通过深入了解社区交互机制，我们可以更好地理解用户行为、满足用户需求，进而提升社区的用户黏性。

（二）社区交互机制的定义

社区交互机制是指社区为促使用户参与和互动而设置的一系列规则、功能和设计。它包括用户之间的互动、社区平台提供的工具和功能，以及用户与平台之间的反馈机制。社区交互机制的设计直接影响用户的黏性，决定了用户是否愿意长时间在社区内活跃。

（三）影响用户黏性的因素

1. 互动设计和社交体验

（1）多元化的互动方式

社区交互机制的设计应当包括多元化的互动方式，如评论、点赞、私信、分享等。用户通过多样性的互动方式更容易找到适合自己的参与方式，从而增加用户的参与频率。

（2）社交体验的人性化设计

社交体验的人性化设计是提高用户黏性的关键。社区平台需要了解用户心理和行为，通过直观、简便的设计，使用户能够轻松愉悦地参与社区互动。

2. 个性化内容推荐

（1）智能算法的应用

社区交互机制应当结合智能算法，实现个性化的内容推荐。通过分析用户的历史行为和兴趣，系统能够更精准地为用户提供感兴趣的内容，提高用户的黏性。

（2）多样化内容的呈现

除了个性化推荐，社区应当提供多样化的内容，涵盖不同主题、形式和媒介。这有助于吸引不同兴趣群体的用户,提高社区的内容吸引力,增加用户的停留时间。

3. 参与感和社区认同

(1) 引导用户参与社区决策

社区交互机制应当鼓励用户参与社区决策,如投票、提出建议等。用户参与决策的过程中会形成一种参与感,增强用户对社区的认同感,提升用户黏性。

(2) 社区文化和价值观的建立

建立清晰的社区文化和价值观有助于形成共同体感觉。当用户认同社区的文化和价值观时,更容易形成社区认同,从而更积极地参与社区的互动。

4. 激励机制的设置

(1) 积分制度和勋章体系

社区可以设置积分制度和勋章体系,对用户的积极互动行为给予奖励。这种激励机制可以激发用户的参与欲望,提高用户的活跃度和黏性。

(2) 专属活动和奖品

定期推出专属活动和奖品是一种有效的激励机制。用户通过参与活动有机会获得独特的奖品,增加用户互动的乐趣,同时提高社区的吸引力。

(四)提升用户黏性的策略

1. 强化用户导航和引导

(1) 清晰的社区导航

社区导航应当设计清晰明了,用户能够迅速找到自己感兴趣的内容和互动方式。良好的导航有助于提高用户的使用便捷度,降低用户流失率。

(2) 新用户引导体系

对新用户设计专属的引导体系,包括欢迎页面、新手任务、引导教程等。通过引导,新用户能够更快地了解社区的功能和特点,提高其参与的积极性。

2. 不断优化社区平台

(1) 数据分析和用户反馈

通过数据分析和用户反馈,社区平台可以不断优化其功能和性能。了解用户的行为和需求,及时调整社区交互机制,使其更符合用户的期望,提高用户的满意度。

(2) 多平台适配和体验优化

根据用户在不同平台上的使用习惯,社区应进行多平台适配和体验优化。确保在不同设备上都能够提供一致而流畅的用户体验，减少用户因为平台切换而流失的可能性。

3. 营造积极的社区氛围

（1）社区管理员的引领作用

社区管理员在引领社区氛围方面发挥着重要作用。通过积极参与、回应用户需求、管理争端等方式，社区管理员能够为社区创造积极、友好的氛围，增强用户的社区认同感。

（2）用户之间的互助和支持

鼓励用户之间的互助和支持是建立积极社区氛围的有效手段。社区可以设立专区或板块，让用户分享经验、提出问题，形成良性的互动循环。

4. 持续创新和更新内容

（1）推陈出新的内容策略

社区的内容是吸引用户的重要因素之一。社区应该制定推陈出新的内容策略，定期更新和发布有趣、有价值的内容，保持用户对社区的新鲜感。

（2）创新的社区活动和互动

定期举办创新的社区活动和互动也是提升用户黏性的有效手段。例如，线上讲座、线下活动、社区比赛等形式多样的活动能够吸具有引不同兴趣的用户参与。

（五）面临的挑战与未来发展趋势

1. 面临的挑战

（1）用户隐私和数据安全

随着社区规模的扩大，用户隐私和数据安全成为一个日益严峻的挑战。社区需要采取更加严格的措施，保护用户的个人信息，防范潜在的安全风险。

（2）信息滥用和虚假信息

社区交互机制的设计也可能导致信息滥用和虚假信息的问题。社区管理员需要加强审核机制，识别和清除不真实或有害的信息，确保社区信息的质量和可信度。

2. 未来发展趋势

（1）引入人工智能和大数据分析

未来社区交互机制可能会更加依赖人工智能和大数据分析。通过这些技术，社区可以更精准地了解用户的行为和需求，提供个性化的互动体验，增强用户的黏性。

（2）跨平台整合和生态建设

社区未来的发展趋势可能更加强调跨平台整合和生态建设。社区可以与其他平台合作，形成更广泛的用户生态系统，实现信息和互动的全方位融合。

（3）虚拟现实和增强现实的应用

随着虚拟现实（VR）和增强现实（AR）技术的发展，社区可以考虑将这些技术应用到交互机制中，提供更加沉浸和创新的用户体验，使用户更积极地参与。

（4）社区治理和自治机制

社区治理和自治机制的建设将更加重要。社区可以引入分布式技术、智能合约等手段，促使社区内部形成更为自主、公正的治理体系，提高社区的稳定性和可持续发展性。

社区交互机制与用户黏性密不可分，它直接影响用户在社区中的活跃度和参与度。通过理解社区交互机制的重要性以及影响用户黏性的因素，社区管理员可以更好地制定运营策略，提高社区的吸引力和用户黏性。未来，社区需要面对隐私安全、信息质量等方面的挑战，同时抓住人工智能、虚拟现实等新技术带来的机遇，不断创新社区交互机制，促进社区的健康发展。

三、社区内容创新与用户参与度提升

随着互联网的快速发展，社区作为人们在线交流、分享信息和建立关系的平台变得越发重要。社区内容的创新直接关系到用户的参与度，是社区运营中不可忽视的一环。以下将深入探讨社区内容创新的概念、影响用户参与度的因素，以及提升用户参与度的策略。

（一）概述

1. 背景

社区作为一个集结兴趣、共享信息的线上空间，其内容的创新对于用户的吸引力和参与度至关重要。随着社交媒体和论坛的普及，用户对于内容的要求越来越高，社区如何创新内容成为社区运营中亟待解决的问题。

2. 意义

社区内容的创新不仅仅关乎社区的发展，更直接关系到用户的参与度。通过创新内容，社区可以更好地满足用户的需求，提高用户的留存率和活跃度，进而推动社区的可持续发展。

（二）社区内容创新的定义

社区内容创新是指社区为适应用户需求和时代发展趋势，不断推陈出新，提供新颖、有趣、具有吸引力的内容的过程。创新内容包括但不限于文字、图片、视频、互动活动等多种形式，旨在激发用户的兴趣，促使用户更积极地参与社区。

（三）影响用户参与度的因素

1. 内容质量和多样性

（1）高质量内容的吸引力

用户更愿意参与和留在社区中，为社区提供高质量的内容。优质的文章、深度的讨论和有趣的信息可以激发用户的兴趣，提高用户的参与度。

（2）内容多样性的重要性

内容的多样性是提高用户参与度的关键因素。社区应该涵盖不同主题、形式和媒介的内容，以满足不同用户群体的兴趣和需求，促使更多用户参与互动。

2. 互动设计与用户体验

（1）丰富的互动方式

社区的互动设计直接影响用户的参与度。提供丰富多样的互动方式，如评论、点赞、分享、投票等，可以激发用户更积极地参与社区活动。

（2）用户体验的改善

良好的用户体验对于提升用户参与度至关重要。社区应该不断优化界面设计、提升网站速度，确保用户在社区中的浏览和互动过程更加流畅和愉悦。

3. 个性化体验与用户需求

（1）个性化推荐的引导

通过个性化推荐算法，社区可以根据用户的历史行为和兴趣，向用户推送更符合其口味的内容。个性化体验可以提高用户的满意度，和参与度。

（2）用户需求的及时满足

社区应该及时响应用户的需求和反馈。通过引入用户建议箱、在线客服等方式，让用户感受到其意见被尊重，提高用户对社区的信任感，从而提高参与度。

4. 社区文化和社交互动氛围

（1）建立积极的社区文化

社区文化对于用户参与度的影响巨大。积极向上的社区文化能够塑造出友好、和谐的社区氛围，鼓励用户更多地参与和分享。

（2）社交互动的促进

社交互动是社区的核心，鼓励用户之间的交流和互动是提升用户参与度的有效手段。社区管理员可以通过引导讨论、开展线上活动等方式，创造更多社交互动的机会。

（四）社区内容创新的策略

1. 制定内容规划和发布计划

（1）明确内容定位和目标群体

在社区运营初期，社区应明确内容的定位和目标群体。了解用户的兴趣和需求，制定合适的内容规划，确保社区内容创新能够精准地满足用户期待。

（2）制订灵活的发布计划

社区内容发布的时间和频率也是影响用户参与度的关键因素。社区应该根据用户活跃时间、特殊事件等情况，灵活调整内容发布的计划，确保用户在社区中能够获取到及时、丰富的信息。

2. 引入用户生成内容和参与活动

（1）鼓励用户创作和分享

社区可以鼓励用户创作和分享自己的内容，引入用户生成内容（UGC）的概念。通过设置专门的板块或主题，社区可以让用户分享自己的见解、经验、创意等，提高用户的参与度，同时丰富社区的内容。

（2）举办有趣的用户活动

社区可以定期举办有趣的用户活动，如线上比赛、互动问答、主题讨论等。这些活动不仅能够吸引用户的注意，还可以促使用户积极参与，提高社区的互动性和活跃度。

3. 利用多媒体形式丰富内容

（1）引入图文并茂的内容

除了文字，社区还可以通过引入图文并茂的内容形式，如图片、图表、Infographics等，提升内容的吸引力。多媒体形式的内容更容易引起用户的兴趣，增加用户的阅读和参与欲望。

（2）发布富有创意的视频内容

视频是一种极具吸引力的内容形式，社区可以通过制作富有创意的视频内容，包括教程、VLOG、访谈等，以提高用户的参与度。社区平台也可以支持用户上传和分享自己的视频内容。

4.引入虚拟互动和增强现实技术

（1）虚拟互动的社区活动

通过引入虚拟互动技术，社区可以举办虚拟线上活动，如虚拟展览、虚拟演唱会等。这种全新的互动方式可以吸引更多用户参与，提高用户的社区体验。

（2）利用增强现实技术丰富互动体验

增强现实技术可以为用户提供更加丰富和沉浸式的互动体验。社区可以探索将增强现实技术应用到内容创新中，例如 AR 互动故事、AR 虚拟展览等，以吸引用户更深度地参与。

（五）面临的挑战与未来发展趋势

1.面临的挑战

（1）内容过载与质量控制

随着社区内容的不断增加，用户可能面临信息过载的问题。社区需要设立有效的质量控制机制，确保内容的真实性和可信度，防止信息质量下降。

（2）用户参与的疲劳感

用户可能在长时间的社区参与后产生疲劳感，降低其参与度。社区需要精心设计用户参与的路径，避免过于频繁的互动和活动，保持用户参与的新鲜感。

2.未来发展趋势

（1）利用人工智能进行个性化推荐

未来，社区内容创新可能更加依赖人工智能技术。社区可以通过分析用户行为和兴趣，利用个性化推荐算法，为用户提供更符合其需求的内容，提升用户参与度。

（2）拓展跨平台社区体验

未来，社区内容的创新可能会更加强调跨平台的整合。社区可以拓展到不同的设备和平台，提供一致的用户体验，使用户能够在不同场景下保持参与度。

（3）社区内容与虚拟现实融合

虚拟现实技术的发展将为社区内容创新带来新的可能性。社区可以探索与虚拟现实技术的融合，为用户提供更为沉浸式的社区体验，从而促进用户更积极地参与。

（4）引入区块链技术增强社区信任度

区块链技术的应用可能会提高社区内容的信任度。通过区块链技术，社区可以建立更为透明和不可篡改的信息体系，增强用户对内容的信任，提升参与度。

社区内容创新与用户参与度是相辅相成的关系，社区在不断发展的过程中需要紧跟时代潮流，不断尝试创新的方式与形式。通过制定内容规划、引入用户生成内容、利用多媒体形式、引入虚拟互动等策略，社区可以有效提升用户的参与度。未来，社区需要面对内容过载、用户疲劳等挑战，同时抓住人工智能、虚拟现实等新技术带来的机遇，实现社区内容创新与用户参与度的可持续发展。

第二节　阅读社区的用户参与与沉浸式体验

一、沉浸式阅读体验的设计与实践

随着数字化时代的来临，阅读体验正在经历前所未有的变革。传统的纸质书籍逐渐被数字化阅读所替代，而沉浸式阅读体验作为一种新兴的概念，致力于通过科技手段，提供更为深刻、丰富的阅读体验。以下将深入探讨沉浸式阅读体验的设计原理、实际应用以及对阅读文化的影响。

（一）沉浸式阅读体验的设计原理

1. 客观与主观因素的融合

沉浸式阅读体验的设计需要综合考虑客观和主观因素。客观因素包括科技设备的支持、虚拟现实（VR）技术、增强现实（AR）技术等，而主观因素则包括用户的感知、情感、兴趣等。通过融合这两方面的因素，设计可以更好地迎合读者的需求，创造更具沉浸感的阅读环境。

2. 多媒体内容的融合

传统阅读主要依赖文字和静态图片，而沉浸式阅读体验的设计引入了多媒体内容的融合，包括音频、视频、动画等。这样的设计能够更全面地传达信息，提升阅读的趣味性和深度，使读者更深度地融入阅读体验中。

3. 交互性的强化

沉浸式阅读体验注重交互性，使读者能够更主动地参与到阅读过程中。通过手势识别、触摸屏技术等交互手段，读者可以更自由地浏览内容、调整界面，增加阅读的个性化和灵活性。

4. 虚拟空间的构建

沉浸式阅读体验常常构建虚拟的三维空间，使读者仿佛身临其境。这涉及虚拟现实技术的应用，通过头戴式显示器等设备，读者可以在虚拟的环境中进行阅读，增加阅读的沉浸感和真实感。

（二）沉浸式阅读体验的实际应用

1. 虚拟图书馆

虚拟图书馆是沉浸式阅读体验的一个典型应用场景。读者可以通过虚拟现实设备，像在实际图书馆一样在虚拟环境中浏览书籍，与其他读者交流，甚至参与虚拟的文学讲座。这种应用模式使阅读不再是孤独的行为，更是一种社交体验。

2. 增强现实书籍

某些应用通过增强现实技术，将虚拟元素融合到实际书籍中。例如，扫描书页时，手机或平板上的应用可以显示与书籍内容相关的虚拟图像、视频或互动元素，为读者提供更加生动、丰富的阅读体验。

3. 互动小说

沉浸式阅读体验也在小说领域得到了创新。互动小说通过分支故事线、选择结局等方式，让读者参与到故事情节的发展中，使阅读过程更具参与感和悬念性。

4. 虚拟写作工具

对于创作者而言，沉浸式阅读体验的设计也延伸到了创作工具的领域。通过虚拟写作工具，创作者可以在虚拟环境中进行创作，更直观地感受自己的作品，提高创作的沉浸感和效率。

（三）沉浸式阅读体验对阅读文化的影响

1. 阅读方式的变革

沉浸式阅读体验的兴起改变了人们的阅读方式。传统的线性阅读逐渐演变为更为交互式、多媒体化的阅读方式，使阅读更加生动有趣。

2. 阅读社交的强化

沉浸式阅读体验强化了阅读社交的元素。通过虚拟图书馆、在线阅读社区等平台，读者能够更方便地分享阅读心得、交流感受，形成更为紧密的阅读社群。

3. 创作者与读者的互动

沉浸式阅读体验拉近了创作者与读者之间的距离。互动小说、虚拟写作工具等应用使创作者能够更直接地与读者互动,感受读者的反馈,从而更好地调整创作方向。

4. 阅读体验的个性化

沉浸式阅读体验的设计强调阅读体验的个性化,使每位读者能够根据自己的兴趣、喜好和需求进行定制化的阅读。通过个性化推荐、定制化的交互体验,沉浸式阅读体验使阅读更加贴近每个个体,满足多样化的阅读需求。

(四)沉浸式阅读体验的设计挑战与未来发展趋势

1. 设计挑战

技术成本和设备限制:沉浸式阅读体验的设计涉及先进的技术,而高昂的技术成本和设备限制可能阻碍其广泛普及。

用户体验平衡:在追求沉浸感的同时,设计师需要平衡好用户体验。过分复杂的交互和视觉效果可能导致用户疲劳,适度的设计是一个挑战。

内容创新和产业链整合:为了提供更为丰富的沉浸式阅读内容,需要各方面的产业链合作,包括出版商、技术公司、创作者等。推动这些方面的协同工作是一项挑战。

2. 未来发展趋势

(1)进一步融合虚拟现实技术:随着虚拟现实技术的不断进步,未来沉浸式阅读体验将更加紧密地融合虚拟现实技术,创造更真实、更丰富的阅读环境。

(2)引入人工智能和大数据:利用人工智能和大数据分析用户阅读行为,沉浸式阅读体验可以更精准地推荐内容,提供个性化的阅读体验。

(3)拓展跨媒体整合:未来沉浸式阅读可能更多地涉及跨媒体整合,包括与影视、音乐等领域的融合,创造更为多元的娱乐体验。

(4)强化社交互动性:社交元素的强化将成为未来发展的方向,使阅读不再是孤独的活动,而是一个与他人互动、分享的社交体验。

沉浸式阅读体验的设计与实践是数字化时代阅读文化发展的重要方向。通过融合客观与主观因素、多媒体内容、交互性设计以及虚拟空间构建,沉浸式阅读体验旨在为读者提供更深层次、更个性化的阅读感受。虚拟图书馆、增强现实书籍、互动小说等实际应用展示了沉浸式阅读体验的多样性。在影响阅读文化方面,沉浸式阅读体验不仅改变了阅读方式,也促进了阅读社交的发展,强化了创作者与读者之间的互动。然而,面临的挑战包括技术成本、用户体验平衡和产业链整合等。未来,沉浸式阅读体验将继续融入虚拟现实技术、人工智能和跨媒体整合,致力于创造更为丰富、真实的阅读环境。

二、用户参与社区活动的动机与机制

社区活动是构建和维护一个活跃社区的关键元素之一。用户的积极参与不仅促进社区的发展，还为用户提供了更丰富的体验。本书将深入探讨用户参与社区活动的动机，以及设计有效的机制来激发和维持用户的参与。

（一）用户参与社区活动的动机

1. 社交需求

社交需求是推动用户参与社区活动的主要动机之一。人们渴望与他人建立联系、分享经验和交流意见。社区活动为用户提供了一个平台，使他们能够满足社交需求，建立有意义的关系。

2. 个人发展与学习需求

参与社区活动还能满足用户个人发展和学习的需求。在社区中，用户可以获取新知识、技能，与其他领域专家互动，促使个人成长。这种学习的过程不仅仅是获取信息，还包括与他人的讨论和协作。

3. 获得认可与成就感

用户参与社区活动往往与获得认可和成就感相关联。通过参与讨论、分享有价值的内容或在社区中发挥特殊角色，用户能够得到其他社区成员的认可，从而提升自尊心和成就感。

4. 享受娱乐和消遣

社区活动提供了用户娱乐和消遣的场所。从轻松幽默的讨论到有趣的线上活动，社区为用户提供了一个逃离日常生活、轻松愉悦的空间。

5. 参与决策和影响社区发展

一些用户参与社区活动是出于对社区发展的关注和责任感。他们希望通过参与决策、提出建议，对社区的发展产生积极影响，使社区更加符合他们的期望。

（二）设计有效的用户参与机制

1. 制定清晰的目标和规则

社区活动的设计应明确活动的目标和规则，使用户清楚了解他们参与的活动是为了什么，以及如何参与。清晰的目标和规则有助于激发用户的兴趣和参与积极性。

2. 提供有吸引力的奖励和认可机制

奖励和认可机制是激发用户参与的重要手段。社区可以设立积分制度、徽章系统、用户等级体系等，通过这些机制向用户传递积极的反馈，激发他们的参与热情。

3. 创造互动性和参与感

社区活动的设计应注重互动性，通过投票、评论、问答等方式，创造更多的参与感。用户感受到自己的意见和行为对社区有影响，会更愿意积极参与。

4. 提供个性化的参与路径

不同用户有不同的兴趣和偏好，社区应提供个性化的参与路径。通过个性化的推荐、定制化的活动，满足用户多样化的需求，提高参与的吸引力。

5. 实施友好竞争机制

友好的竞争机制可以激发用户的积极性。社区可以设置排行榜、挑战赛等，鼓励用户通过参与活动来提升自己的地位，同时促进社区的热度。

6. 提供及时的反馈和沟通渠道

用户参与活动后，及时的反馈是维持积极参与的重要因素。社区应提供便捷的沟通渠道，让用户得到及时的回应和反馈，增强他们的参与体验。

（三）用户参与社区活动的挑战与未来发展趋势

1. 挑战

平衡量化和质化反馈：社区活动的奖励机制可能过于依赖数量，忽略了用户在社区中的质量贡献。如果只看重用户的数量性指标，可能会导致低质量的内容和行为。

用户参与疲劳：长期以来，一些用户可能会感到参与社区活动的疲劳。过度的奖励和竞争机制可能使用户感到压力，降低他们的积极性。

社区目标的一致性：用户参与社区活动的动机和社区的发展目标需要保持一致。如果用户参与活动的动机与社区的核心理念不符，可能导致社区内部价值观的分歧。

2. 未来发展趋势

（1）引入人工智能辅助决策

未来，社区活动的参与机制可能会借助人工智能技术，根据用户的历史行为、兴趣和技能推荐更符合个性化需求的活动。这样的个性化推荐系统有助于提高用户的参与度。

（2）强调社区的共同价值观

社区可能更加强调共同的价值观和目标，通过明确社区的使命和愿景，吸引具有相似兴趣和价值观的用户参与。这有助于形成更加紧密、有凝聚力的社区。

（3）结合虚拟现实和增强现实技术

虚拟现实和增强现实技术的发展可能为社区活动提供更为丰富的参与体验。用户可以通过虚拟现实设备更直观地参与社区活动，增加互动的沉浸感。

（4）倡导可持续参与和贡献

社区可能更加注重用户的可持续参与和贡献，鼓励用户长期、持续地为社区做出贡献。这可能包括对长期积极参与的用户提供更多的特权和机会。

用户参与社区活动是社区发展的关键驱动力之一。理解用户的参与动机，设计并实施有效的参与机制，是社区运营者不可忽视的任务。社交需求、个人发展、认可感、娱乐和社区发展影响着用户的参与动机。通过设定明确的目标、提供有吸引力的奖励和认可机制、创造互动性和个性化的参与路径，社区可以激发用户积极参与。

然而，社区运营者需要警惕过度依赖数量性指标，应注重用户的质量贡献。此外，要防止用户参与疲劳和确保用户参与动机与社区核心价值观一致。未来，社区活动的发展趋势可能涉及人工智能辅助决策、强调共同价值观、结合虚拟现实和增强现实技术，以及倡导可持续参与和贡献。这些趋势有望进一步提升社区活动的参与体验，促进社区的健康发展。

三、跨平台社区运营策略

在数字化时代，社交媒体和在线社区已成为人们日常生活的一部分。社区运营者通常需要面对跨多个平台的挑战，以建立和维护一个活跃、互动的社区。本书将探讨跨平台社区运营的策略，涵盖目标设定、内容策略、用户互动、数据分析等方面，旨在为社区管理者提供有效的指导。

（一）设定明确的跨平台社区运营目标

1.确定整体战略目标

在跨平台社区运营中，首要任务是制定整体战略目标。社区运营者需要明确社区的发展方向，确定在各个平台上的定位和价值主张。这有助于构建一个一致性的品牌形象，提高用户对社区的认知度。

2. 制定平台专属目标

除整体战略目标外，社区运营者还需要为每个平台制定专属目标。考虑到不同平台的用户群体和特点，目标可以包括增加关注者数量、提高互动率、推动内容传播等。每个平台的目标应与整体战略相协调，同时凸显该平台的特殊性。

（二）制定跨平台内容策略

1. 统一品牌语调和风格

跨平台社区运营需要维护一致的品牌语调和风格。社区运营者应确保在不同平台上发布的内容在视觉和语言上保持一致，以形成明确的品牌标识，提高用户的辨识度。

2. 适应平台特点的内容创作

尽管要保持品牌一致性，但社区运营者也需要根据不同平台的特点来调整内容创作。例如，在图像分享平台上，强调视觉元素可能更为重要，而在专业社交平台上，注重知识性和专业性的内容更能引起关注。

3. 跨平台内容互通与引导

跨平台内容互通有助于提高用户留存和参与度。社区运营者可以通过在一个平台上引导用户参与到另一个平台，推动用户在不同平台上的跨界互动。例如，在微博上发布一则引导用户加入社区讨论的信息。

（三）优化用户互动与参与体验

1. 维护活跃社群

社区运营者需要定期维护和激活社群，以保持用户的活跃度。这包括回复用户的评论、参与讨论、组织线上线下活动等。通过积极参与社群，社区运营者可以更好地了解用户需求，提高社区的凝聚力。

2. 制订互动计划

制定明确的互动计划是提高用户参与度的关键。社区运营者可以设计线上线下的活动，发布互动话题，组织问答环节等，吸引用户积极参与，增加社区的黏性。

3. 创新互动方式

跨平台社区运营需要不断创新互动方式。可以尝试利用直播、调查问卷、有奖互动等形式，激发用户的积极性，提高用户在社区中的参与感。

(四)进行跨平台数据分析与优化

1. 收集跨平台数据

为了更好地了解用户行为和社区运营效果,社区运营者需要收集跨平台的数据。通过社交媒体分析工具、网站分析工具等,获取关键指标,包括用户活跃度、内容传播情况、用户留存率等。

2. 数据比对与优化

通过对不同平台的数据进行比对分析,社区运营者可以了解各平台的运营效果差异。基于数据分析结果,优化内容策略、互动方式,提升社区运营的效果。

3. 调整策略与实时反馈

数据分析不仅仅是为了了解过去,更要用于调整当前和未来的社区运营策略。社区运营者需要及时关注数据变化,根据实时反馈进行策略调整,以更好地满足用户需求。

第三节 社群运营与阅读活动策划

一、社群建设与成员管理

在数字化时代,社交媒体和在线社群成为人们沟通、分享和互动的重要平台。社群建设与成员管理是社群运营的核心环节,直接关系到社群的活跃度、凝聚力和长期可持续发展。以下将探讨社群建设的策略和成员管理的方法,旨在为社群运营者提供指导,助力社群的良性发展。

(一)社群建设的策略

1. 明确社群定位与目标

社群建设的首要步骤是明确社群的定位和目标。社群运营者需要清晰地定义社群的主题、定位和价值主张,并明确社群的发展目标。明确的定位有助于吸引目标群体,确保社群有明确的方向和共同的愿景。

2. 设计引人入胜的社群内容

社群的内容是吸引成员和维持活跃度的核心。社群运营者应该设计有趣、有价值的内容,包括文字、图片、视频等形式。不仅要关注内容的质量,还要关注内容的多样性,以满足不同成员的兴趣和需求。

3. 提供丰富的互动机会

社群的价值在于成员之间的互动和交流。因此，社群运营者应该提供多样化的互动机会，包括在线讨论、线下活动、投票、问卷等。积极的互动能够拉近成员之间的关系，增强社群的凝聚力。

4. 建立社群规则和价值观

为了确保社群的秩序和文化，社群运营者需要建立明确的社群规则和共享价值观。社群规则可以规范成员的行为，防止不当言论和纠纷。共享价值观有助于形成共同的文化认同，增强社群成员的凝聚力。

5. 激励成员参与

激励是社群建设的重要环节。社群运营者可以通过设立奖励机制、提供特权、表彰优秀成员等方式，激发成员的参与热情。明确的激励体系有助于吸引更多的成员参与社群活动。

（二）成员管理的方法

1. 招募合适的成员

社群的质量取决于成员的素质和活跃度。社群运营者应该通过有针对性的招募活动，吸引具有相似兴趣和目标的潜在成员。这有助于确保社群的目标一致性，提高社群的品质。

2. 提供良好的新成员引导

新成员的引导对社群的稳定和成员的融入至关重要。社群运营者可以通过欢迎邮件、新成员指南、导览等方式，帮助新成员了解社群的规则、文化和资源，减少新成员的迷茫感。

3. 促进成员间的交流与合作

社群运营者应该鼓励成员之间的交流和合作。通过组织专业的合作活动、提供合作资源、设立合作奖励等方式，促进成员之间的合作，增强社群的凝聚力。

4. 处理成员纠纷与冲突

在社群运营中，成员之间可能产生纠纷和冲突。社群运营者需要建立有效的纠纷解决机制，包括设立明确的投诉渠道、培训专业的调解人员等，以确保社群的和谐氛围。

5. 不断激励和回馈

激励和回馈是成员管理的重要环节。社群运营者可以通过定期表彰优秀成员、提供个性化的激励措施、举办成员感谢活动等方式,让成员感受到被重视和肯定。

(三)社群建设与成员管理的挑战与未来发展趋势

1. 挑战

社群规模管理:随着社群规模的增大,管理成员的数量和多样性成为一项挑战。社群运营者需要寻找有效的方法,确保社群的管理不失效率和效果。

成员活跃度维持:成员的活跃度是社群健康运营的重要指标。然而,随着时间的推移,成员可能会失去兴趣或减少参与,社群运营者需要采取措施维持成员的活跃度。

社群安全性:社群可能受到不良分子的侵扰,导致不当言论、垃圾信息等问题。社群运营者需要设立有效的安全机制,保障社群的安全环境,减少不良行为对社群的负面影响。

平台政策变化:不同的社交媒体平台可能会调整其政策和规定,社群运营者需要随时了解并遵守这些变化,以防止社群因违规而受到封禁或其他制裁。

2. 未来发展趋势

(1)数据驱动社群管理

未来,社群管理将更加注重数据的运用。社群运营者可以利用先进的数据分析工具,深入挖掘成员行为数据、互动模式等信息,从而更精准地了解社群成员的需求和兴趣,为社群建设提供数据支持。

(2)智能化社群服务

随着人工智能技术的发展,社群运营将迎来智能化的时代。自动化工具和智能机器人可以用于成员管理、问题解答、内容推荐等方面,提高社群运营的效率和便捷性。

(3)社群与商业的深度融合

未来,社群建设将更多地与商业相融合。社群运营者可以通过与品牌、企业的合作,为社群成员提供更丰富的资源和服务。同时,社交电商、社群营销等模式将成为社群发展的新动力。

(4)多平台社群整合

未来,社群运营将更加关注多平台整合。社群运营者需要在不同的社交媒体平台上建立统一的社群形象,通过整合各平台资源,提供一致性的社群体验,增强成员的黏性。

社群建设与成员管理是社群运营中不可或缺的环节。通过明确社群定位与目标、设计优质的社群内容、提供多样的互动机会，以及通过招募、引导、激励成员等手段，社群可以建设得更加活跃、有凝聚力。成员管理则需要注重新成员引导、促进成员合作、处理纠纷与冲突、提供激励和回馈，以确保社群的和谐发展。

在社群建设与成员管理中，社群运营者需要时刻关注社会变化、技术进步和平台政策的变化，灵活调整策略。未来社群管理将更加注重数据驱动、智能化、多平台整合等方向，社群运营者需要紧跟潮流，不断创新，以适应快速变化的社交环境。这将为社群提供更广阔的发展空间，促进社群与成员之间的更深层次互动和合作。

二、创新阅读活动的设计与组织

阅读是知识获取和个人成长的重要途径之一，而创新阅读活动则是激发阅读兴趣、提高阅读效果的有效手段之一。本书将探讨如何设计与组织一场创新的阅读活动，以增加参与者的阅读兴趣，拓展知识面，提高阅读技能。

（一）目标明确

在设计与组织阅读活动之前，首先需要明确活动的目标。是提高参与者的阅读速度，还是培养他们的批判性思维？或许是激发对特定主题的兴趣？明确目标将有助于更有针对性地选择阅读材料和设计活动内容。

（二）参与者定位

了解参与者的年龄、阅历、兴趣爱好等信息，有助于有针对性地选择合适的阅读材料和活动形式。不同年龄段和兴趣群体可能对不同类型的阅读活动有不同的偏好，因此要根据受众的特点进行差异化设计。

（三）选择多样化的阅读材料

为了激发参与者的兴趣，阅读材料的选择至关重要。可以包括文学作品、科普读物、报纸杂志等多种类型，以满足不同参与者的喜好。此外，也可以考虑引入数字化阅读资源，如电子书、在线文章等，以适应现代化的阅读方式。

（四）活动形式创新

阅读活动的形式也需要创新，以增加参与者的互动性和参与感。可以尝试组织读书分享会、读书讨论圈、角色扮演等活动，让阅读不再是孤独的行为，而是成为一种共同体验。

读书分享会：可以邀请专业人士或领域内的作者，与参与者分享他们的阅读体验和见解，激发更多的思考和讨论。

读书讨论圈：将参与者分成小组，每个小组选择一本书进行深度讨论，分享彼此的观点和感受，促进交流与思想碰撞。

角色扮演：设计与阅读材料相关的角色扮演活动，让参与者通过扮演故事中的角色，更深入地理解和体验阅读内容。

（五）引入奖励机制

为了激发参与者的积极性，可以引入奖励机制，例如设立阅读达标奖、最佳读者奖等，以鼓励他们更积极地参与阅读活动。奖励不仅可以是实物奖品，还可以是公开表扬、阅读推荐等形式，使参与者在阅读中获得更多的成就感和满足感。

（六）整合科技元素

在现代社会，科技已经成为不可或缺的一部分。可以通过整合科技元素，如创建在线平台、推出阅读 APP 等，提供更便捷、互动性更强的阅读体验。利用社交媒体平台进行阅读活动的宣传和分享，也能够吸引更多的参与者。

（七）定期评估与调整

阅读活动并非一成不变，需要定期评估活动的效果，听取参与者的反馈意见，并根据实际情况进行调整。通过不断地优化和改进，使阅读活动更符合参与者的期望和需求。

创新阅读活动的设计与组织需要综合考虑参与者的特点、阅读材料的选择、活动形式的创新等多个方面。通过科技的整合、奖励机制的设立以及定期的评估与调整，可以使阅读活动更具吸引力和实效性。希望本书提供的思路和方法能够对设计与组织创新阅读活动的实践有所启示。

三、数据分析与社区运营效果评估

在当今数字化时代，社区运营已经成为企业、组织以及在线平台不可或缺的一部分。社区运营的成功与否直接关系到用户满意度、品牌形象以及业务的发展。数据分析在社区运营中扮演着关键的角色，通过对各种数据进行深入分析，可以更好地了解社区成员的行为、需求以及社区活动的效果。以下将探讨数据分析在社区运营中的应用，以及如何进行有效的社区运营效果评估。

（一）数据分析在社区运营中的应用

用户行为分析：通过跟踪用户在社区中的行为，包括发帖、评论、点赞等，可以了解用户的活跃程度、参与度以及对社区内容的兴趣。这有助于社区管理员更好地了解用户需求，优化社区内容，提高用户黏性。

内容分析：分析社区中发布的内容，了解哪些类型的内容受到欢迎，哪些不受欢迎。可以通过关键词分析、主题分析等手段，挖掘用户喜好，为社区运营提供有针对性的内容策略。

用户群体分析：将社区用户分为不同的群体，通过年龄、地域、兴趣爱好等维度进行分析。这有助于更精准地定位目标用户，制定针对性的活动和推广策略。

反馈分析：收集用户的反馈和意见，分析用户对社区的满意度、建议以及投诉。通过挖掘用户反馈中的关键信息，可以及时发现问题，进行改进。

社交网络分析：通过分析社区中用户之间的关系，了解社区的网络结构、核心用户等信息。这有助于发现潜在的社交影响者，提高社区的传播力和影响力。

（二）社区运营效果评估的关键指标

用户活跃度：衡量社区用户的活跃程度，包括日活跃用户数、月活跃用户数等。活跃用户增加可能表示社区内容受欢迎，而活跃用户减少可能需要进行进一步的分析和改进。

参与度：衡量用户在社区中的参与程度，包括发帖数、评论数、点赞数等。高参与度通常表示社区活动性强，用户黏性好。

内容质量：通过内容的质量评估，包括原创内容比例、内容分享度等，来判断社区的内容是否符合用户期望，是否具有吸引力。

社区增长率：衡量社区用户数量的增长速度，包括新用户增长率、老用户回流率等。社区的持续增长是社区运营成功的一个重要指标。

用户满意度：通过用户调查、反馈分析等方式，了解用户对社区的满意度。高用户满意度通常意味着社区提供的服务和内容得到用户认可。

社区口碑：通过社交网络分析、舆情监控等手段，了解社区在外部的口碑和影响力。正面的社区口碑有助于吸引更多潜在用户。

（三）社区运营效果评估的方法与工具

数据分析工具：使用专业的数据分析工具，对社区数据进行深入挖掘和分析。这些工具提供了丰富的数据可视化和报告功能，方便社区管理员更好地理解用户行为和趋势。

用户调查与反馈：定期进行用户调查，收集用户的意见和建议。可以通过在线问卷、用户反馈表单等形式，直接获取用户的声音，为社区运营提供有力的参考。

社交网络分析工具：利用社交网络分析工具，对社区中的用户关系进行可视化分析。这有助于了解社区中的社交网络结构和核心用户。

舆情监测工具：使用舆情监测工具，对社区在外部的口碑和舆论进行监测。及时发现和处理负面舆情，保护社区形象。

（四）社区运营效果评估的挑战与对策

数据隐私与安全：在进行数据分析时，需要确保用户的数据隐私得到充分的保护。社区管理员应当合规收集、存储和使用用户数据，并采取有效的安全措施，以防止数据泄露和滥用。

数据分析能力不足：一些社区管理员可能缺乏专业的数据分析能力。解决这一问题的方法包括培训社区管理团队的数据分析技能，或者聘请专业的数据分析人员来协助工作。

反馈信息获取不足：部分用户可能不愿意或不知道如何提供反馈信息。社区管理员可以通过激励机制、在线问卷等方式，鼓励用户积极分享意见，以便更全面地了解用户需求。

社区成员异质性：社区中的成员来自不同的文化背景、行业领域，因此他们的需求和习惯可能有很大差异。社区管理员需要制定灵活的运营策略，以适应不同成员的特点。

（五）未来趋势与展望

人工智能在社区运营中的应用：随着人工智能技术的不断发展，社区运营将更多地依赖于智能化工具。自动化的数据分析、智能推荐系统等将帮助社区更精准地满足用户需求。

区块链技术的整合：区块链技术的应用将使社区运营更加透明、安全，用户的参与和贡献能够得到更好的激励，提高社区的信任度。

虚拟社区与现实社区的融合：虚拟现实技术的进步将推动虚拟社区与现实社区的更深度融合。社区运营将不仅仅局限于线上，还将涉及线下的实体活动，提升用户的整体体验。

数据分析在社区运营中的应用是提高社区效果的关键。通过深入分析用户行为、社区内容和用户反馈等多个方面的数据，社区管理员能够更好地了解用户需求，制定更有针对性的运营策略。未来，随着技术的不断发展，社区运营将进入更加智能、透明和融合的时代。社区管理者需要紧跟潮流，不断学习新技术，以保持社区的竞争力和吸引力。

第六章　新媒体时代的阅读教育

第一节　数字素养与阅读教育

一、数字素养的概念与要素

随着数字化时代的到来，数字素养成为当今社会中不可或缺的一种能力。数字素养不仅关乎个体的生活、学习和工作，也影响整个社会的发展。以下将深入探讨数字素养的概念以及构成数字素养的重要因素。

（一）数字素养的概念

数字素养是指个体通过利用数字技术工具和网络资源，以及具备相关的知识、技能和态度，能够有效地获取、评估、创建和交流信息的能力。数字素养不仅包括技术方面的能力，还涉及对数字信息的理解、分析、创造和应用。

技术层面：数字素养首先涉及对数字技术的掌握。这包括使用各种数字设备和工具，如计算机、智能手机、平板电脑等，以及熟练使用各类软件和应用程序。

信息层面：数字素养还包括对信息的获取、评估和利用的能力。这包括从互联网和其他数字平台获取信息、对信息进行批判性思考和评估，以及有效地利用信息解决问题。

创造性层面：数字素养强调个体具备创造数字内容的能力。这涵盖了数字内容的创建、编辑、共享以及对数字媒体的创新使用。

安全层面：在数字化时代，安全意识成为数字素养的重要组成部分。这包括个体对个人信息的保护、网络安全的认识、防范网络欺诈等方面的能力。

沟通与合作层面：数字素养还强调在数字环境中进行有效沟通和合作的能力。这包括在网络上进行信息分享、参与在线合作项目、利用数字工具进行团队协作等。

批判性思维层面：数字素养要求个体具备批判性思维的能力，能够判断数字信息的可信度，分辨信息的真伪，从而做出明智的决策。

（二）数字素养的要素

数字素养并非单一要素组成，而是由多个互相关联的要素组成。这些要素共同塑造了一个人在数字化环境中的综合能力。

基础技术能力：基础技术能力是数字素养的核心要素之一。这包括对计算机操作系统、常用办公软件、网络基础知识等的熟练掌握。缺乏这一基础，将难以有效利用数字技术进行学习和工作。

信息获取与评估：数字素养要求个体具备获取和评估信息的能力。这涉及对互联网上信息的搜索、筛选和验证，以及对信息可信度的判断。

创造性应用：创造性应用是数字素养的重要因素，强调个体在数字环境中不仅能够 passively 接受信息，还能够主动地创造、分享数字内容。

信息安全与隐私保护：在数字素养的框架下，信息安全与隐私保护成为至关重要的要素。这包括对个人信息的保护、密码安全、防范网络欺诈等方面的能力。

沟通与合作：数字化时代强调信息的共享与传播，因此沟通与合作成为数字素养的不可或缺的要素。这包括在网络平台上进行有效的沟通，参与团队协作等方面的能力。

批判性思维：批判性思维能力是数字素养的重要层面。个体需要具备辨别信息的能力，包括对信息来源的判断、数据分析的能力，以及在复杂情境下做出理性决策的能力。

持续学习与适应能力：数字技术的迅猛发展要求个体具备持续学习和适应的能力。数字素养强调个体不仅要学会使用当前的数字工具，还要具备学习和适应新技术的能力。

社会与伦理责任：在数字素养的背景下，社会与伦理责任成为一个重要的要素。这包括对数字社会规范的了解，以及在数字环境中对他人、社会的负责任态度。

（三）数字素养的培养途径与策略

教育培训：学校、培训机构等教育机构是数字素养培养的重要场所。在教育中，可以通过开设数字素养相关的课程，培养学生的基础技术能力、信息获取与评估能力等。

实践经验：实践是培养数字素养的有效途径之一。通过实际操作，个体能够更深入地理解数字技术的应用和潜在问题,提升创造性应用和解决实际问题的能力。在工作和学习中积累的实践经验对数字素养的提升至关重要。

自主学习:由于数字技术的更新迭代较快,个体需要具备自主学习的能力,及时了解新技术、新应用,并灵活运用于实际情境中。在线学习平台、数字资源库等提供了自主学习的便捷途径。

多元化的学科融合:数字素养不应被局限于特定学科,而应在多个学科领域中得到融合。跨学科的学习有助于个体更全面地理解数字技术的应用,培养综合性的数字素养。

专业认证与培训:针对特定领域的数字技术,可以通过专业认证和培训课程提升个体的相关技能。这对于希望在特定领域深入发展的个体尤为重要。

社交学习与合作:通过参与社交学习和合作项目,个体能够从他人那里获取经验,共同解决问题,提高沟通与合作的能力,促进数字素养的共同发展。

参与开源项目:参与开源项目是一个提高数字素养的良好途径。这不仅能够锻炼实际问题解决能力,还能够深入了解开源社区的工作方式和规范。

注重伦理教育:在数字化时代,伦理问题愈加凸显。数字素养的培养需要注重伦理教育,引导个体在数字环境中具备负责任、尊重隐私、遵循法律规定的行为准则。

(四)数字素养的影响与意义

提高个体竞争力:具备良好的数字素养将增强个体在职场上的竞争力。在数字化工作环境中,具备数字素养的个体更容易适应、创新,因而更受雇主青睐。

促进创新与发展:数字素养是创新与发展的基础。通过数字工具的合理应用,个体能够更加高效地解决问题、推动创新,对社会、组织和个体的发展具有积极影响。

助力社会数字化进程:作为社会数字化进程的参与者,具备数字素养的个体有助于推动社会数字化的深入发展。他们能够更好地利用数字技术参与社会、经济和文化的各个领域。

促进教育改革:数字素养的培养需要从教育领域入手,通过推动数字素养教育,有望促进整体教育体制的改革,更好地满足数字化时代的需求。

实现信息平等:具备数字素养的个体更有能力获取、评估和创造信息,这有助于实现信息的平等分配。数字素养的提升有助于减少信息鸿沟,使更多人受益于数字化时代的发展。

维护网络安全与隐私：数字素养的提高有助于个体更好地理解网络安全和隐私保护的重要性，从而更加慎重地使用数字工具，减少网络安全风险。

数字素养作为当今社会中必不可少的一种能力，贯穿于个体的学习、工作、生活各个方面。数字素养不仅关乎对技术的掌握，更关乎对信息的获取和评估、创造性应用、社交与合作等多个维度的综合能力。在数字化时代，数字素养的培养需要通过多种途径，结合教育、实践、自主学习等手段，注重伦理教育，以提高个体在数字环境中的适应能力。数字素养的提升不仅有助于个体的发展，也对社会、经济、文化的整体进步产生积极影响。

二、数字素养对阅读的影响与促进

数字素养作为当代社会中不可或缺的能力，已经深刻影响着各个领域，其中包括阅读。数字技术的快速发展和普及，使得阅读方式和阅读体验发生了深刻的变革。以下将深入探讨数字素养对阅读的影响，以及如何通过提升数字素养促进更有效的阅读。

（一）数字素养对阅读的影响

改变阅读载体：数字技术的普及使得纸质书籍不再是唯一的阅读载体。电子书、在线文章、博客等数字化阅读材料的涌现改变了人们获取信息和阅读的方式。数字素养的提升使个体更加灵活地适应不同的阅读载体，实现跨平台、多样性的阅读体验。

拓展阅读内容：数字素养的发展推动了互联网的普及，人们可以更容易地获取各种类型、各个领域的阅读材料。从传统文学作品到科技资讯、社会评论，数字技术为阅读者提供了更为广泛和多样的阅读选择。数字素养的提升意味着个体能够更好地利用网络资源，拓展阅读内容，获取更丰富的知识。

促进信息检索与筛选：在数字化时代，信息的数量庞大，而数字素养使个体更加熟练地进行信息检索和筛选。通过搜索引擎、数据库等工具，个体能够更高效地找到所需信息，同时具备辨别信息质量、可信度的能力。这有助于提高阅读的效率和质量。

促使多媒体阅读体验：数字素养的提升使得阅读不再局限于文字，而包含更多的多媒体元素，如图片、音频、视频等。这样的多媒体阅读体验更加生动、直观，有助于深入理解和记忆阅读内容。

社交化阅读体验：数字技术为阅读引入了社交化元素，通过社交媒体平台，个体可以分享阅读心得、评论、与他人交流。数字素养的提升使得个体更能够主动参与社交化阅读，扩大阅读的社交影响力。

个性化推荐系统：数字化阅读平台通过智能推荐系统，根据个体的阅读历史和兴趣，为其推荐更符合个性化需求的阅读材料。数字素养的提升使个体更能够善用这些推荐系统，个性化定制自己的阅读体验。

（二）数字素养促进更有效的阅读

信息筛选与评估能力：数字素养的提升使个体更具备辨别信息的能力。在海量信息中找到准确、可信的内容，能够更有效地满足阅读需求。数字素养的发展有助于培养信息筛选与评估的能力，提升阅读的深度和广度。

全媒体阅读技能：数字素养培养了个体在多媒体阅读环境中的技能。能够处理文字、图像、音频、视频等多媒体元素，使得阅读更加生动、多样，提高对信息的理解和感知。

网络合作与分享：数字素养的提高使得个体更能够在网络上进行合作与分享。通过在线平台，个体可以与他人共同阅读、讨论，分享自己的阅读心得。这种社交化的阅读体验有助于深化对阅读内容的理解。

数字工具的灵活运用：数字素养培养了个体对数字工具的熟练运用。能够灵活使用搜索引擎、阅读应用、电子书阅读器等数字工具，使个体更加高效地获取、整理和管理阅读资源。数字工具的灵活运用提升了阅读的便捷性和效率。

批判性思维与分析能力：数字素养的提升有助于培养批判性思维和分析能力。个体能够更理性地对待阅读材料，辨别信息中的逻辑关系、观点、论证方式，提高对复杂问题的理解和分析水平。

多元文化与跨学科阅读：数字素养的发展使得个体更容易接触来自不同文化、不同学科领域的阅读材料。具备数字素养的个体更能够进行跨学科的阅读，拓展视野，提高综合素养。

个性化定制阅读体验：数字素养的提升使个体更善于利用数字化阅读平台提供的个性化服务。通过设置阅读偏好、参与用户社群，个体能够更好地定制自己的阅读体验，满足个性化的学习需求。

参与数字社交阅读：数字素养使得个体更能够参与数字社交阅读。通过在社交媒体平台上分享阅读心得、评论，与其他读者互动，形成数字社交化的阅读体验，促进知识的共享和交流。

(三)数字素养的提升途径与策略

数字素养教育:在学校和社会教育中加强对数字素养的培养。通过开设相关课程,教授基本的数字技能、信息检索与评估能力,培养学生对数字工具的熟练运用。

提供多元化数字阅读资源:提供多样性的数字化阅读资源,包括电子书、在线期刊、数字化图书馆等。让个体能够接触到不同领域、不同风格的阅读材料,激发兴趣,提高阅读广度。

倡导数字阅读社区:鼓励个体参与数字阅读社区,通过在线平台分享阅读体验、参与讨论,拓展阅读的社交化维度。建立数字阅读社区有助于形成学习共同体,促进阅读文化的传播。

推广数字化阅读工具:推广数字化阅读工具,如电子书阅读器、在线阅读平台等。培养个体熟练使用这些工具,提高数字阅读的便捷性和效率。

强化信息素养教育:信息素养是数字素养的重要组成部分,强化信息素养教育有助于提高个体对信息的筛选、评估和利用能力,更好地应对数字化时代的阅读挑战。

注重批判性思维培养:在教育中注重培养批判性思维和分析能力。通过对文本的深入解读、讨论和辩论,培养个体对信息进行深度思考的习惯。

建立数字阅读评估体系:建立科学的数字阅读评估体系,包括评估个体对不同类型、难度的数字阅读材料的理解程度、批判性思维水平等。通过评估推动数字阅读水平的提升。

持续学习和自主探索:强调持续学习和自主探索的重要性。数字技术的发展日新月异,个体需要具备自主学习的能力,及时了解新的数字阅读工具和平台。

三、阅读教育中的数字素养培养策略

随着信息时代的到来,数字素养成为现代教育中的一项重要能力。在阅读教育中,数字素养的培养变得越发关键。以下将深入探讨在阅读教育中,如何有效培养学生的数字素养,以提升他们在数字化环境中的阅读能力。

(一)数字素养与阅读的关系

数字素养和阅读能力是相辅相成的。数字素养涵盖了对数字技术的理解和应用,而阅读则是获取信息、理解知识的一种重要方式。数字化阅读不仅仅是传统阅读方式的延伸,更是对个体在数字时代生存和发展所提出的新要求。数字素养对阅读的影响主要体现在以下几个方面：

拓展阅读载体：数字素养的提升使学生能够更加灵活地利用电子书、在线文章、博客等数字化载体进行阅读，不再受限于传统的纸质书籍，拓展了阅读的形式和渠道。

多媒体阅读体验：数字化阅读引入了多媒体元素，如图像、音频、视频等，使阅读更加生动、直观。数字素养的提升有助于学生更好地理解和利用这些多媒体元素，提升阅读体验。

信息筛选与评估：在数字时代，信息爆炸性增长，数字素养能够帮助学生更好地进行信息筛选、评估，辨别信息的真实性和可信度，提高对信息的质量要求。

社交化阅读：数字素养的提升使学生更能够参与社交化阅读，通过社交媒体平台分享阅读心得、与他人交流，形成共同的阅读社区，拓展了阅读的社交维度。

个性化定制阅读：具备数字素养的学生能够更灵活地利用数字化阅读平台，根据个人兴趣、学科需求进行个性化定制阅读，提高阅读的针对性和实用性。

（二）数字素养在阅读教育中的培养策略

为了有效培养学生的数字素养，提升其在数字环境下的阅读能力，教育者可以采取一系列策略和方法：

整合数字素养教育与阅读课程：将数字素养教育融入阅读课程中，形成有机整合。通过设立专门的数字素养模块，教授学生数字工具的使用技能、信息评估方法等。

提供多元化的数字化阅读资源：为学生提供各类数字化阅读资源，包括电子书、在线期刊、数字化图书馆等。通过引导学生接触不同类型和水平的数字阅读材料，拓展其阅读广度。

鼓励多媒体阅读体验：引导学生更多地参与多媒体阅读，如观看相关视频、听取相关音频，提高对多媒体元素的理解和运用能力。可以通过多媒体阅读小组讨论、展示等方式促进学生的交流与分享。

培养信息搜索与评估技能：在阅读教育中强调培养学生的信息搜索与评估技能，包括利用搜索引擎、评估网站可信度等方面的能力。通过实际案例演练，让学生逐渐掌握有效的信息获取途径。

倡导社交化阅读：鼓励学生参与数字社交阅读，通过在线平台分享阅读心得、参与讨论，形成阅读社区。组织线上读书俱乐部、讲座等活动，促进学生之间的交流与合作。

引导个性化定制阅读：在教学中引导学生利用数字工具进行个性化定制阅读。教育者可以推荐相关的数字化阅读平台和应用，帮助学生根据兴趣、需求选择合适的阅读材料。

实践中培养批判性思维：在阅读实践中注重培养学生的批判性思维。通过讨论、辩论等形式，引导学生对阅读内容进行深层次的思考和分析，提高其对信息的理解和分辨能力。

建立数字阅读评估机制：制定科学的数字阅读评估机制，包括定期的数字素养测评、对阅读报告、阅读项目的评价等形式。通过这样的评估机制，可以全面了解学生的数字素养水平和阅读能力，及时调整教学策略，有针对性地进行辅导和指导。

数字素养培训与课外活动：在学校开展数字素养培训和相关课外活动，提供更多实践机会。例如，组织数字素养竞赛、科技创新项目，鼓励学生动手实践，深化对数字工具的理解和应用。

跨学科整合：在教学中推动数字素养与其他学科的整合。数字素养不仅仅是一门独立的学科，还应该与其他学科有机结合。在历史、科学、文学等课程中融入数字素养元素，培养学生在不同学科背景下的数字阅读能力。

教师专业发展：提升教师的数字素养水平，使其能够更好地引导学生。学校可以组织教师参与数字素养培训、开展教学研讨，分享数字化阅读教学经验，促进教师专业成长。

建设数字化阅读环境：学校可以积极建设数字化阅读环境，包括提供数字图书馆、设备齐全的电子阅览室等。通过数字化阅读环境的创设，为学生提供更好的学习场所和条件。

（三）数字素养培养策略的实施挑战与对策

尽管数字素养培养策略在阅读教育中具有重要的意义，但在实施过程中可能面临一些挑战。以下是一些可能的挑战及对策：

资源不足：学校可能面临数字素养培养所需的设备、平台、教材等资源不足的问题。解决方法包括争取更多的资金投入，借助社会资源，与企业合作，共建数字化阅读平台。

教师素养不足：一些教师可能缺乏数字素养，无法有效指导学生。解决方法包括提供相关培训，支持教师参与数字化阅读实践，激发其兴趣和积极性。

学生使用数字工具过度：学生可能过度依赖数字工具，影响到他们的深度阅读和批判性思考。解决方法包括在教学中强调数字工具的辅助作用，鼓励学生保持平衡，培养传统纸质阅读的习惯。

数字阅读素养评估困难：目前缺乏一套完善的数字阅读素养评估体系，使得教育者难以准确衡量学生的数字阅读能力。解决方法包括与专业机构合作，建立科学的评估标准，制定多样化的评估方法。

家庭支持不足：一些学生可能来自不同的家庭背景，家庭对于数字化阅读的支持程度不同。解决方法包括通过家长培训、家校合作等方式提高家庭对数字素养培养的认知和支持度。

（四）数字素养培养对阅读教育的影响

有效的数字素养培养对阅读教育产生了积极而深远的影响，主要体现在以下几个方面：

提升学生阅读深度和广度：数字素养培养使学生能够更广泛、更深入地进行阅读。通过数字工具的应用，学生可以轻松获取各类数字化阅读资源，拓展阅读广度。同时，数字工具的搜索、筛选功能有助于深入挖掘阅读内容，提高阅读深度。

培养学生自主学习能力：数字素养培养注重学生的主动参与和自主学习。学生在数字化阅读中需要主动选择、搜索、评估信息，培养他们独立解决问题和自主学习的能力。这有助于建立学生的学习兴趣和主动性。

拓展阅读形式和体验：数字化阅读引入了多媒体元素，拓展了阅读的形式和体验。学生通过数字化阅读可以融入图像、音频、视频等多媒体元素，使阅读更具趣味性和吸引力，促进了学生对知识的深层次理解。

促进合作与分享：数字素养培养强调社交化阅读，鼓励学生参与数字社交阅读。这促进了学生之间的合作与分享，通过在线平台交流阅读心得、互相讨论，拓展了阅读的社交维度，培养了学生团队协作的能力。

提高信息获取和处理效率：数字素养培养加强了学生的信息获取和处理能力。通过数字工具，学生能够迅速获取大量信息，并通过筛选、评估，找到所需内容。这提高了学生的信息检索效率，为他们的学术研究和日常生活提供了便利。

引导学生批判性思考：数字化阅读培养学生批判性思考的能力。在处理海量信息时，学生需要对信息的可信度、来源进行分析和判断，这培养了学生辨别信息真伪、具有批判性思考的能力。

个性化学习体验：数字素养培养鼓励学生进行个性化定制阅读，根据兴趣和需求选择合适的阅读材料。这使得学生的学习更贴近个体需求，提升了学习的个性化和针对性。

促进跨学科整合：数字素养培养使学生更容易进行跨学科的阅读。在数字时代，知识不再局限于特定学科领域，学生通过数字化阅读能够更灵活地涉足不同学科，形成综合性的知识结构。

数字素养的培养在阅读教育中具有重要意义，不仅拓展了阅读的形式和内容，也提升了学生的阅读能力和综合素养。数字化阅读不仅是信息时代对传统阅读的一种革新，更是培养学生适应未来社会需求的重要途径。在实施数字素养培养策略时，需要全面考虑教育资源、师资培训、家校合作等多方面因素，形成合力，确保数字素养在阅读教育中的有效实施。通过数字素养的培养，我们可以更好地引导学生适应数字时代的阅读环境，提升他们的信息处理能力、自主学习能力，培养批判性思维，为其未来的学业和职业发展打下坚实基础。

第二节　青少年新媒体阅读习惯的培养

一、青少年阅读心理与兴趣培养

青少年时期是个体认知、情感和社会发展的关键时期，阅读在这个阶段发挥着至关重要的作用。阅读不仅仅是获取知识的手段，更是培养情感、拓展思维、建立人际关系的重要途径。以下将深入探讨青少年阅读心理特点，以及如何有效培养他们的阅读兴趣，促进全面健康地成长。

（一）青少年阅读心理特点

好奇心强烈：青少年期的个体好奇心旺盛，对于周围的世界充满了探索欲望。这种好奇心的驱使使他们更愿意接触各种各样的阅读材料，以满足对知识的渴望。

情感需求强烈：青少年正处于情感发展的关键时期，渴望通过阅读来寻找共鸣和情感共鸣。他们更容易被感人的故事、丰富的情感描写所吸引，通过阅读来理解自己的情感世界。

自我意识逐渐形成：青少年期个体开始形成自我认知和自我意识，对于自己的兴趣、喜好有了更为清晰的认识。这使得他们在阅读时更有针对性，更倾向于选择符合自己兴趣的读物。

对社会关系的关注：青少年渴望与周围的社会环境建立联系，对社会关系产生浓厚兴趣。阅读能够帮助他们更好地理解人际关系，培养沟通技能，促进社交能力的发展。

思维开阔但注意力短暂：青少年的思维逐渐开阔，但由于生理和心理的特殊性，注意力相对较短暂。这对于阅读提出了挑战，需要采用多样化的方式来引导他们保持阅读兴趣和专注力。

（二）青少年阅读兴趣培养策略

提供多元化的阅读材料：了解青少年的多元兴趣，提供包括小说、科普、漫画、诗歌等各种形式的阅读材料。多元化的内容能够更好地迎合不同个体的兴趣，激发他们对阅读的热情。

关注个体差异，尊重选择：鼓励青少年根据自己的兴趣进行阅读选择，不强求一刀切。个体之间存在差异，尊重个体的选择有助于建立积极的阅读心理，使阅读更具自发性。

创建良好的阅读环境：提供宽敞明亮、安静舒适的阅读环境，为青少年创造一个安心的学习氛围。良好的阅读环境有助于提高注意力集中度，培养持久的阅读兴趣。

利用数字科技创新：结合青少年对数字科技的熟悉程度，借助电子书、阅读应用等数字工具，为他们提供更富有趣味性和互动性的阅读体验。这既满足了他们对新技术的好奇心，又促进了阅读兴趣的培养。

引导社交化阅读：建立青少年阅读社群，通过书籍俱乐部、线上论坛等方式，引导他们在阅读中建立社交关系，分享阅读心得，增强社交体验。

引入实践性阅读项目：将阅读与实践相结合，开展一些实践性的阅读项目。例如，组织读书分享会、写作比赛等，让青少年在阅读中得到实际成就感，从而增强阅读的积极性。

激发创造力和想象力：通过阅读启发创造力和想象力。选择一些富有创意和想象力的阅读材料，激发他们在阅读过程中构建丰富的内心世界，增强对阅读的独特体验。

家庭参与与陪伴：家庭是青少年成长的重要场所，家长应积极参与孩子的阅读活动，提供良好的阅读氛围。通过陪伴，家长能更好地理解孩子的兴趣，共同培养积极的阅读心理。

（三）培养青少年对阅读的正面认知

建立阅读积极情感：鼓励青少年在阅读过程中体验到积极的情感，例如愉悦、满足、好奇等。教育者和家长可以通过积极的言传和身教，让阅读变得有趣而愉悦，建立积极的阅读情感。

强调阅读的价值：向青少年传递阅读对个体发展的重要价值，包括知识的获取、情感的沟通、思维能力的培养等。让他们认识到阅读不仅是学业的一部分，更是一种富有深远影响的生活方式。

奖励与正面激励：对青少年的阅读行为进行积极激励，可以通过奖励机制，例如设立阅读奖学金、表扬好书推荐等方式，鼓励他们建立良好的阅读习惯。

鼓励表达和分享：鼓励青少年将阅读体验进行表达和分享，可以通过写读后感、参与读书俱乐部、分享书单等方式，让他们意识到阅读不仅是个体行为，更是社交和交流的媒介。

引导正确的比较观念：避免过度强调成绩和排名，鼓励青少年树立正确的比较观念。每个人的兴趣和阅读进程都是独特的，不必盲目追求与他人的比较，而应注重个体的成长和发展。

（四）心理辅导与个性化关怀

及时发现问题，进行心理辅导：对于阅读过程中可能出现的困扰、疑惑，及时进行心理辅导。教育者和家长要保持敏感，关注青少年的阅读心理变化，建立畅通的沟通渠道，帮助他们解决问题。

根据个体差异提供个性化关怀：青少年的心理发展存在差异，需要个性化的关怀。了解每个青少年的性格、兴趣、特长，提供符合其需求的阅读建议和指导，使其在阅读中得到更大的支持。

鼓励面对挑战，树立积极心态：面对阅读中可能出现的困难和挑战，教育者和家长要引导青少年树立积极心态。鼓励他们接受挑战，从失败中学习，培养解决问题的能力。

注意阅读中的心理压力：一些青少年可能面临阅读压力，特别是在学业压力较大的情况下。及时发现并缓解阅读中的心理压力，通过合理安排阅读时间、引导适度休息等方式，保持积极的阅读心理状态。

二、家庭与学校在培养新媒体阅读习惯中的合作

在信息时代，新媒体的快速发展对人们的阅读习惯提出了新的挑战。家庭和

学校作为青少年成长的两个主要场所,共同承担着培养新媒体阅读习惯的责任。以下将探讨家庭与学校在这方面的合作机制,以促进青少年形成健康、积极的新媒体阅读习惯。

(一)新媒体阅读习惯的重要性

新媒体的兴起:随着互联网技术的飞速发展,新媒体如社交媒体、在线平台、数字图书等成为人们获取信息和进行交流的主要渠道。青少年生活中离不开这些新媒体,因此培养良好的新媒体阅读习惯显得尤为重要。

对多元信息的理解与评估:新媒体带来了丰富的信息,同时也存在信息过载和真实性难以判断的问题。培养新媒体阅读习惯有助于青少年更好地理解和评估信息,提高信息素养。

拓展思维广度:通过新媒体阅读,青少年能够接触到更多的观点和知识,拓展自己的思维广度。良好的新媒体阅读习惯有助于他们形成全面、开放的视野。

社交能力的培养:新媒体为青少年提供了社交的平台,培养新媒体阅读习惯不仅有助于他们更好地融入社会,还能促进社交能力的发展。

(二)家庭在培养新媒体阅读习惯中的作用

建立积极家庭阅读氛围:家庭是儿童青少年阅读习惯形成的最早和最重要的环境。通过在家中创造积极的阅读氛围,包括有趣的书籍、互动的阅读时光等,激发孩子对阅读的兴趣。

家长示范新媒体良好使用:家长在使用新媒体方面要起到良好的榜样作用。通过正确使用社交媒体、阅读数字内容等,家长能够向孩子传递正确的新媒体使用价值观念。

共同体验新媒体阅读:家庭成员可以共同体验新媒体阅读,例如一起观看教育视频、参与数字游戏、分享在线文章等。通过共同的体验,不仅拉近家庭关系,还能够促进对新媒体的积极认知。

制定合理使用规定:家长应该和孩子一起制定合理的新媒体使用规定,包括每天使用时长、访问的内容等。这有助于建立正确的使用习惯,防范过度沉迷新媒体可能带来的负面影响。

鼓励读物多样化:家庭要提供多样化的阅读材料,包括纸质书籍、电子书、在线文章等。不同的阅读形式和载体有助于满足孩子的多样化阅读需求,培养综合的新媒体阅读能力。

（三）学校在培养新媒体阅读习惯中的作用

整合新媒体阅读课程：学校可以整合新媒体阅读课程，使其成为正式的教育内容。通过系统的课程安排，学校能够引导学生学会利用新媒体获取信息、评估信息的可信度，并在其中培养批判性思维。

教育新媒体素养：学校应该注重培养学生的新媒体素养，包括信息搜索能力、网络安全意识、数字创作能力等。通过专门的培训和课程，学生能够更好地理解和应对新媒体环境的挑战。

建设数字化阅读环境：学校要建设数字化阅读环境，提供先进的数字化阅读设备、在线图书馆等资源。为学生提供良好的数字化阅读环境，有助于激发其对新媒体阅读的积极性。

组织新媒体阅读活动：学校可以组织各类新媒体阅读活动，包括线上书展、数字阅读分享会等。通过这些活动，学生能够在社交化的环境中进行新媒体阅读，分享自己的阅读体验，促进彼此的学习和交流。

指导多媒体写作：学校应该鼓励学生进行多媒体写作，包括博客、微博、视频制作等形式。通过这样的实践，学生可以更好地理解和运用新媒体工具，培养数字化表达能力。

开展家校合作：学校与家庭之间要建立密切的合作关系，共同致力于培养学生的新媒体阅读习惯。通过家长会、家庭作业等途径，学校可以向家长传达新媒体阅读的重要性，并提供相关指导。

引导独立学习：学校要引导学生进行独立学习，培养他们主动利用新媒体获取知识的能力。通过激发学生自主学习的兴趣，学校能够为他们建立积极的新媒体阅读习惯创造条件。

加强心理健康教育：学校在新媒体阅读教育中要注重心理健康教育。指导学生正确面对新媒体带来的信息冲击，培养他们具备自我调节和情绪管理的能力。

（四）家庭与学校合作机制的建立

定期家长会议：学校可以定期组织家长会议，向家长介绍新媒体阅读的重要性、影响以及学校的相关教育计划。同时，听取家长的反馈和建议，形成共识，共同推动新媒体阅读教育。

家校联动的培训活动：学校可以组织面向家长的新媒体阅读培训活动，包括新媒体使用指南、网络安全教育等内容。这有助于提高家长的新媒体素养，增强他们对子女新媒体阅读的引导能力。

建立家校数字化阅读社群：学校可以建立家校数字化阅读社群，通过在线平台分享阅读资源、交流阅读心得。这样的社群有助于家长和学校共同关注学生的新媒体阅读情况，形成合力。

信息共享机制：学校与家庭之间建立信息共享机制，包括学生的新媒体阅读报告、学习计划等。通过及时的信息共享，学校和家庭能够更好地了解学生的学习情况，共同制定有效的阅读引导策略。

定期评估与调整：学校与家庭可以定期进行新媒体阅读教育的评估，分析学生的阅读情况，总结有效的教育经验，并根据实际情况调整教育策略。这种持续的评估机制有助于不断优化家校合作的方式。

（五）新媒体阅读习惯培养中的挑战与对策

信息过载问题：面对新媒体带来的海量信息，学生可能难以有效筛选和评估。对策是通过学校和家庭的合作，引导学生学会正确使用搜索引擎、分辨信息来源的可信度，培养信息筛选的能力。

网络安全风险：孩子在新媒体上的活动可能面临网络安全风险，如不良内容、隐私泄露等。学校和家庭需要共同制订网络安全教育计划，帮助学生了解网络安全的基本知识，学会保护个人隐私，并教导他们如何正确应对网络上的不良信息。

数字分化问题：学生的数字能力和阅读兴趣存在分化，一些可能更擅长利用新媒体进行学习，而另一些可能缺乏这方面的积极性。解决方法是在学校和家庭中提供个性化的指导和培训，满足不同学生的需求，鼓励他们发展自己的数字化学习方式。

家长对新媒体了解不足：一些家长可能对新媒体了解不足，难以正确引导孩子在数字化环境中学习。学校可以通过举办家长培训班、提供相关资讯和资源，帮助家长更好地理解新媒体，提高他们的数字素养，以更好地协助孩子发展良好的新媒体阅读习惯。

时间管理困扰：孩子可能因过度沉迷于新媒体而影响正常学习和生活。学校和家庭需要共同制定合理的时间管理方案，明确规定每天可用于新媒体阅读的时间，并强调保持平衡，确保学生有足够的时间进行其他重要活动。

阅读质量问题：孩子在新媒体上获取信息的速度可能很快，但阅读质量却可能受到影响。学校和家庭可以共同鼓励学生注重阅读深度，引导他们对所阅读的内容进行深入思考，而非仅仅浏览表面。

缺乏交流互动：学生可能在新媒体上独自阅读，缺乏与他人的交流互动。学校和家庭可以通过组织线上读书会、讨论论坛等活动，促进学生在新媒体上的社交和合作，使阅读更富有社交性和互动性。

家庭与学校在培养新媒体阅读习惯中的合作至关重要。通过共同努力，可以更好地引导学生形成积极健康的新媒体阅读习惯，使他们更好地适应信息时代的发展。家庭和学校要密切配合，建立有效的沟通机制和合作框架，共同为学生提供良好的新媒体阅读环境和指导，培养他们的信息素养、批判性思维和自主学习能力，以更好地应对未来社会的挑战。

三、阅读推广活动在青少年群体中的效果评估

阅读是培养个体综合素养、提高认知水平的重要途径，对于青少年的成长尤为关键。为了促进青少年对阅读的兴趣和积极性，阅读推广活动应运而生。以下将对阅读推广活动在青少年群体中的效果进行综合评估，探讨其对青少年阅读兴趣、阅读能力以及综合素养的影响。

（一）阅读推广活动的定义和重要性

阅读推广活动的定义：阅读推广活动是指通过组织各类活动、推出相关资源、提供阅读服务等手段，促使更多的人融入阅读的过程，提高阅读的参与度和效果。在青少年群体中，阅读推广活动旨在激发其阅读兴趣，培养阅读习惯，推动其全面发展。

重要性：阅读推广活动对青少年的成长发展至关重要。首先，阅读能够拓展知识面，培养学科广度；其次，通过阅读，青少年可以提升语言表达能力、逻辑思维水平；再者，阅读活动有助于培养青少年的创造性思维和想象力；最后，通过参与阅读推广活动，青少年可以建立起积极的学习态度，提高自主学习的能力。

（二）青少年群体的特点与阅读推广需求

好奇心强烈：青少年期的个体好奇心旺盛，对于各种新奇事物充满探索欲望。因此，阅读推广活动应该以丰富多彩的内容吸引他们，激发对知识的渴望。

社交需求强烈：青少年渴望与同龄人建立联系，对社交活动有浓厚兴趣。阅读推广活动可以通过组织读书分享会、线上论坛等形式，满足他们的社交需求，增强参与活动的愿望。

多元化兴趣：青少年在兴趣方面表现出多样性，有喜好文学的，有热衷科普的，有追求艺术的，等等。阅读推广活动要贴近青少年的多元化兴趣，提供丰富

的阅读选择，使其能够找到符合自己喜好的读物。

数字科技熟练：青少年群体对数字科技较为熟练，更愿意通过电子设备获取信息。因此，阅读推广活动应充分利用数字科技手段，如电子书、阅读应用，提供更便捷、互动性更强的阅读体验。

（三）阅读推广活动的评估指标

为了全面了解阅读推广活动在青少年群体中的效果，需要制定合理的评估指标，涵盖多个方面：

阅读兴趣提升：通过调查问卷、参与人数等数据，评估活动是否成功激发了青少年的阅读兴趣。可以通过参与活动前后的调查，了解他们对不同类型书籍的喜好和态度的变化。

阅读习惯养成：评估活动对青少年阅读习惯的养成是否产生积极影响。可以通过追踪参与活动的青少年，在活动后一段时间内的阅读行为变化，包括阅读频率、选择的阅读材料等。

阅读能力提高：通过定期的阅读测试、评估活动对青少年阅读能力的提高情况。测试可以涵盖阅读理解、词汇量、阅读速度等方面，全面了解他们的阅读水平。

社交效果：评估活动是否成功促进了青少年之间的社交互动。可以通过参与人数、社交媒体上的互动等数据，分析活动对青少年社交关系的积极影响。多元化阅读体验：评估活动是否满足青少年对多元化阅读体验的需求。可以通过参与者的反馈、活动的内容设置以及提供的阅读资源，了解活动是否成功地提供了多样性的阅读体验。

数字科技应用效果：针对使用数字科技手段的阅读推广活动，评估其在提高青少年数字素养和利用数字工具进行阅读方面的效果。可以通过参与者的数字阅读行为、使用率等指标来进行评估。

心理健康影响：关注阅读推广活动对青少年心理健康的影响。通过参与者的心理健康状况、活动后的情感体验等方面进行评估，确保活动对青少年的心理健康产生积极影响。

（四）评估方法与工具

调查问卷：设计针对青少年的调查问卷，包括关于阅读兴趣、阅读习惯、阅读能力等方面的问题。通过问卷调查的方式，可以获得参与者的主观感受和看法。

参与观察：定期进行参与观察，观察青少年在阅读推广活动中的表现、互动和参与程度。观察可以从个体和集体层面进行，获取更具体的行为和反应数据。

阅读测试：制定符合青少年水平的阅读测试，包括阅读理解、词汇量等方面的题目。通过活动前后的阅读测试，评估其阅读能力的提高程度。

数字数据分析：对于采用数字科技手段的阅读推广活动，可以通过数字数据进行分析。包括参与者的数字阅读行为、使用应用的时长、使用频率等数字化指标。

社交媒体分析：对于活动在社交媒体上的传播和互动，进行社交媒体分析。包括活动的讨论、分享、点赞等数据，了解活动对社交关系的积极影响。

心理健康评估工具：使用符合心理学标准的评估工具，对参与活动的青少年进行心理健康评估。包括焦虑、抑郁等方面的心理健康指标。

（五）阅读推广活动效果评估的挑战与对策

主观性评估困难：青少年的感受和态度较为主观，通过问卷等方式容易受到主观因素的影响。对策是设计多元化的评估方法，结合客观数据和主观感受，确保评估结果更全面客观。

长期效果难以评估：阅读推广活动的长期效果可能需要较长时间才能显现，而短期内的评估可能无法全面反映。对策是设计长期追踪机制，定期进行评估，以了解长期效果的演变过程。

数字科技数据可信性：使用数字科技手段的活动，其数据的可信性需要保证。对策是采用专业的数据采集和分析工具，确保数字数据的真实性和准确性。

个体差异影响：不同青少年在参与阅读推广活动时，存在个体差异，评估结果可能受到这些差异的影响。对策是采用差异化的评估方法，关注个体差异对活动效果的影响。

社交媒体分析的主观性：社交媒体分析容易受到用户主观行为的影响，难以准确衡量社交效果。对策是结合其他评估手段，如参与观察和调查问卷，形成多维度的评估结果。

阅读推广活动在青少年群体中的效果评估是一个复杂而关键的任务。通过综合运用问卷调查、参与观察、阅读测试、数字科技数据分析等多种评估方法，可以全面了解活动的影响。同时，要充分考虑青少年群体的特点，设计合适的评估指标和工具，以确保评估的准确性和实用性。通过持续的评估和改进，阅读推广活动可以更好地满足青少年的阅读需求，促进其全面发展。

第三节 在线学习与阅读推广活动

随着科技的迅猛发展，在线学习资源成为教育领域的一大亮点。在线学习资源的整合与推广是促进教育现代化、推动学生终身学习的关键举措。以下将探讨在线学习资源整合的意义、方法，以及推广的策略和挑战。

一、在线学习资源的意义

实现教育公平：在线学习资源能够弥补地域和资源差异，使学生无论身处何地，都能获得相似的学习机会。这有助于实现教育的公平和普及。

提升教育效果：在线学习资源可以通过多媒体、互动性等特点，更生动地呈现知识，提升学生的学习兴趣和主动性。同时，也满足了学生多样化的学习风格和需求。

方便灵活的学习方式：学生可以根据自身时间和进度，自主选择学习资源，实现学习的个性化和灵活性。这种自主性有助于培养学生的学习自觉性和独立思考能力。

支持终身学习：在线学习资源提供了随时随地学习的机会，促进终身学习的理念。个体在工作、生活中随时可以通过网络获取所需的知识和技能，不断提升自己。

二、在线学习资源的整合方法

建立统一平台：创建一个综合性的在线学习平台，集成各类学习资源，包括视频课程、在线图书、教育应用等。这样的平台可以方便学生一站式获取所需的学习内容。

制定标准化格式：在线学习资源的整合需要遵循一定的标准化格式，以确保不同来源的资源能够互通有无。常见的标准包括 SCORM(Sharable Content Object Reference Model) 等。

采用云计算技术：通过云计算技术，将在线学习资源存储在云端，实现资源的动态分配和灵活使用。这有助于提高资源的可用性和效率。

开发个性化推荐系统：利用智能推荐算法，根据学生的学科兴趣、学习历史等信息，为其推荐个性化的学习资源。这能够提高学生的学习效果和满意度。

建立资源共享社区：创建一个在线学习资源的共享社区，教师和学生可以在这里分享、讨论各类学习资源，促进资源的共享和交流。

三、在线学习资源的推广策略

宣传和营销：制订宣传计划，通过学校、社交媒体、线上广告等渠道，向学生、教师、家长等推广在线学习资源的优势和特色。

提供免费试用：提供免费试用期，让用户亲身体验在线学习资源的优势。这有助于吸引更多用户，增加资源的知名度。

建立合作关系：与学校、教育机构、企业等建立合作关系，将在线学习资源整合到这些机构的教育体系中，扩大资源的影响力。

开展线上培训：通过线上培训活动，向学生、教师传授如何使用在线学习资源，展示其在教学和学习中的实际应用。

参与教育展会：参与国内外的教育展会，展示在线学习资源的优势和创新之处，与教育行业的专业人士交流合作。

利用口碑传播：通过用户口碑传播，鼓励学生、教师在社交媒体或教育平台上分享对在线学习资源的好评和使用心得。

四、在线学习资源推广的挑战与应对策略

技术难题：在线学习资源的整合可能面临技术难题，如不同平台之间的兼容性问题。应对策略是采用通用标准，推动技术标准的一致性。

用户接受度：一些用户可能对在线学习资源存在抵触情绪，认为传统教学更有效。需要通过宣传、培训等手段，提高用户对在线学习资源的接受度。

内容质量保障：确保在线学习资源的内容质量是推广过程中的重要挑战。可以通过建立审核机制、邀请专业人士参与资源制作、引入第三方评估机构等方式，保障资源的学术性和实用性。

网络环境限制：一些地区的网络环境可能不够稳定，影响用户对在线学习资源的使用体验。可以通过提供离线下载功能、优化资源加载速度等方式，缓解网络环境对用户的影响。

隐私和安全问题：用户对于在线学习平台的隐私和安全问题感到的担忧，特别是涉及个人信息的情况。平台需要加强数据加密措施，明确隐私政策，增强用

户对平台的信任感。

师资力量不足：在推广在线学习资源的过程中，一些学校可能面临师资力量不足的问题，教师对新技术的适应性有限。可以通过提供专业的培训计划、建立导师团队等方式，提高师资队伍的水平。

学生自主学习能力不足：一些学生可能缺乏自主学习的能力，习惯了传统的教学模式。推广时，可以结合线上辅导、学习指导等方式，帮助学生逐渐适应在线学习。

在线学习资源的整合与推广对于促进教育现代化、提高学生学习效果具有重要意义。通过建立统一平台、制定标准化格式、采用云计算技术等手段，可以有效整合在线学习资源。在推广方面，通过宣传和营销、提供免费试用、建立合作关系等策略，可以提高在线学习资源的知名度和用户接受度。然而，推广过程中仍然面临一系列挑战，如技术难题、用户接受度、内容质量保障等问题。通过合理的应对策略，可以逐步克服这些挑战，实现在线学习资源的广泛应用，推动教育的创新和发展。

第七章　跨文化视野下的新媒体阅读服务

第一节　多语言阅读服务与翻译工具应用

一、多语言文学作品的翻译与推广

文学作品是人类文化的瑰宝，承载着不同民族、不同语言背景的独特精神和情感。多语言文学作品的翻译与推广是促进文学交流、丰富文化多样性的关键活动。以下将深入探讨多语言文学作品翻译的意义、方法，以及推广的策略和挑战。

（一）多语言文学作品翻译的意义

文化传播：多语言文学作品的翻译可以促进不同文化之间的交流与传播，使一国的文学作品能够跨越语言障碍，更广泛地传播到全球。

文学交流：翻译使得读者可以窥见其他文学传统的精华，促成不同文学体裁、风格和思想的交流，推动全球文学的繁荣与发展。

加深相互理解：多语言文学作品的翻译有助于加深人们对其他文化的理解，消除误解和偏见，促进国际社会的相互尊重与和谐发展。

文学创新：通过对多语言文学作品的翻译，作为翻译者的文学从业者也能够吸收其他文学传统的营养，激发创作灵感，推动文学的创新。

（二）多语言文学作品翻译的方法

语言专业性：翻译者需要具备深厚的语言专业知识，熟练掌握源语言和目标语言的语法、词汇、表达习惯等，以保持作品的原汁原味。

文学敏感性：翻译者要对文学有敏锐的感知力，理解并保留原作的文学风格、情感表达、修辞手法等，确保翻译作品能够传递原作的艺术魅力。

文化背景了解：翻译者需要了解作品所属的文化背景，理解其中的文化元素、习惯和历史背景，以便更好地传达原作的文化内涵。

合作与讨论：在翻译多语言文学作品时，翻译者可以与作者或专业编辑展开密切的合作与讨论，确保对原作的理解和表达是准确的。

使用翻译工具：利用现代翻译工具，如计算机辅助翻译（CAT）工具，可以提高翻译效率，但仍需要翻译者进行精准的语境理解和表达。

（三）多语言文学作品推广的策略

选择合适的推广渠道：针对不同作品和目标读者群体，选择合适的推广渠道，包括线上平台、书店、文学期刊等，以确保作品能够触达目标受众。

开展线上活动：利用互联网资源，开展线上文学沙龙、读书会、作品分享等活动，通过社交媒体和在线平台提高作品的曝光度。

建立作者品牌：建立作者的个人品牌，包括推出个人网站、社交媒体账号，通过展示个人创作过程、分享文学见解等方式，提升读者对作者的认知度。

参与文学活动：作者和翻译者可以积极参与各类文学活动，包括文学节、书展、讲座等，增加作品的知名度，吸引更多读者的关注。

提供多样化的推广内容：除了书籍本身，提供多样化的推广内容，如作者专访、文学评论、读者评论等，加深读者对作品的了解。

跨文化合作：通过跨文化的合作，推动多语言文学作品在不同国家之间的推广。可以与国际出版机构、文学组织等合作，共同推动文学作品的传播。

（四）多语言文学作品推广的挑战与应对策略

文学差异：不同文学传统之间存在差异，作品推广时可能受到文学口味和审美观念的影响。应对策略是在推广前进行深入的文学调研，了解目标读者的文学背景和偏好。

语言差异：目标读者所使用的语言与原作不同，语言差异可能影响作品在翻译后的表达效果。应对策略是选择经验丰富的翻译者，进行多轮的校对和审定工作，确保翻译质量。

市场竞争：文学市场竞争激烈，大量文学作品争相推广。应对策略包括巩固作者品牌，注重作品特色，通过精准的市场定位和独特的推广策略，突出作品的独特之处，吸引目标读者。

文学作品价值认知：不同文化中对文学作品的价值认知可能存在差异，推广时需要考虑目标读者的价值观念。应对策略是在推广过程中进行文学解读、文化背景介绍，帮助读者更好地理解作品的内涵。

版权问题：多语言文学作品涉及版权问题，特别是在不同国家间的推广过程中。应对策略是建立明晰的版权合作机制，确保合法权益的保护，推动文学作品的跨境传播。

读者接受度：读者对于新的文学作品可能存在接受度的问题，尤其是在涉及跨文化、跨语言的作品推广中。应对策略是通过激发读者兴趣、提供相关背景信息等方式，提高读者对作品的接受度。

市场适应性：不同市场对文学作品的需求和喜好不同，推广时需要具备市场适应性。应对策略是进行市场调研，制定差异化的推广策略，根据不同市场需求进行针对性的宣传。

多语言文学作品的翻译与推广是文学交流、文化传播的重要环节。通过专业的翻译、巧妙的推广策略，可以使文学作品跨越语言障碍，被更广泛地传播。然而，推广过程中面临着文学差异、语言差异、市场竞争等多方面的挑战。通过建立作者品牌、选择合适的推广渠道、加强跨文化合作等策略，可以更好地应对这些挑战，推动多语言文学作品在全球范围内的传播，促进文学的多元发展。在这个过程中，翻译者、作者、出版机构等各方的密切合作是推动多语言文学作品翻译与推广的关键。

二、在线翻译工具在新媒体阅读中的应用

随着全球化的发展和信息技术的迅猛进步，新媒体阅读在我们生活中占据着越来越重要的地位。在线翻译工具作为一种关键技术，为人们在新媒体阅读中打破语言障碍、获取多元信息提供了便利。本以下将深入探讨在线翻译工具在新媒体阅读中的应用，分析其意义、具体应用场景、优势与挑战，以及对阅读体验的影响。

（一）在线翻译工具的意义

跨越语言障碍：在线翻译工具能够帮助读者跨越不同语言的障碍，使得全球范围内的新媒体内容都变得更加可及。这有助于促进文化交流和理解。

多元文化体验：通过在线翻译工具，读者能够接触到来自世界各地的不同文化、观点和思想。这为拓宽视野、提升文化素养提供了机会。

提升信息获取效率：在线翻译工具可以迅速将新媒体中的外语内容转化为母语，提升信息获取的效率。这对于追踪国际时事、获取专业领域知识等具有重要意义。

促进全球合作：在商务、学术等领域，在线翻译工具的应用有助于促进全球

合作。通过翻译工具，人们能够更容易地理解和参与国际合作项目。

（二）在线翻译工具在新媒体阅读中的应用场景

新闻阅读：在线翻译工具可用于新闻阅读，将世界各地的新闻报道迅速翻译成读者的母语，使读者能够更全面地了解国际时事。

社交媒体：人们在社交媒体上发布的内容可能涉及多种语言，通过翻译工具，用户可以更好地理解和参与跨语言社交互动。

学术研究：在学术领域，翻译工具为研究人员提供了方便，他们可以更轻松地阅读和引用其他语言领域的学术文献。

在线教育：在线翻译工具可用于在线教育平台，帮助学生理解和学习来自不同语言的学术资源，拓宽他们的学科视野。

商业资讯：企业在全球范围内发布的商业资讯和市场报告，通过翻译工具可以让投资者更好地了解和分析。

（三）在线翻译工具在新媒体阅读中的优势

实时性：在线翻译工具能够实时翻译文本，提供即时的翻译服务，适用于新闻、社交媒体等需要迅速获取信息的场景。

多语言支持：大多数在线翻译工具支持多种语言，读者可以在不同语言之间灵活切换，获取更广泛的信息。

便携性：在线翻译工具通常以应用或网页形式存在，随时随地可用。这增加了读者在新媒体阅读过程中使用翻译工具的便捷性。

自动检测语言：部分在线翻译工具能够自动检测文本的语言，无须用户手动选择源语言，提升了使用体验。

免费使用：大多数在线翻译工具提供免费服务，使得广大用户无叙支付高昂的费用即可享受翻译服务。

（四）在线翻译工具在新媒体阅读中的挑战

语境理解难题：在线翻译工具在语境理解上仍存在挑战，尤其是对于复杂的语言表达、多义词和文学性的翻译。

专业术语处理：部分领域的专业术语可能难以准确翻译，影响读者对于特定领域信息的理解。

文化差异：在线翻译工具可能无法很好地处理文化差异，导致在翻译时失去原文的文化内涵。

安全与隐私问题：使用一些在线翻译工具可能涉及用户隐私和安全问题，尤其是在处理敏感信息时，需要谨慎使用。

机器翻译限制：虽然机器翻译在简单的场景下表现良好，但在处理复杂、具有深层次语言含义或特殊文学风格的文本时，机器翻译的限制会显现出来。

用户依赖：长期依赖在线翻译工具可能使用户逐渐丧失学习外语和提升语言能力的机会，降低了语言技能的自主提升能力。

语音和口语翻译困难：目前在线翻译工具在处理口语、语音信息的翻译上仍然存在一定的困难，无法达到理想的准确度。

（五）在线翻译工具对阅读体验的影响

拓宽阅读领域：在线翻译工具使得读者可以更广泛地涉足其他语言领域的文学、新闻、博客等，从而拓宽了阅读的领域。

促进多语言学习：通过在线翻译工具，读者能够更容易地接触到其他语言的文本，从而促进多语言学习，提升语言能力。

提高信息获取效率：在新媒体时代，海量的信息以多种语言存在。在线翻译工具帮助读者快速翻译，提高信息获取的效率，使阅读更加高效。

促进跨文化理解：通过在线翻译工具，读者能够更深入地理解其他文化的观点和想法，促进跨文化理解，拓宽国际视野。

降低语言障碍：在线翻译工具的应用降低了语言障碍，使得读者能够更轻松地阅读来自世界各地的文学作品、新闻报道等。

（六）未来展望与发展方向

语境感知技术：未来的在线翻译工具可能更加注重语境感知技术的发展，以更好地理解和翻译复杂语境下的文本。

人工智能协同翻译：结合人工智能技术，实现人机协同翻译，通过机器翻译的初步处理，再由人工进行进一步优化，提高翻译质量。

多模态翻译：未来的翻译工具可能会更多地涉及多模态翻译，包括图像、语音等多种信息的翻译，提供更全面的信息理解。

强调用户体验：未来的在线翻译工具可能更加强调用户体验，注重用户界面设计、交互方式，使得用户能够更方便地使用。

定制化翻译服务：针对不同领域、用户需求，未来的在线翻译工具可能提供更个性化、定制化的翻译服务，满足用户特定需求。

在线翻译工具在新媒体阅读中的应用为人们提供了便利，拓宽了阅读的广度和深度。通过跨越语言障碍、促进文化交流、提高信息获取效率等方式，在线翻译工具为新媒体阅读注入了活力。然而，面对语境理解难题、专业术语处理等挑战，我们需要持续改进技术、加强用户教育，提高翻译工具的质量和可靠性。未来，随着技术的不断发展和创新，我们有望看到更智能、多功能、用户友好的在线翻译工具，为人们创造更丰富的阅读体验。

三、多语言阅读社区的建设与管理

随着全球化的推进，人们对于多语言阅读的需求日益增加。多语言阅读社区的建设与管理成为促进文化交流、拓宽阅读视野的重要环节。以下将深入探讨多语言阅读社区的建设与管理，包括社区的意义、构建步骤、管理策略以及面临的挑战与应对方法。

（一）多语言阅读社区的意义

促进文化交流：多语言阅读社区能够汇聚来自不同语言和文化背景的读者，促进文学、思想、艺术等多元文化的交流与分享。

拓宽阅读视野：在多语言阅读社区中，读者可以接触到更广泛的文学作品、新闻报道、学术论文等，拓宽阅读视野，增强阅读体验。

促使语言学习：参与多语言阅读社区的读者有机会接触到其他语言的文本，从而促使语言学习，提高多语言能力。

打破语言壁垒：多语言阅读社区能够打破语言壁垒，通过翻译和交流，使不同语言用户能够理解并分享彼此的文学和文化。

（二）多语言阅读社区的建设步骤

明确社区定位：在建设多语言阅读社区之前，需要明确社区的定位，包括社区的主题、受众群体、阅读内容等，以便有针对性地进行后续建设。

选择合适的技术平台：根据社区规模和需求，选择合适的技术平台。可以选择使用现有的社交媒体平台、建立独立的网站或采用专业的社区管理软件。

提供多语言支持：确保社区平台能够支持多种语言，提供便捷的翻译工具，使用户能够在不同语言间无缝切换。

吸引多元化的内容创作者：鼓励并吸引来自不同语言背景的内容创作者，促进社区内的多元文化交流。可以通过举办创作比赛、邀请知名作者等方式来吸引创作者。

建立用户交流机制：设置论坛、评论区等用户交流机制，鼓励用户在社区中积极参与，分享阅读心得、推荐书籍等。

提供定期活动：定期组织线上或线下的阅读活动、文学沙龙等，促使社区成员积极互动，增强社区的凝聚力。

开设多语言学习板块：在社区中开设多语言学习板块，提供语言学习资源、学习小组等，帮助社区成员提高语言能力。

（三）多语言阅读社区的管理策略

设立明确的社区规范：制定明确的社区规范，包括言论规范、版权保护等，以维护社区秩序和成员权益。

加强社区安全防护：采取有效的措施，确保社区的信息安全，保护用户隐私，防范恶意攻击和信息泄露。

定期更新内容：确保社区内的内容保持新颖和有吸引力，定期推出优质的阅读推荐、活动等，以留住用户。

建立专业运营团队：若条件允许，建立专业的运营团队，负责社区的日常运营、活动策划和用户服务。

激励社区贡献者：针对社区内的积极贡献者，可以设立奖励机制，激励他们更多地参与社区建设和管理。

积极回应用户反馈：对于用户的反馈和建议，积极回应，并根据实际情况进行社区管理策略的调整和优化。

（四）多语言阅读社区面临的挑战与应对方法

语言差异：不同语言的表达方式和文化内涵存在差异，可能导致理解误差。应对方法是加强多语言翻译技术的应用，提供准确的翻译服务。

文化碰撞：社区成员来自不同文化背景，可能发生文化碰撞。应对方法是通过开展文化交流活动、促进相互理解，化解潜在的冲突。

内容质量控制：社区内的内容质量参差不齐，可能影响用户体验。应对方法是设立审核机制，确保高质量内容得到推荐和展示，同时鼓励社区成员提供有益的反馈和建议。

安全与隐私问题：在多语言阅读社区中，涉及多样的用户信息和数据，需要加强安全防护。应对方法包括使用安全的通信协议、定期更新安全策略，并提供用户隐私保护的选项。

用户参与度不足：社区管理者需要关注用户的参与度，确保社区具有吸引力。

应对方法是提供个性化的用户体验，定期推出有趣的活动，鼓励用户分享自己的阅读经历。

技术难题：社区建设中可能面临技术难题，如多语言翻译技术的不足、平台运营的稳定性等。应对方法包括与技术专家合作、持续优化社区平台，确保技术支持的顺畅运行。

社区变革与更新：随着时间的推移，社区需要不断更新和改进，适应用户需求的变化。应对方法是定期进行社区调研，收集用户反馈，及时调整社区的发展方向和功能。

多语言阅读社区的建设与管理是促进文化交流、推动多语言阅读的重要手段。通过明确社区定位、提供多语言支持、设立明确的社区规范以及定期更新内容等步骤，可以构建一个具有吸引力和活力的社区。管理者需要关注社区面临的挑战，采取相应的策略和技术手段，以确保社区的健康运营和成员的积极参与。在多语言阅读社区的推动下，人们能够更好地享受来自不同文化和语言的文学作品，拓宽自己的阅读视野，促进跨文化交流，为全球文学的繁荣做出积极贡献。

第二节　跨国合作与阅读资源共享

一、跨国图书馆项目合作模式

跨国图书馆项目合作是图书馆界为推动文化交流、共享知识而展开的一种合作模式。在全球化背景下，图书馆不再局限于本地服务，而是面向全球读者提供更广泛的资源。以下将深入探讨跨国图书馆项目的合作模式，包括合作的动机、实施步骤、合作中的关键问题以及未来发展方向。

（一）跨国图书馆项目合作的动机

资源共享：不同国家的图书馆拥有丰富的本土文献和特色资源，通过合作，可以实现资源的共享，提供读者更全面的信息服务。

文化交流：图书馆合作项目能够促进不同文化之间的交流与理解。通过共享图书、展览、文献等，加深国际文化互鉴。

提升服务水平：合作可以引入先进的图书馆管理技术、数字化服务平台等，提升各参与图书馆的服务水平，满足读者多样化的需求。

降低成本：跨国图书馆合作可以减少重复建设，避免资源浪费，从而降低维护和运营的成本。

面向全球读者：跨国图书馆项目使得图书馆服务不再受地域限制，能够更好地服务全球读者，推动全球范围内的知识流通。

（二）跨国图书馆项目合作的实施步骤

制定合作目标和计划：合作的首要步骤是明确合作的目标，是资源共享、文化交流还是其他方面。然后制定具体的合作计划，包括合作的时间表、参与方的责任分工等。

建立合作框架：制定合作框架，明确各合作方的权责，包括资源提供、技术支持、管理协调等方面的责任。建立合作机构或工作组，负责项目的具体执行。

数字化转型：将图书馆的资源进行数字化处理，建立数字图书馆平台，以便更好地进行跨国共享。这包括数字化图书、文献、地方文化资料等。

制定信息标准：为了确保合作项目的顺利进行，需要制定一致的信息标准，包括元数据标准、检索标准等，以便于不同图书馆系统的对接和协同工作。

实施培训计划：对图书馆工作人员进行培训，使其熟悉合作项目的操作流程、技术使用等，提高团队的整体素质。

建立监测与评估机制：设立监测与评估机制，对合作项目进行定期的评估，确保项目按计划进行，发现问题及时调整。

（三）跨国图书馆项目合作中的关键问题

版权和法律问题：跨国图书馆合作中，涉及跨国的图书馆法规和版权法规的差异，需要解决知识产权、版权保护等问题，确保合作的合法性。

语言和文化差异：不同国家的图书馆可能使用不同的语言和符号体系，这可能导致在信息标准、元数据等方面存在差异，需要制定统一的标准。

技术兼容性：图书馆系统可能采用不同的技术平台和软件，需要确保各个系统的兼容性，以实现资源共享和协同工作。

隐私和安全问题：在数字化转型的过程中，涉及用户信息和数字资源的安全问题，需要建立强有力的隐私和安全保护机制。

长期维护与更新：合作项目建立后，需要考虑长期维护与更新的问题。这包括技术的更新、图书馆资源的不断充实等。

（四）跨国图书馆项目合作的未来发展方向

深化跨国数字图书馆建设：针对不同国家图书馆合作，建立更深层次的数字图书馆，整合更多的资源，为全球读者提供更丰富的数字化服务。

推动数字化技术创新：借助新兴技术，如人工智能、区块链等，推动数字化技术在跨国图书馆项目中的创新应用，提升服务效率和用户体验。

构建全球性的文化交流平台：借助跨国图书馆项目，构建全球性的文化交流平台，通过展览、讲座等形式，促进各国文化的深入交流。

开展跨国数字资源的共建共享：不仅仅是图书，还可以在其他领域进行合作，如音乐、电影、学术研究等，实现跨国数字资源的共建共享。通过合作，可以建立全球性的数字文化遗产库，让更多人能够访问和了解各国的优秀文化成果。

拓展国际合作网络：在已有的跨国图书馆合作基础上，进一步拓展国际合作网络。与更多国家的图书馆建立联系，促进更广泛的跨国合作，形成更大范围的国际图书馆合作网络。

加强国际标准化工作：在合作项目中，加强国际标准化工作，推动不同国家图书馆信息标准的统一。通过共同努力，建立更加通用和共享的标准，降低合作中的技术和信息交流难度。

积极应对新挑战：面对快速发展的科技和社会变革，跨国图书馆合作需要积极应对新挑战。例如，加强对新兴技术的研究与应用，以适应数字时代的快速变化。

强化社区参与与互动：未来的发展应更加注重社区参与与互动。通过社交媒体、在线讨论等形式，鼓励用户积极参与合作项目，提供反馈和建议，使合作更符合实际需求。

跨国图书馆项目合作作为推动全球文化交流与共享知识的一种重要方式，具有广泛的发展前景。通过资源共享、文化交流、数字化转型等方面的合作，图书馆能够更好地为全球读者提供丰富多样的服务。然而，在合作过程中需要克服语言差异、法律法规问题、技术兼容性等一系列挑战，确保合作的稳健推进。未来，跨国图书馆项目合作有望通过深化数字图书馆建设、推动技术创新、构建全球性文化交流平台等手段，为全球读者打破地域限制，创造更加开放、共享的图书馆服务环境。

二、跨国数字阅读资源的共享与互通

在数字化时代,随着信息技术的飞速发展,数字阅读资源成为全球范围内知识传播和文化交流的重要载体。跨国数字阅读资源的共享与互通不仅推动了全球文化的繁荣,也促进了读者跨越地域限制,获取多元化的阅读体验。以下将深入探讨跨国数字阅读资源的共享与互通,包括合作动机、实施策略、面临挑战及未来发展方向。

(一)合作动机

文化多样性:不同国家和地区拥有丰富多样的文化遗产,数字阅读资源的共享能够促进各国文化的互相了解和交流,推动文化多样性的发展。

知识共享:合作可以实现全球范围内的知识共享,让读者跨越语言和地域的限制,获取其他国家丰富的学术、科研成果和文学作品。

拓宽阅读视野:通过共享数字阅读资源,读者可以接触到来自不同文化、语言的作品,拓宽阅读视野,促进思想的多元化。

加强国际合作:跨国数字阅读资源的合作是国际合作的一种延伸,能够促进各国在数字文化领域的深度合作,共同推动数字时代的文化建设。

提升阅读体验:通过共享数字阅读资源,读者可以获得更方便、更丰富的阅读体验,提高数字化阅读的效率和便捷性。

(二)实施策略

建立数字图书馆联盟:不同国家的数字图书馆可以建立联盟,共同制定数字资源共享的标准和协议,推动数字图书馆资源的跨国合作。

推广数字化转型:各国图书馆应加速数字化转型的步伐,将纸质文献、珍贵手稿等重要资源数字化,为跨国共享创造条件。

制定统一的元数据标准:为了实现数字资源的互通与共享,各国图书馆需要制定统一的元数据标准,以确保信息的一致性和可检索性。

采用开放获取政策:通过采用开放获取政策,鼓励图书馆将数字阅读资源开放给公众,促进信息的自由传播和共享。

实施数字阅读推广计划:通过推广数字阅读,增强公众的数字阅读意识,鼓励更多的读者参与数字阅读资源的使用和分享。

建立数字资源平台:合作方可以共同建立数字资源平台,为用户提供一个集中获取各国数字阅读资源的便捷途径。

（三）面临挑战

语言和文化差异：不同国家的语言和文化差异是数字阅读资源共享的一大障碍。如何解决多语言环境下的信息检索和交流问题是一个亟待解决的挑战。

版权和知识产权：数字阅读资源的共享涉及版权和知识产权的问题，需要建立起合理的法律框架和合作机制，以保护权利人的合法权益。

技术标准与兼容性：不同国家使用的数字化技术标准和系统可能存在差异，需要建立一致的技术标准，确保数字阅读资源的兼容性。

网络安全和隐私问题：在数字资源共享过程中，涉及用户隐私和数字资源的安全问题。建立安全的数据传输和存储机制是必不可少的。

可持续发展：跨国数字阅读资源共享需要长期的合作和支持，如何保障项目的可持续发展，防止出现项目中断和资源流失是一个重要考虑的问题。

（四）未来发展方向

强化国际合作机制：加强各国数字图书馆之间的国际合作机制，通过联合举办活动、共同制定政策，推动数字阅读资源的更广泛、深度合作。

推动数字资源云服务：借助云计算技术，建立数字资源的云服务平台，实现数字阅读资源的实时共享和在线访问。

加强跨领域合作：在数字阅读资源共享的基础上，拓展到其他领域，如数字艺术品、音乐等，实现数字文化资源的多领域共享。

利用人工智能推动跨国合作：运用人工智能技术，实现不同语言的智能翻译和语义理解，促进数字阅读资源在全球范围内的普及和共享。

开展数字阅读研究：通过国际合作，建立数字阅读研究中心，共同研究数字阅读的技术创新、用户体验、文化影响等方面的问题，推动数字阅读领域的发展。

拓展数字阅读的社会影响：通过数字阅读资源的共享，关注数字阅读在社会发展中的积极影响，促进数字阅读的普及，提高全球读者的文学素养和信息素养。

建立数字文化遗产保护机制：在数字阅读资源共享的过程中，加强对数字文化遗产的保护，制定相应的法律法规，防范数字文化遗产的丢失和损坏。

推动数字阅读资源在教育中的应用：通过国际合作，推动数字阅读资源在教育领域的更广泛应用，促进全球范围内的教育创新。

跨国数字阅读资源的共享与互通是数字化时代图书馆和文化机构在推动全球文化繁荣、提升读者体验方面的重要工作。合作动机主要包括文化多样性、知识共享、拓宽阅读视野、加强国际合作和提升阅读体验等方面。为了实现共享与互通，实施策略需要建立数字图书馆联盟、推广数字化转型、制定统一的元数据标准、采用开放获取政策、实施数字阅读推广计划和建立数字资源平台等。

然而，数字阅读资源的共享与互通仍面临一系列挑战，包括语言和文化差异、版权和知识产权、技术标准与兼容性、网络安全和隐私问题以及可持续发展等。未来的发展方向应强化国际合作机制、推动数字资源云服务、加强跨领域合作、利用人工智能推动跨国合作、开展数字阅读研究、拓展数字阅读的社会影响、建立数字文化遗产保护机制以及推动数字阅读资源在教育中的应用等。

通过共同努力，跨国数字阅读资源的共享与互通将有望实现更广泛、更深入的合作，促进全球范围内的文化繁荣和知识传播，为数字化时代的全球读者提供更为丰富和便捷的阅读体验。

三、跨文化合作中的问题与解决方案

随着全球化的不断深入，跨文化合作成为各行业面临的现实挑战。在科技、商业、文化等领域，不同文化间的合作已成为创新和发展的重要动力。然而，跨文化合作往往伴随着一系列问题，包括语言障碍、文化差异、沟通问题等。以下将深入探讨跨文化合作中常见的问题，并提出解决方案，以促进更加顺畅和有效的跨文化合作。

（一）常见问题及原因分析

语言障碍：跨文化合作中最常见的问题之一是语言障碍。不同国家和地区使用不同的语言，语言差异可能导致信息传递不清晰，沟通困难。

原因分析：不同的语言体系、语法结构和文化内涵使沟通变得复杂。即便使用英语等国际语言，不同国家的英语口音和表达习惯仍可能引发误解。

文化差异：不同文化背景带来的价值观、习惯和沟通方式的差异是另一大挑战。文化差异可能导致误解、冲突和合作困难。

原因分析：文化是人们在相同社会环境中形成的共同价值和行为模式，不同文化中对时间、人际关系等方面的看法存在显著差异。

沟通问题：由于语言和文化的差异，跨文化合作中常常出现沟通问题，包括信息传递不准确、交流渠道不畅、反馈不及时等。

原因分析：沟通问题可能是由于信息传递方式的不同，比如口头表达和书面表达的差异，以及文化中的默契和非言语交流的多样性。

管理风格差异：不同文化中的管理理念和风格存在差异，可能导致团队协作效率降低，甚至出现管理冲突。

原因分析：在一些文化中，管理更注重集体合作和共识。

（二）解决方案

1. 语言障碍的解决方案

使用翻译工具：利用先进的翻译工具，如谷歌翻译、百度翻译等，帮助消除语言障碍，确保信息准确传递。

语言培训：为参与跨文化合作的团队提供语言培训，提高他们的语言水平，减少语言差异造成的交流困难。

使用通用术语：尽量使用通用的专业术语和行业词汇，避免使用局部口音或方言，以确保信息的准确传达。

2. 文化差异的解决方案

文化培训：为团队成员提供文化培训，使其更好地理解不同文化的价值观和行为模式，降低文化冲突的发生概率。

建立文化敏感性：鼓励团队成员保持开放心态，尊重并理解其他文化的独特之处，增强文化敏感性，减少误解。

建立共同价值观：在跨文化团队中，建立一个共同的核心价值观和目标，以促使团队更加团结一致。

3. 沟通问题的解决方案

多元化沟通方式：采用多元化的沟通方式，包括会议、邮件、即时通讯等，以满足不同文化成员的沟通习惯。

定期沟通培训：提供定期的沟通培训，帮助团队成员提升跨文化沟通的技能，包括解读非言语信息、处理歧义等。

建立反馈机制：建立定期的反馈机制，鼓励团队成员分享对沟通过程的反馈，及时解决可能存在的问题。

4. 管理风格差异的解决方案

混合管理风格：在团队中采用混合管理风格，充分利用各个文化的管理优势，实现团队管理的多元化。

建立开放式沟通：鼓励开放式的管理沟通，让团队成员能够直接表达他们对管理风格的期望和建议。

培训跨文化管理：为管理层提供跨文化管理培训，帮助其更好地理解和适应不同文化中的管理风格，提高团队协作效率。

（三）建立团队文化与共同目标

团队文化的建立：通过共同的价值观和文化元素，建立一个团队文化，以促进团队成员的凝聚力和认同感。

设立共同目标：在项目或团队层面设立共同目标，确保每个成员都理解并投身于实现这一目标的过程中。这有助于团队成员超越个人差异，共同努力。

多元化团队建设：在团队建设过程中，注重多元化，吸纳不同文化背景的人才，以丰富团队的思维和经验。

（四）推动技术创新与远程协作

技术创新：利用先进的技术手段，如在线协作平台、虚拟会议工具、实时翻译软件等，以促进更便捷、高效的远程协作。

跨时区协调：对于涉及多个时区的跨文化合作团队，采用灵活的工作时间安排，借助时间管理工具，确保团队成员之间的高效协同。

数字化项目管理：引入数字化项目管理工具，实现任务分配、进度追踪、团队协作等方面的高效管理，减少管理上的沟通障碍。

（五）定期评估和调整

定期团队评估：建立定期的团队评估机制，通过问卷调查、定期会议等方式，收集团队成员的反馈，及时发现问题并采取措施加以解决。

不断调整策略：跨文化合作是一个动态的过程，需要不断学习和调整策略。管理层应保持灵活性，及时根据团队的发展阶段和项目需求做出相应调整。

激励机制：设立合适的激励机制，鼓励团队成员在跨文化合作中表现出色，提高他们的工作积极性和团队凝聚力。

（六）培养跨文化领导力

跨文化领导培训：针对团队领导者，提供跨文化领导培训，帮助其更好地理解和应对文化差异，提高领导效能。

文化智商提升：鼓励团队成员不断提升文化智商，培养跨文化敏感性和协调能力，以更好地适应跨文化合作环境。

鼓励文化交流：建立文化交流的机制，鼓励团队成员分享各自文化的特色和习惯，促进更深层次的理解和尊重。

（七）建立文化支持体系

人力资源支持：在人力资源管理上，提供支持和辅导，确保文化差异不成为人才管理和发展的阻碍。

心理辅导服务：为团队成员提供心理辅导服务，帮助他们更好地应对跨文化合作中可能出现的压力和挑战。

建立文化支持小组：成立专门的文化支持小组，负责协调团队文化活动、培训和团队建设，促进文化融合。

第三节 跨文化沟通与新媒体阅读服务策略

一、文化差异对阅读服务的影响

文化差异作为全球社会中不可忽视的现象，对各个领域都产生深远的影响，阅读服务作为文化传承和知识传播的一部分同样受到其影响。文化差异涵盖了语言、价值观、习惯、信仰等多个层面，这些因素直接或间接地影响着阅读的需求、方式以及服务的提供。以下将深入探讨文化差异对阅读服务的影响，并探讨如何更好地满足不同文化背景读者的阅读需求。

（一）语言的文化背景

影响阅读兴趣：不同文化背景的读者由于语言的差异，对文学作品的阅读兴趣可能存在显著的差异。一些文学作品在某个文化中可能备受推崇，而在另一个文化中却未必引起共鸣。

翻译的挑战：文学作品的翻译可能受到语言差异的制约，尤其是对于那些包含文化内涵、习惯用语的作品。翻译的质量直接关系到读者是否能够真正理解并沉浸在作品的情感氛围中。

多语言社群需求：多语言社群中的读者可能对于能够提供母语阅读服务的平台更感兴趣，这对于阅读服务提供商来说，需要考虑如何提供多语言支持。

（二）文化价值观对阅读需求的塑造

主题偏好的不同：不同文化背景的读者可能对于阅读的主题有着不同的偏好。一些文化注重历史和传统，而另一些文化可能更倾向于关注当代社会问题。阅读服务提供方需要根据读者的文化背景调整内容推荐策略。

情感表达方式：文化背景也会影响人们对于情感表达的方式和接受程度。某些文学作品或文章在表达情感时可能使用了特定文化的隐喻或象征，需要读者具备相应文化背景知识才能更好地理解。

社会价值观对文学解读的影响：社会的价值观和伦理观念在文学作品中的体现，可能因文化背景的不同而产生解读上的分歧。阅读服务提供方需要考虑如何在服务中平衡多元文化的价值观。

（三）阅读习惯与文化差异

阅读时间观念：不同文化中对于阅读的时间观念存在差异。一些文化注重阅读的仪式感，而另一些文化可能更注重效率。这会影响到阅读服务的推送时机和频率。

阅读空间：文化差异也表现在对于阅读空间的不同需求上。有些文化可能更注重在安静、私密的环境中进行阅读，而另一些文化可能更喜欢在社交场合或嘈杂环境中阅读。

数字化阅读与传统阅读：文化背景对于对数字化阅读的接受程度也有一定影响。一些文化可能更偏好传统纸质书籍，而另一些文化可能更愿意尝试新兴的数字阅读方式。

（四）服务策略与文化适应性

个性化推荐算法的优化：针对不同文化背景的读者，个性化推荐算法需要更加灵活和智能，能够根据读者的文化背景、阅读历史等信息提供更符合其偏好的推荐。

多语言支持与本地化：阅读服务提供方需要提供多语言支持，同时在界面设计、推送内容等方面进行本地化，以更好地满足不同文化读者的需求。

文学作品翻译质量的提升：针对文学作品的翻译，需要加强对文化内涵、习惯用语等方面的理解，提高翻译的质量，以确保读者更好地理解作品。

社群互动与文化共享：创建一个社群平台，让读者能够在其中分享对于文学作品的解读和体验，促进文化交流与共享。

（五）面临的挑战与应对策略

文化敏感性的培养：阅读服务提供方需要培养团队成员的文化敏感性，以更好地理解和应对不同文化读者的需求。

法规与法律合规性：在提供跨文化阅读服务时，需要了解并遵守各个国家和地区的法规和法律，以确保服务的合规性和安全性。

用户隐私保护：不同文化对于个人隐私的看法有所不同，阅读服务提供方需要建立健全的隐私保护机制，确保读者的个人信息得到妥善处理。

技术难题：针对不同语言和文化的阅读服务，可能涉及多语言处理、自然语言处理等技术难题。投入更多研发资源，不断提升技术水平，是应对之道。

（六）文化差异与阅读服务创新

文学跨界创新：在跨文化阅读服务中，可以推动文学跨界创新，融合不同文化元素，创作具有全球影响力的文学作品，以满足读者对于多元文化体验的需求。

虚拟现实与全感官体验：利用虚拟现实技术，为读者提供更加沉浸式的阅读体验，使他们能够在虚拟的文化场景中感受到不同文化的独特魅力。

社群共读与线上文学活动：建立跨文化的线上文学社群，推动读者在虚拟空间中进行共读、交流，举办线上文学活动，促进文化交流与互动。

数字化档案与文化保护：利用数字化技术，建立文学作品的数字化档案，为文化保护提供新的手段，确保不同文化的文学遗产能够得到有效的传承和保护。

文化差异对阅读服务产生深刻而广泛的影响，包括语言、文化价值观、阅读习惯等多个方面。为了更好地满足全球读者的需求，阅读服务提供方需要加强文化敏感性的培养，优化服务策略，提高技术水平，推动文学跨界创新，同时要注意应对面临的法规合规、用户隐私等挑战。

未来，随着科技的不断发展和全球社会的日益一体化，跨文化阅读服务将迎来更多的创新机遇。通过跨界合作、数字技术的应用、社群共读等手段，可以为读者提供更加多元、丰富、沉浸式的阅读体验，促进不同文化之间的交流与理解。阅读服务作为文化传承和知识传播的平台，将在跨文化交流中发挥越来越重要的作用，为全球读者搭建起更加开放、共享的文学空间。

二、跨文化沟通技巧在阅读服务中的运用

随着全球化的不断深入，跨文化沟通变得日益重要，特别是在提供阅读服务的领域。阅读服务不仅仅是文学作品的传递，更是文化的传播与交流。因此，为了更好地满足不同文化背景读者的需求，跨文化沟通技巧成为提供阅读服务的从业者必备的素养。以下将探讨跨文化沟通技巧在阅读服务中的运用，旨在帮助提供阅读服务的机构和个人更好地适应多元文化的阅读需求。

（一）了解不同文化的阅读习惯

文学偏好：不同文化的读者对于文学作品的偏好存在差异。了解不同文化中受欢迎的文学体裁、题材以及作品类型，有助于更有针对性地推荐阅读材料。

阅读习惯：不同文化的人们可能有不同的阅读习惯，包括阅读的时间、地点、方式等。理解这些习惯，可以更好地安排阅读服务的提供时间和方式。

阅读动机：了解不同文化中人们阅读的动机，是基于兴趣、学术需要还是娱乐，有助于更好地满足其阅读需求。

（二）语言沟通的考虑

语言表达方式：不同文化中的语言表达方式可能存在差异。在提供阅读服务时，应避免使用可能引起歧义或误解的表达，注重语言的简洁和准确。

多语言支持：在阅读服务中提供多语言支持，包括文学作品的翻译、多语言的服务界面等，以确保不同语言背景的读者能够方便地使用服务。

尊重语境：注意语境对于语言理解的影响。同样的词语在不同文化中可能有不同的含义，因此在沟通中需要更多地考虑语境。

（三）文化差异与情感表达

情感的表达方式：不同文化中对于情感的表达方式存在差异。一些文化可能更注重直接表达感受，而另一些文化可能更倾向于间接表达。理解这些差异有助于更好地理解读者的情感需求。

文化差异对于作品解读的影响：不同文化的读者对于文学作品的解读可能存在差异。了解这些差异，有助于更好地进行作品推荐，并更好地回应读者的情感诉求。

（四）有效的虚拟沟通工具的选择

多媒体形式的内容呈现：在虚拟沟通中，采用多媒体形式的内容呈现，如图像、音频、视频等，以满足不同文化背景读者对于多样化阅读体验的需求。

社交媒体平台的活用：利用社交媒体平台进行虚拟沟通，通过评论、分享等互动方式，促进不同文化读者之间的交流与分享。

在线会议和讨论：利用在线会议工具，组织跨文化的阅读讨论会，提供一个开放的平台，让读者能够更直接地交流和分享阅读体验。

（五）建立文化敏感性

文化培训：为提供阅读服务的从业者提供跨文化沟通的培训，使其更加敏感和理解不同文化间的差异。

团队多元化：在团队建设中，注重多元文化的成员构成，以确保团队具有更广泛的文化视野和理解力。

反馈机制：建立用户反馈机制，鼓励读者提供关于阅读服务的文化差异反馈，以便不断改进服务质量。

（六）避免刻板印象与文化刻板化

避免刻板印象：跨文化沟通中容易陷入刻板印象的误区。要避免以单一标准来看待某一文化群体，应该看到其中的多样性和个体差异。

文化刻板化的危害：对于某一文化的刻板印象可能导致误解和偏见，阻碍跨文化沟通的深入。因此，需要警惕文化刻板印象的产生，避免对他人进行片面的归类。

（七）文化敏感的客户服务

个性化服务：提供个性化的阅读服务，根据读者的文化背景和兴趣，定制符合其需求的推荐内容，以增强用户体验。

文化节日活动：在重要的文化节日或纪念日推出相关的阅读活动，使读者能够在特殊的时刻体验到与其文化相关的阅读内容。

文化专题推荐：创建文化专题推荐，以介绍和推广不同文化的经典文学作品，拓宽读者的文学视野。

（八）面对挑战的应对策略

团队多元化培养：培养团队成员的多元文化意识，建立包容性的工作氛围，促使团队更好地应对跨文化沟通的挑战。

不断学习更新知识：由于文化是动态变化的，提供阅读服务的从业者需要保持学习的心态，随时更新对不同文化的了解，以适应文化变迁的趋势。

引入跨文化顾问：在团队中引入专业的跨文化顾问，为提供阅读服务的机构提供专业的文化指导和建议，帮助应对复杂的跨文化情境。

跨文化沟通技巧在阅读服务中的运用对于提升服务质量、满足读者需求具有重要意义。通过深入了解不同文化的阅读习惯、语言表达方式、情感表达方式等方面，以及利用有效的虚拟沟通工具和建立文化敏感性，可以实现更有针对性、更贴近读者需求的阅读服务。未来，随着科技的不断发展和全球化的推进，跨文化沟通将更加普遍和重要。提供阅读服务的机构需要不断提升跨文化沟通的能力，创新服务模式，以适应多元文化的阅读环境，为读者提供更加丰富、多元的阅读体验。同时，借助新技术、新媒体的发展，进一步推动跨文化阅读服务的创新，为文化的传播与交流做出更大的贡献。

三、国际化阅读推广活动的策划与实施

随着全球化的深入，国际化阅读推广活动成为文化交流、知识传播的重要途径。通过策划和实施国际化阅读推广活动，可以促进不同文化之间的交流与理解，拓展读者的阅读领域，推动阅读文化的多元发展。以下将探讨国际化阅读推广活动的策划与实施，包括活动设计、目标设定、推广渠道选择、参与者互动等方面的关键要素。

（一）活动策划阶段

1. 目标明确与定位

在国际化阅读推广活动的策划阶段，首先需要明确活动的目标和定位。明确活动的推广对象是全球范围内的读者还是特定地区、国家的读者，确定推广的内容和形式，以及希望通过活动实现的效果，如增加读者群体、拓展国际合作等。

2. 活动主题与内容设计

根据目标定位，精心设计活动的主题和内容。主题应具有国际性和吸引力，能够引发读者兴趣。内容设计需要考虑到不同文化背景的读者的接受程度，避免使用可能引起文化误解的元素，同时具备足够的丰富性，满足多元化的阅读需求。

3. 参与者分析与定向

在策划阶段，需要对参与者进行充分的分析。了解目标读者群体的文化特点、阅读偏好、习惯等信息，以便更好地定向推广活动。同时，考虑如何吸引并增加不同国家或地区的读者参与，实现国际化的参与效果。

4. 合作伙伴选择与建立

选择合适的合作伙伴是国际化阅读推广活动成功的重要保障。合作伙伴可以是国际出版机构、文化组织、国际学术机构等，通过建立合作关系，共同推动阅读推广的国际化发展。合作伙伴的选择需要考虑其在国际阅读领域的影响力和资源。

（二）活动实施阶段

1. 推广渠道选择与整合

在活动实施阶段，选择合适的推广渠道是至关重要的。可以利用社交媒体平台、国际出版物、在线图书馆等多种渠道进行推广。同时，整合不同渠道，形成有机的推广网络，提高推广的广度和深度。

2. 多语言服务与翻译支持

考虑到国际化阅读推广涉及不同语言和文化背景的读者，提供多语言服务和翻译支持是关键之一。对于推广内容，可以考虑提供多语言的版本，以满足不同读者群体的需求。同时，对于在线活动，提供实时翻译或字幕服务，确保跨文化沟通的畅通。

3. 互动性活动与参与体验

设计富有互动性的活动，提高读者的参与体验。这可以包括在线讨论、线上分享、读者评选等形式，使读者不仅是被动接受者，更能够积极参与到活动中。通过互动性活动，增加读者对阅读的兴趣和深度参与感。

4. 跨文化交流与文化融合

推广活动的目的之一是促进不同文化之间的交流与融合。通过设计具有文化特色的活动环节，鼓励读者分享自己的文化阅读体验，搭建国际化的文学交流平台，加深不同文化之间的理解和尊重。

5. 数据分析与效果评估

在活动实施过程中，通过数据分析工具对活动效果进行实时监测和评估。从参与人数、互动程度、推广效果等多个维度进行数据分析，及时调整活动策略，确保活动达到预期效果。

（三）面临的挑战与应对策略

1. 跨文化沟通挑战

挑战：不同文化背景的读者可能存在沟通障碍，理解和接受推广活动的效果可能有差异。

应对策略：在活动策划和实施中，采用多语言服务、翻译支持，并利用图文并茂、直观易懂的方式呈现推广内容，以降低跨文化沟通的难度。同时，建立跨文化交流的平台，鼓励读者分享自己的阅读体验，促进文化融合。

2. 参与度不高的问题

挑战：由于国际化阅读推广活动涉及不同地区、国家的读者，参与度可能受到地域差异、文化差异等影响，存在参与度不高的问题。

应对策略：在策划阶段要深入了解目标读者群体的特点，设计具有吸引力和国际化元素的活动，增加读者的参与欲望。同时，通过社交媒体、在线讨论等形式积极与读者互动，提高活动的参与度。

3. 文化敏感性不足

挑战：缺乏对不同文化的深刻理解和敏感性，可能导致推广活动中出现文化冲突或误解。

应对策略：在团队构建中引入具有跨文化背景的成员，进行文化培训，提高团队对不同文化的敏感性。在活动中避免使用可能引起文化误解的元素，以及通过参与者的反馈不断改进和调整策略。

4. 技术和平台限制

挑战：技术和平台的限制可能妨碍活动的顺利实施，尤其是在跨国范围内的推广活动。

应对策略：选择稳定、安全的在线平台，并充分测试和准备技术设备，确保活动能够在不同地区的网络环境中正常进行。同时，提供技术支持和指导，以应对可能出现的技术问题。

国际化阅读推广活动的策划与实施是一个复杂而有挑战的过程，需要充分考虑不同文化背景的读者群体，注重跨文化沟通、互动性活动设计和数据分析。在面对挑战时，建议采取合适的应对策略，提高团队的文化敏感性，以及利用技术手段克服平台限制。随着科技的不断进步和全球社会的日益融合，国际化阅读推广活动将迎来更多的机遇与创新。通过不断改进策略，拓展合作伙伴关系，推动国际化阅读推广活动的深入发展，将有助于促进全球文学的交流与共享，为读者提供更丰富多元的阅读体验。

第八章 新媒体环境下的阅读评估与数据分析

第一节 阅读数据的收集与分析方法

一、数字阅读行为数据的采集与处理

随着数字化时代的来临，数字阅读行为数据成为了解读者习惯、优化阅读体验、个性化推荐的重要依据。通过科技手段对数字阅读行为数据进行采集与处理，可以为出版商、平台运营者以及相关研究人员提供宝贵的信息，助力数字阅读服务的提升。以下将深入探讨数字阅读行为数据的采集与处理方法，包括数据采集的途径、数据的类型、隐私保护等方面的关键问题。

（一）数字阅读行为数据的类型

数字阅读行为数据涵盖了多个方面的信息，主要包括以下几种类型：

阅读时间数据：记录读者在平台上的阅读时间，包括每次阅读的开始时间、结束时间，以及整体的阅读时长。

阅读路径数据：描述读者在平台上的阅读路径，即用户是如何从一个内容跳转到另一个内容的，这有助于理解用户的阅读兴趣和关联性。

阅读频率数据：统计读者对某一内容的阅读频率，即一个特定内容被阅读的次数，通过这一数据可以了解内容的热度。

互动行为数据：包括读者在阅读过程中的互动行为，比如点赞、评论、分享等，这可以反映读者对内容的喜好程度以及社交影响。

设备与平台数据：记录读者使用的设备类型、操作系统、所在地理位置等信息，这有助于优化平台的用户体验和服务。

阅读习惯数据：描述读者的阅读偏好，包括阅读的时间段、所关注的主题、内容类型等，这对于个性化推荐和定制化服务非常关键。

（二）数字阅读行为数据的采集途径

平台内部采集：在数字阅读平台内部直接收集用户行为数据。这可以通过在平台中嵌入数据采集代码或使用分析工具实现，适用于网站、应用等多种平台。

传感器技术：利用设备内的传感器（如加速度传感器、陀螺仪等）获取用户在移动设备上的操作信息，比如滑动、翻页等手势动作，从而得知用户的阅读行为。

日志文件分析：对平台产生的日志文件进行分析，提取其中有关用户行为的信息。这种方式适用于后台数据分析，可以获取较为全面的用户行为数据。

调查问卷：通过设计调查问卷，向用户直接询问其阅读行为、偏好等信息。这种方式能够获取用户主观意愿和看法，对于补充客观数据具有一定的重要性。

社交媒体数据采集：利用社交媒体平台的开放 API，获取用户在社交媒体上与阅读相关的信息，比如分享链接、评论等，以获取更为全面的用户行为数据。

（三）数字阅读行为数据的处理方法

数据清洗与预处理：针对采集到的原始数据，进行清洗和预处理，去除异常值、缺失值，确保数据的准确性和完整性。

数据标准化：将不同类型、不同尺度的数据进行标准化处理，使其具有可比性，方便后续的统计和分析。

数据聚合：将大量的细粒度数据进行聚合，形成更高层次、更全面的统计信息。比如将每日阅读时间聚合为周或月的数据，以获得更宏观的趋势。

行为模型建立：通过对用户行为数据的分析，建立用户行为模型，了解用户的兴趣和习惯，为个性化推荐提供依据。

数据可视化：利用数据可视化工具，将处理后的数据以图表、图形等形式呈现出来，更直观地展示用户阅读行为的特征和变化趋势。

（四）数字阅读行为数据的隐私保护

匿名化处理：在数据采集阶段，对用户个人身份信息进行匿名化处理，采用用户 ID 等代替真实身份标识。

数据脱敏：对敏感信息进行脱敏处理，以减少用户隐私泄露的风险。比如将精确的地理位置信息进行模糊化处理。

用户选择权：给予用户选择权，让其能够选择是否分享自己的阅读行为数据，建立明确的隐私政策。

数据安全技术：采用数据加密、安全传输等技术手段，保障用户行为数据在采集、存储、传输等环节的安全性。

合法合规：严格遵守相关的法律法规，特别是涉及用户隐私的法规，确保数字阅读行为数据的采集与处理过程合法合规。

（五）数字阅读行为数据的应用领域

个性化推荐：基于用户的阅读行为数据，构建个性化推荐系统，为用户提供更符合其兴趣和喜好的内容，提高用户黏性和满意度。

内容优化：通过分析用户在平台上的阅读行为，了解其对不同内容的反馈和偏好，优化平台上的内容结构、排版，提升用户体验。

广告精准投放：根据用户的阅读兴趣和行为模型，精准投放相关广告，提高广告点击率和转化率，为广告主提供更有效的推广服务。

用户群体分析：基于数字阅读行为数据，进行用户群体分析，了解不同群体的阅读特点，为出版社、平台运营者提供精准的市场定位和用户服务。

决策支持：数字阅读行为数据的分析结果可为决策者提供数据支持，指导平台运营、内容策略、市场推广等方面的决策，提高决策的科学性和准确性。

（六）面临的挑战与未来展望

1. 挑战

隐私问题：用户对于个人信息的隐私保护要求越来越高，数字阅读行为数据的采集与处理面临隐私保护的挑战。

数据安全：数字阅读行为数据的安全性需要得到保障，防范数据泄露、恶意攻击等风险。

算法公平性：个性化推荐算法的应用容易导致信息茧房，挑战算法的公平性和透明度。

2. 未来展望

多模态数据融合：随着技术的发展，将数字阅读行为数据与其他多模态数据（如图像、音频）融合，为更全面的用户画像和推荐提供支持。

AI 技术应用：进一步发展和应用人工智能技术，优化用户体验，提高个性化推荐的准确性，实现更智能的数字阅读服务。

跨平台数据整合：实现不同数字阅读平台之间的数据整合，形成更为全局的数字阅读行为数据，提供更全面的用户洞察。

社会化阅读平台：发展更加社会化的数字阅读平台，加强用户之间的互动，拓展数据的深度和广度。

开放数据共享：推动行业内的数字阅读数据共享，促进相关研究和创新，实现更高水平的行业发展。

数字阅读行为数据的采集与处理对于数字阅读服务的优化与创新至关重要。通过选择合适的采集途径、采集多样化的数据类型，以及采用科学有效的处理方法，可以为数字阅读平台和服务提供更好的用户体验和更个性化的服务。然而，与此同时，隐私保护、数据安全等方面的问题也需要引起足够的重视。未来，随着科技的不断发展和社会的进步，数字阅读行为数据的应用领域将进一步拓展，为数字阅读带来更多可能性和机遇。

二、用户反馈数据在阅读服务中的应用

用户反馈数据在阅读服务中的应用已经成为数字化时代阅读平台和出版业务的重要组成部分。通过分析用户反馈数据，提供个性化的阅读体验，改进平台功能，以及实现更好的内容推荐，阅读服务可以更好地满足用户需求，提高用户满意度。以下将深入探讨用户反馈数据在阅读服务中的应用，包括数据的采集、分析方法、应用场景以及面临的挑战与未来发展方向。

（一）用户反馈数据的类型

用户反馈数据包括多种类型，这些数据可以提供对用户体验和需求的深入了解。以下是一些常见的用户反馈数据类型：

用户评论和评分：用户对于阅读内容的评论和评分是最直接的反馈形式，可以表达用户对内容的喜好、意见和建议。

使用反馈：用户在使用阅读平台时的各种操作行为反馈，比如点击、滑动、翻页等，这些数据可以揭示用户的操作习惯和兴趣。

问题报告：用户在使用阅读服务时遇到的问题和困扰，通过用户反馈数据，平台可以及时发现和解决问题，提升服务质量。

用户调查和问卷：定期进行用户调查和问卷调查，收集用户对于阅读服务的整体满意度、期望等方面的反馈数据。

社交媒体反馈：用户在社交媒体平台上的分享、讨论和互动行为，这些数据反映了用户对阅读内容的社交影响和共鸣。

意见反馈：用户通过平台提供的意见反馈通道提出的建议、意见和需求，为平台改进提供直接指导。

搜索行为反馈：用户在阅读平台内的搜索行为数据，揭示用户对于特定主题或内容的兴趣和需求。

（二）用户反馈数据的采集方法

主动反馈：用户通过平台内置的评论、评分、意见反馈通道等方式，主动提供反馈数据。这种方式的优势在于用户反馈的内容更加具体和详尽。

passsive 反馈：通过用户在平台上的操作行为收集数据，包括点击、浏览、停留时间等，通过这些行为数据推断用户的兴趣和偏好。

调查问卷：设计并发送调查问卷，主动向用户询问他们的满意度、使用体验、期望和建议。问卷设计应该简明扼要，确保用户的参与度。

社交媒体监测：利用社交媒体监测工具，追踪用户在社交平台上的阅读服务相关的讨论和分享，了解用户的公共反馈。

用户访谈和焦点小组：进行深度用户访谈和焦点小组讨论，获取更为详细和深入的用户反馈，了解他们的真实需求和期望。

（三）用户反馈数据的分析方法

文本分析：对用户评论、意见反馈等文本数据进行自然语言处理，利用文本分析技术挖掘用户对内容的喜好、关注点、痛点等信息。

数据可视化：将用户反馈数据以图表、图形等形式进行可视化呈现，直观地展示用户满意度、问题分布、热门内容等情况。

关联分析：分析用户的操作行为数据，探寻用户在阅读平台上的关联行为，以推断用户的兴趣和行为模式。

情感分析：利用情感分析技术对用户反馈的情感色彩进行判断，了解用户对于内容的情感倾向，从而更好地满足情感需求。

用户群体分析：将用户划分为不同的群体，分析不同群体的反馈差异，为个性化推荐和服务优化提供有针对性的建议。

（四）用户反馈数据在阅读服务中的应用场景

个性化推荐：基于用户的评论、评分、阅读历史等反馈数据，构建个性化推荐系统，为用户推荐更符合其兴趣和偏好的内容，提高用户体验。

内容改进与优化：分析用户的评论和意见反馈，了解用户对于内容的喜好和期望，以及对于现有内容的不满之处，为内容的改进和优化提供依据。

问题解决与客户服务：及时回应用户的问题报告和意见反馈，解决用户在使用阅读服务中遇到的困扰，提升用户满意度，加强客户服务。

广告精准投放：通过分析用户的阅读行为和反馈，更准确地判断用户的兴趣和需求，实现广告的精准投放，提高广告的效果和用户接受度。

服务体验提升：借助用户反馈数据，不断优化阅读平台的功能、界面和服务，提高用户体验，增加用户黏性。

市场定位与创新：通过分析用户的调查问卷和社交媒体反馈，了解用户对于阅读服务的整体期望和市场趋势，为平台的市场定位和业务创新提供参考。

（五）面临的挑战与未来展望

1. 挑战

大数据处理：随着用户规模的增长，用户反馈数据呈爆发式增长，对大数据处理和分析能力提出了更高要求。

隐私保护：用户反馈数据涉及个人喜好、评价等敏感信息，如何在充分利用数据的同时保护用户隐私成为一个重要挑战。

数据真实性：用户反馈数据受到用户主观因素和情绪因素的影响，可能存在一定的主观性和不客观性，需要在分析时进行谨慎处理。

2. 未来展望

人工智能技术应用：随着人工智能技术的发展，将更多的自动化和智能化应用于用户反馈数据的分析，提高分析的效率和准确性。

情感分析的深入：进一步深入研究用户反馈数据中的情感信息，实现更为细致的情感分析，更好地理解用户的情感需求。

用户参与度提升：引入更加互动性和用户参与度高的反馈方式，如虚拟社群、线上讨论等，促进用户更主动地提供反馈。

跨平台数据整合：实现不同阅读平台之间用户反馈数据的整合，形成更为全局的用户反馈数据，提供更全面的用户洞察。

用户反馈数据与创新：将用户反馈数据与创新紧密结合，通过用户需求的挖掘，推动阅读服务的创新，提供更符合市场需求的产品和服务。

用户反馈数据在阅读服务中的应用已经成为数字阅读平台不可忽视的重要资源。通过合理收集、分析和应用用户反馈数据，阅读平台可以更好地理解用户需求，提供个性化、优质的阅读体验，实现服务的持续改进与创新。面对挑战，科技的不断发展和用户参与度的提升将为用户反馈数据的应用提供更为广阔的空间。未来，持续强化对用户反馈数据的重视，改进分析方法，注重用户隐私保护，将有助于数字阅读服务的不断升级与优化，满足用户日益多样化的阅读需求。

三、数据隐私保护与合规处理

随着数字化时代的到来，个人数据的大规模采集和处理已经成为各行各业日常运营的重要组成部分，其中包括了数据驱动的业务、人工智能应用、云计算服务等。然而，这也带来了对数据隐私和合规性的关切，尤其是在涉及敏感个人信息的领域。以下将探讨数据隐私保护与合规处理的重要性、挑战、现有解决方案以及未来发展方向。

（一）数据隐私保护的重要性

1. 个人权利与隐私权

个人权利与隐私权是一项基本的人权，受到国际法和国内法的广泛认可。通过保护个人的数据隐私，可以确保个人的基本权利得到尊重，包括个人信息的掌控权、知情权和拒绝权。

2. 公信力与信任

对用户隐私的敏感处理不仅是法规要求，也是企业建立和维护公信力和用户信任的关键因素。用户更愿意信任那些能够保护他们数据隐私的企业，这对于建立可持续的商业模式至关重要。

（二）数据隐私保护的挑战

1. 数据泄露与滥用

由于数据的大规模采集和存储，一旦发生数据泄露，可能对个人隐私产生严重的后果。此外，滥用个人数据用于广告、市场推广等活动也是一个日益突出的问题。

2. 技术复杂性

数据隐私保护涉及多个层面，包括技术、法律、政策等，处理这些方面的复杂性是一个挑战。尤其是在新兴技术如人工智能和大数据处理的应用中，确保数据的隐私安全更为困难。

3. 跨国合规问题

由于企业的业务往往跨足多个国家，不同国家对于数据隐私的法规和合规要求存在差异，使得企业需要同时遵循多个国家的法规，增加了合规难度。

4. 用户教育与认知

用户对于数据隐私的认知水平参差不齐，有些用户可能并不清楚个人数据被如何使用。因此，进行用户教育，增强用户的隐私意识，是数据隐私保护中的一项重要任务。

（三）数据隐私保护的解决方案

1. 匿名化与脱敏处理

通过对个人数据进行匿名化和脱敏处理，去除直接关联个人身份的信息，降低数据关联性，从而减少潜在的隐私泄露风险。

2. 加密技术的应用

在数据的采集、传输和存储阶段采用加密技术，确保敏感信息只能被授权的用户或系统访问，提高数据的安全性。

3. 数据访问控制

建立合适的数据访问控制机制，限制对敏感数据的访问权限，确保只有经过授权的人员能够访问特定的数据，减少内部滥用的风险。

4. 隐私保护技术

采用隐私保护技术，如差分隐私（Differential Privacy）等，通过在数据处理过程中引入噪音或扰动，确保在不影响分析结果的前提下保护个体隐私。

5. 隐私政策与透明度

制定清晰、透明的隐私政策，告知用户个人数据的收集、使用和共享方式，以及用户在其中的权利和选择，提高用户对数据隐私的信任。

6. 风险评估与合规检查

定期进行风险评估，识别潜在的隐私风险，制定应对措施。进行合规性检查，确保企业的数据处理流程符合相关法规和政策要求。

（四）未来发展方向

1. 强化法规合规性

随着全球数据保护法规的不断完善，企业需要强化法规合规性，及时调整数据处理流程，确保符合最新的法规要求。

2. 引入区块链技术

区块链技术的去中心化和不可篡改性特点使其成为一个有潜力的数据隐私保护工具。通过区块链建立去信任化的数据交换平台，用户可以更好地掌控自己的数据。

3. 加强人工智能伦理与规范

在人工智能应用中，强调合适的伦理标准和规范，确保人工智能系统在处理个人数据时尊重隐私，避免滥用和歧视。

4. 发展新型隐私技术

不断研发新型的隐私保护技术，使得数据隐私保护更为有效，包括更高级别的差分隐私技术、同态加密等。

5. 强化用户教育

加强用户对于数据隐私的认知和教育，提高用户的主动参与，让用户更加清楚了解自己数据的去向和用途。

数据隐私保护与合规处理是数字时代不可回避的重要议题。在不断发展的科技环境下，企业需要认识到数据隐私保护的重要性，建立健全的隐私保护机制。通过匿名化、加密、访问控制等技术手段，结合清晰透明的隐私政策和法规合规性，可以在保护用户隐私的同时实现数据的有效利用。未来，随着技术的不断演进和法规的进一步完善，数据隐私保护将不断迎来新的挑战和机遇，需要企业持续关注并积极应对。

第二节　阅读评估指标与工具

一、评估阅读体验的关键指标

在数字化时代，人们的阅读方式已经发生了巨大变革，从传统的纸质书籍逐渐过渡到数字化阅读。随着阅读平台的不断涌现，用户对阅读体验的要求也变得更加多样化和个性化。因此，评估阅读体验的关键指标成了阅读平台和服务提供商需要关注的核心问题。本节将探讨评估阅读体验的关键指标，包括用户界面设计、互动性、内容质量、性能优化等多个方面。

（一）用户界面设计

1. 可用性

可用性是用户界面设计的基本指标之一，它关注用户在使用阅读平台时的便捷程度和直观性。一个具有良好可用性的用户界面应当简洁明了，用户能够轻松找到所需的功能，减少学习成本。

2. 用户友好性

用户友好性强调用户界面对用户的友好程度，包括字体大小、颜色搭配、排版结构等因素。合理的用户友好设计可以提高用户的舒适度,降低用户的疲劳感。

3. 响应速度

响应速度是指用户在点击操作后,系统作出响应的速度。用户对于界面反馈速度的感知直接影响到阅读体验的流畅性,因此快速的响应速度是一个重要的指标。

4. 自定义性

用户界面的自定义性是指用户是否能够根据自己的喜好和习惯进行界面的个性化设置,如背景颜色、字体样式等。提供丰富的自定义选项可以更好地满足不同用户的需求。

(二) 互动性

1. 交互设计

交互设计关注用户与系统之间的互动过程,包括用户输入、系统响应和用户反馈等。良好的交互设计能够提高用户对于阅读平台的操作效率和满意度。

2. 多媒体支持

多媒体支持包括对图像、音频、视频等多媒体元素的友好呈现和支持。这些元素的合理运用可以丰富阅读内容,提高阅读体验的多样性。

3. 社交互动

在数字化阅读中,社交互动也变得越来越重要。评估阅读体验时,需要考虑平台是否提供了社交分享、评论互动等功能,以满足用户对于社交化阅读的需求。

4. 移动端适配

随着移动设备的普及,用户在手机和平板上进行阅读的频率逐渐增加。因此,阅读平台的移动端适配性成为一个重要的指标,确保用户在不同设备上都能够获得一致的阅读体验。

(三) 内容质量

1. 内容丰富度

内容丰富度是评估阅读体验的一个重要标准,关注平台所提供内容的数量和种类。一个拥有丰富、多样化内容的阅读平台能够满足不同用户的阅读需求。

2. 文字排版

文字排版涉及字体的选择、段落的分隔、行距等方面。良好的文字排版能够提高阅读效率,降低阅读的视觉疲劳感。

3. 内容更新频率

内容更新频率关注平台是否能够及时更新内容，确保用户能够获取新鲜的阅读材料。对于阅读平台而言，及时更新是保持用户黏性的关键之一。

4. 文学质量

在数字阅读平台上，文学质量是一个重要的关键指标。无论是小说、文章还是其他类型的文学作品，其质量直接关系到用户的阅读体验。

（四）性能优化

1. 加载速度

加载速度是指阅读平台打开页面或加载内容所需的时间。较快的加载速度可以提高用户的使用体验，减少等待时间，增加用户留存。

2. 稳定性

平台的稳定性直接影响用户在使用过程中的体验。阅读平台需要保证在不同网络环境和设备上都能够保持稳定的运行，避免崩溃和卡顿现象。

3. 设备兼容性

阅读平台需要具备良好的设备兼容性，确保在不同设备和操作系统上都能够正常运行。这包括不同尺寸的屏幕、不同版本的浏览器等。

4. 安全性

保障用户数据的安全是性能优化的一个方面。采取有效的安全措施，防范恶意攻击和数据泄露，有助于提高用户对于平台的信任度。

（五）用户反馈与数据分析

1. 用户满意度

用户满意度是评估阅读体验的重要指标之一。通过定期进行用户满意度调查或收集用户反馈，了解用户对阅读平台的整体满意程度，从而及时调整和改进服务。

2. 用户行为分析

通过对用户行为的分析，包括点击、阅读时长、收藏等数据，可以深入了解用户的阅读习惯和兴趣，为个性化推荐和服务优化提供数据支持。

3. 问题反馈与解决

用户在使用阅读平台时可能会遇到问题，及时收集用户的问题反馈，并迅速解决这些问题，有助于提高用户体验和满意度。

4. 数据隐私保护

用户对于个人数据隐私的关注逐渐增加，因此阅读平台需要保障用户的数据隐私安全。建立透明的隐私政策，保护用户数据的安全性，是用户满意度的关键因素。

（六）社交化体验

1. 分享功能

阅读平台是否提供方便的分享功能，能够让用户轻松地分享自己的阅读心得、喜爱的文章或书籍，增加社交互动。

2. 社交评论

社交评论功能允许用户在阅读的同时与其他用户进行互动，发表评论、回复评论，增加阅读的社交性，提升用户参与感。

3. 社群建设

建立阅读社群，让用户可以在平台上找到志同道合的读者，分享阅读心得、推荐书目，促进用户之间的互动与交流。

4. 个性化推荐

社交化体验也体现在个性化推荐上，通过分析用户社交行为，向用户推荐更符合其兴趣和偏好的内容，提升用户的社交化阅读体验。

（七）跨平台一致性

1. 设计一致性

阅读平台在不同设备上的用户界面设计、排版风格、交互方式等要保持一致，确保用户在切换设备时能够获得相似的阅读体验。

2. 内容同步性

用户在一个设备上标记的书签、阅读进度等信息应当能够同步到其他设备，保证用户无论在何时何地都能够方便地继续阅读。

3. 功能同步性

不同平台上的阅读平台功能应当具备一致性，用户无论使用何种设备，都能够方便地享受到相同的功能和服务。

（七）可持续改进

1. 用户反馈循环

建立用户反馈循环机制，及时收集用户的反馈意见，不断改进和优化阅读平台，确保平台的持续改进和用户体验的不断提升。

2. 创新性发展

关注数字化时代阅读的新趋势和技术，不断进行创新性发展，引入新的功能、服务和体验，使阅读平台保持在行业的前沿。

3. 数据驱动决策

通过数据分析和用户行为分析，做出基于数据的决策，包括推荐算法的优化、功能的新增等，确保决策的科学性和有效性。

二、阅读服务效果评估工具的选择与应用

随着数字化时代的发展，阅读服务已经不再局限于传统的纸质书籍，而是涵盖了数字阅读平台、在线图书馆、电子书服务等多种形式。为了更好地满足用户需求，提升阅读服务质量，阅读服务效果的评估变得尤为重要。以下将探讨阅读服务效果评估工具的选择与应用，以帮助提供方更全面、科学地了解其服务的优势和改进空间。

（一）选择阅读服务效果评估工具的原则

1. 全面性与多维度

评估工具应具备全面性，考虑多个维度的指标，包括用户体验、服务质量、内容丰富度、技术性能等方面。这有助于全面了解阅读服务的表现，并找出可能存在的问题。

2. 可量化与可比较性

评估工具应能够提供可量化的数据，使得阅读服务效果可以被度量和比较。这有助于建立标准化的评估体系，使得不同时间段、不同平台的效果具有可比较性。

3. 用户参与与反馈

用户参与度和用户反馈是衡量阅读服务效果的重要指标。评估工具应该包括用户调查、问卷调查等方式，获取用户的真实感受和建议，以便更精准地了解用户需求。

4. 数据安全与隐私保护

在使用评估工具时，需要确保对用户数据的安全和隐私进行保护。选择具备数据加密、匿名化处理等技术的工具，以防止敏感信息泄露。

（二）常用的阅读服务效果评估工具

1. 用户调查与问卷

用户调查和问卷是常见的评估工具，通过设计有针对性的问题，收集用户对于阅读服务的满意度、体验感受、需求等方面的反馈。

2. 网站分析工具

网站分析工具可以追踪用户在阅读平台上的行为，包括点击量、访问时长、页面跳转等。常用的网站分析工具能够提供详细的用户行为数据，为改进阅读服务提供参考。

3. 热力图分析工具

热力图分析工具可以通过对用户在页面上的点击、滚动等行为进行记录和分析，生成页面的热力图，直观地展示用户在页面上的关注点和兴趣区域。

4. 用户体验评估工具

用户体验评估工具可以模拟用户在阅读平台上的操作，通过记录用户的行为和反馈，评估平台的易用性和用户体验。

5. 内容质量评估工具

内容质量评估工具可以通过分析文本内容的语言质量、信息准确性等方面的指标，评估阅读服务提供的内容质量。

6. 移动端测试工具

对于提供移动端阅读服务的平台，移动端测试工具可以模拟不同移动设备和操作系统下的用户体验，检测页面在不同设备上的兼容性和性能。

（三）阅读服务效果评估的应用场景

1. 新功能上线前的评估

在引入新功能或更新版本时，通过评估工具收集用户反馈，了解用户对于新功能的接受程度和满意度，及时调整和改进。

2. 竞品比较分析

通过与竞品进行比较分析，了解自身阅读服务在用户体验、功能设计、内容质量等方面的差异，为制定差异化策略提供参考。

3. 优化用户体验

通过定期使用评估工具对用户体验进行监测，了解用户的实际操作和反馈，发现并解决可能存在的问题，以不断优化阅读服务的用户体验。

4. 内容推荐算法的优化

通过评估用户的点击、收藏、分享等行为数据，分析内容推荐算法的效果，优化推荐系统，提高推荐的精准度，提高用户对于推荐内容的满意度。

5. 移动端阅读体验的改进

使用移动端测试工具对阅读服务在不同移动设备上的表现进行评估，发现并解决可能存在的页面加载慢、排版错乱等问题，提升移动端阅读体验。

（四）阅读服务效果评估的挑战与应对策略

1. 多平台异构性

由于用户使用不同的设备和平台进行阅读，评估工具需要具备多平台异构性，能够适应不同操作系统和设备的特点。在选择工具时，要考虑其跨平台的适用性。

2. 用户心理因素

用户的心理因素对于阅读服务的评估有着重要的影响，但这些因素通常难以量化。在使用评估工具时，需要结合定性分析方法，如深度访谈、焦点小组等，更全面地了解用户的感受和需求。

3. 数据隐私与安全

在收集用户行为数据时，需要充分考虑数据隐私与安全的问题。选择具备数据隐私保护机制的评估工具，并制定相应的隐私政策，保护用户的个人信息。

4. 评估工具的费用与复杂性

一些先进的评估工具可能会涉及较高的费用和较复杂的使用流程。在选择工具时，需要权衡其性能与成本之间的关系，确保选择的工具符合阅读服务提供方的实际需求。

5. 短期与长期效果的平衡

一些评估工具可能更适用于短期效果的评估，而长期效果可能需要通过连续的监测和调整来实现。阅读服务提供方需要在短期与长期效果之间取得平衡，制定相应的策略。

阅读服务效果的评估是提高服务质量、满足用户需求的关键环节。选择适用的评估工具并综合考虑多方面因素，有助于全面了解阅读服务在用户体验、内容质量、技术性能等方面的表现。在评估过程中，应保持关注用户的实际需求，及时根据评估结果调整和优化服务，不断提升阅读服务的竞争力和用户满意度。在未来，随着科技的不断发展，阅读服务效果评估工具也将更加智能化和多样化，为提供方提供更精准、全面的服务评估支持。

三、多维度评估体系的构建

多维度评估体系是在多个关键维度上进行全面评估的一种体系结构，它有助于深入了解和全面衡量一个系统、服务或产品的表现。在不同领域，多维度评估体系的构建都是非常重要的，它不仅能够提供更全面的评估信息，也有助于制定有针对性的改进策略。以下将探讨构建多维度评估体系的原则、步骤以及在实际应用中的意义。

（一）构建多维度评估体系的原则

1. 全面性原则

多维度评估体系的首要原则是全面性。全面性要求在评估体系中包含尽可能多的关键维度，以覆盖系统或服务的各个方面。这确保了评估的全面性，不会因为忽略某个重要维度而导致评估结果的片面性。

2. 可量化原则

评估体系中的各个维度需要能够被量化，以便进行客观的测量和比较。可量化的维度可以通过具体的指标和数据来体现，这有助于从定性到定量的分析，为决策提供更可靠的依据。

3. 实用性原则

评估体系的构建应该具有实用性，即可以在实际应用中产生实际效果。评估体系不应过于烦琐复杂，而是要能够为相关利益相关者提供有用的信息，以指导决策和改进。

4. 适应性原则

多维度评估体系应具有一定的适应性，能够根据不同的场景和需求进行调整。这意味着评估体系应该具有灵活性，能够适应不同领域、不同项目和不同阶段的评估需求。

（二）构建多维度评估体系的步骤

1. 确定评估目标和范围

在构建多维度评估体系之前，需要明确定义评估的目标和范围。评估目标是指评估体系的最终目的，而范围则是评估所涉及的系统、服务或产品的具体边界和要素。

2. 识别关键维度

在明确评估目标和范围后，需要识别关键维度。关键维度是指影响评估目标实现的各个方面，可以涉及性能、用户体验、安全性、可维护性等多个方面。

3. 制定评估指标

每个关键维度下需要确定具体的评估指标。评估指标是用来量化和衡量关键维度的具体度量标准，可以是数量化的数据，也可以是质性的描述。

4. 确定权重和优先级

在确定了关键维度和评估指标后，需要为它们分配权重和优先级。不同的维度和指标可能对于整体目标的实现具有不同的影响，因此需要赋予它们不同的权重。

5. 收集评估数据

构建好评估体系后，需要开始收集评估数据。这可能涉及各种数据收集方法，包括定量数据的统计分析、定性数据的访谈和调查等。

6. 分析和解释数据

收集到数据后，需要进行数据分析和解释。这一步涉及对数据的统计分析、趋势分析、异常分析等，以得出关于各个维度和指标的结论。

7. 制定改进策略

最后，根据数据分析的结果，制定改进策略。这可能包括对某个维度或指标的具体改进措施，也可能是对整体评估体系的调整和完善。

（三）多维度评估体系在实际应用中的意义

1. 业务决策支持

多维度评估体系能够为业务决策提供有力的支持。通过全面评估不同维度和指标的表现，决策者能够更清晰地了解业务的优势和劣势，为制定战略和决策提供科学依据。例如，在产品开发过程中，通过多维度评估体系可以确定产品的核心优势和改进点，以满足市场需求。

2. 质量管理与持续改进

多维度评估体系是质量管理和持续改进的重要工具。它能够帮助组织全面了解业务的运作状况，及时发现和纠正问题，推动不断改进。通过定期的评估，组织可以建立起持续改进的文化，提高服务和产品的质量。

3. 制定绩效考核体系

多维度评估体系为制定绩效考核体系提供了参考依据。通过将评估体系中的关键维度和指标与员工的绩效挂钩，可以更公正地评价员工的工作表现，激励团队成员不断提升绩效。

4. 降低风险

全面的多维度评估有助于降低业务和项目的风险。通过对各个关键维度进行评估,能够及早发现潜在问题,减少项目失败的风险。这对于项目管理和业务运营都具有重要的意义。

5. 提高客户满意度

多维度评估体系不仅关注内部运作,也关注对外服务和客户体验。通过对服务质量、用户体验等方面的评估,组织能够更好地了解客户需求,提高服务水平,从而提高客户满意度。

6. 指导战略规划

在战略规划阶段,多维度评估体系可以为组织提供指导。通过对内外部环境、竞争对手、技术趋势等多个维度的评估,组织能够更准确地制定长期发展战略,使战略更具可行性和可持续性。

(四)多维度评估体系的案例应用

1. 企业综合绩效评估

一家制造业企业构建了综合绩效评估体系,包括生产效率、产品质量、员工绩效、客户满意度等多个维度。通过定期的数据收集和分析,企业能够及时调整生产计划、改进工艺流程、提高员工培训水平,从而全面提升企业综合绩效。

2. 科研项目评估

一所研究型机构为了评估科研项目的成果,构建了多维度评估体系,包括科研论文数量、专利申请数量、项目进展情况、团队合作等。通过对这些指标的评估,机构能够更好地了解科研项目的整体状况,为未来的科研方向和资源分配提供依据。

3. 数字化产品用户体验评估

一家互联网公司构建了数字化产品用户体验评估体系,包括界面设计、功能体验、页面加载速度、用户反馈等多个维度。通过用户调查、数据分析和用户行为监测,公司能够及时了解用户对产品的满意度和需求,从而不断优化产品设计和功能。

(五)面临的挑战与解决方案

1. 数据质量与可靠性

在构建多维度评估体系时,数据的质量和可靠性是关键挑战之一。不同数据源的差异、数据收集的误差等可能影响评估的准确性。解决方案包括规范数据收集流程、使用多个数据源进行验证、定期对数据进行清理和更新等。

2. 信息过载与分析困难

多维度评估涉及大量数据和信息，容易导致信息过载和分析困难。解决方案可以通过引入先进的数据分析工具和技术，建立数据仓库进行集中管理，采用可视化分析方法简化复杂数据的理解和应用。

3. 维度权衡与优先级制定

确定各维度的权衡和优先级是一个复杂的问题。不同的业务场景可能需要根据实际情况进行权衡，确保对核心维度的关注。解决方案可以通过利益相关者的参与、定期的评估体系审查来动态调整权衡和优先级。

4. 适应性与灵活性

评估体系需要具备一定的适应性，能够适应不同领域和不同业务需求。解决方案可以通过定期的评估体系审查，及时调整维度和指标，确保其适应新的业务环境。

5. 需求变更与迭代

随着业务和市场的变化，评估体系需要不断迭代和调整。解决方案可以通过建立灵活的评估体系框架，引入敏捷管理的原则，及时响应需求变更，进行体系的持续改进。

构建多维度评估体系是一个复杂而关键的过程，对于组织、项目或产品的持续改进和优化至关重要。通过全面考量不同关键维度和指标，多维度评估体系能够提供更全面的业务洞察，促使组织在各个方面不断提升。在实际应用中，构建多维度评估体系需要根据具体情况灵活运用原则和步骤，并解决面临的挑战，以确保评估的全面性、准确性和实用性。

在全球化、数字化的时代，组织需要更加注重全面性的评估，以适应快速变化的市场和环境。多维度评估体系的应用不仅有助于提高业务绩效，还能够推动创新、降低风险、提高客户满意度，为组织的可持续发展奠定基础。通过持续改进和不断优化评估体系，组织将更好地适应未来的挑战，实现长期成功。

第三节　数据驱动的新媒体阅读服务优化

一、利用数据优化个性化推荐系统

在当今数字化时代，海量的数据不断产生，如何从中挖掘有价值的信息，为用户提供个性化、精准的推荐服务成为许多互联网平台关注的重点。个性化推荐系统基于用户行为、兴趣等数据，通过算法分析和学习，为用户提供符合其需求的内容。以下将探讨如何通过数据优化个性化推荐系统，从而提升用户体验，增强平台竞争力。

（一）个性化推荐系统的基本原理

1. 用户行为数据的收集

个性化推荐系统的核心是通过收集用户行为数据，了解用户的喜好、兴趣和习惯。这些数据可以包括用户的点击记录、浏览历史、搜索记录、收藏行为等。通过分析这些行为数据，系统可以建立用户画像，更好地理解用户的需求。

2. 内容特征的提取

除了用户行为数据，个性化推荐系统还需要对内容进行特征提取。内容特征可以包括文本内容的关键词、主题标签、作者信息等。通过分析内容特征，系统可以更准确地匹配用户的兴趣，实现精准推荐。

3. 推荐算法的应用

推荐算法是个性化推荐系统的核心，它通过分析用户行为和内容特征，预测用户可能感兴趣的内容。常见的推荐算法包括协同过滤、内容推荐、深度学习等。这些算法可以根据不同的场景和需求进行选择和组合。

4. 用户反馈的重要性

个性化推荐系统还需要考虑用户的反馈信息。用户反馈可以包括点击推荐内容的喜好程度、对推荐结果的评分、用户的主动反馈意见等。通过收集用户反馈，系统可以不断调整推荐策略，提升推荐效果。

（二）数据优化个性化推荐系统的关键步骤

1. 数据清洗与预处理

在进行个性化推荐之前，首先需要对收集到的数据进行清洗与预处理。这包括去除异常值、处理缺失数据、标准化数据格式等步骤。清洗后的数据更有利于建立准确的用户画像和内容特征。

2. 用户画像的建立

通过对用户行为数据的分析，可以建立用户画像，包括用户的兴趣领域、偏好类型、活跃时间等信息。建立准确的用户画像是个性化推荐系统的基础，它为后续的推荐算法提供了有效的依据。

3. 内容特征的提取与加工

对于内容特征，需要进行提取与加工，以便更好地反映内容的关键信息。这可能涉及自然语言处理技术、文本挖掘等方法，从文本内容中提取关键词、主题标签等信息，以便用于推荐算法的输入。

4. 选择和优化推荐算法

根据业务需求和数据情况，选择合适的推荐算法，并进行优化。不同的算法有不同的适用场景，有些可能更适用于冷启动问题，有些则更适用于长尾问题。算法的优化可以通过调整参数、引入新的算法模型等方式实现。

5. 引入实时性和动态性

个性化推荐系统需要具备实时性和动态性，能够根据用户行为和内容变化及时调整推荐结果。这可能涉及推荐模型的在线学习、实时数据处理等技术，以确保推荐系统能够适应快速变化的用户需求。

6. 用户反馈的回流

用户反馈是优化个性化推荐系统的重要数据源。建立用户反馈的回流机制，及时获取用户对推荐结果的评价和反馈，可以帮助系统更好地理解用户需求，提升推荐的精准度。

（三）数据驱动的个性化推荐系统在不同领域的应用

1. 电商平台

在电商平台上，个性化推荐系统可以通过分析用户的购物历史、浏览行为，推荐符合用户兴趣的商品。这有助于提高用户购物体验，提升交易转化率。电商平台还可以通过引入用户画像，为用户推荐个性化的促销活动和优惠券，提高用户忠诚度。

2. 社交媒体

在社交媒体上，个性化推荐系统可以分析用户的好友关系、发布内容和浏览行为，为用户推荐感兴趣的社交圈内容。这有助于提高用户留存时间，增强社交平台的活跃度。社交媒体还可以通过推荐相关话题、热门活动等，促使用户参与更多社交互动。

3. 视频流媒体

在视频流媒体平台上，个性化推荐系统可以根据用户观看历史、喜好，推荐符合用户口味的视频内容。这有助于提高用户的观看时长，增加平台的用户黏性。视频流媒体还可以通过分析用户对不同类型、演员、导演等的偏好，为用户提供更个性化的推荐体验，从而提高用户满意度。

4. 新闻和内容平台

在新闻和内容平台上，个性化推荐系统可以根据用户的阅读历史、点击偏好，为用户推荐相关的新闻和文章。这有助于提高用户对平台的黏性，使用户更容易找到感兴趣的内容。新闻平台还可以通过分析用户对不同主题、作者、标签等的喜好，为用户提供更加个性化的新闻推荐。

（四）数据优化个性化推荐系统面临的挑战与解决方案

1. 数据隐私与安全

个性化推荐系统涉及大量用户行为和个人兴趣数据，数据隐私和安全成为一个重要的挑战。解决方案包括加强数据加密、建立明确的隐私政策、采用匿名化处理等措施，以确保用户数据的安全性和隐私保护。

2. 冷启动问题

冷启动问题是指对于新用户或新内容，个性化推荐系统很难提供准确的推荐。解决方案包括引入基于内容的推荐方法，通过分析内容特征为新用户提供推荐；采用协同过滤和矩阵分解等技术，利用相似用户的行为为新用户提供参考。

3. 推荐结果的解释性

推荐系统的黑盒性使得用户对推荐结果的形成过程缺乏解释性，降低了用户的信任度。解决方案包括引入解释性推荐模型，通过透明的方式展示推荐依据，增强用户对推荐结果的理解和接受度。

4. 推荐结果的多样性

推荐系统往往面临推荐结果过于集中的问题，缺乏多样性。解决方案包括引入多样性的推荐算法，考虑用户的多重兴趣和需求，使推荐结果更加丰富多样化。

5. 实时性与动态性

在面对大规模用户和内容时，保证个性化推荐系统的实时性和动态性是一个挑战。解决方案包括引入流式计算技术，采用增量更新的方式更新推荐模型，保持系统的实时性。

数据优化个性化推荐系统是利用大数据技术和算法模型为用户提供个性化服务的重要手段。通过深度挖掘用户行为数据和内容特征，系统能够更好地理解用户需求，提供符合用户兴趣的推荐结果。在不同领域的应用中，个性化推荐系统已经成为提高用户体验、增强平台竞争力的关键因素。

然而，个性化推荐系统在面临数据隐私、冷启动、解释性和多样性等方面仍然存在挑战。通过采用先进的技术手段和合理的解决方案，可以更好地克服这些挑战。随着数据科学和人工智能领域的不断发展，个性化推荐系统将继续迭代和创新，为用户提供更加智能、精准的个性化服务。

二、数据分析在社交媒体阅读服务中的运用

社交媒体已经成为人们获取信息、分享观点和进行交流的主要平台之一。在这个信息爆炸的时代，用户在社交媒体上阅读的内容呈现多样化和个性化的趋势。为了更好地满足用户的需求，社交媒体平台借助数据分析技术，通过深入挖掘用户行为、内容特征和社交关系等方面的数据，提供个性化、精准的阅读服务。以下将探讨数据分析在社交媒体阅读服务中的运用，以及其对用户体验、平台运营和内容推荐的影响。

（一）用户行为分析

1. 阅读行为分析

社交媒体平台通过分析用户的阅读行为，了解用户对不同类型内容的偏好。这包括点击、浏览、点赞、分享等行为。通过对阅读行为的深入分析，平台可以推断用户的兴趣领域、关注重点，并根据这些信息进行个性化推荐。

2. 评论和反馈分析

用户在社交媒体上的评论和反馈是重要的信息来源。通过对评论内容的情感分析，平台可以了解用户对特定内容的态度和情感倾向。这有助于更好地理解用户的喜好，为用户提供更符合其情感需求的阅读推荐。

3. 社交互动分析

社交媒体是社交的平台，用户之间的互动也是重要的数据来源。分析用户之间的社交关系、社交圈子的形成和发展，可以揭示用户的社交网络结构，为个性化推荐提供更多的上下文信息。例如，用户可能更倾向于关注自己社交圈内朋友的阅读推荐。

（二）内容特征分析

1. 关键词提取与主题建模

社交媒体上的内容呈现多样性，对内容进行关键词提取和主题建模有助于揭示内容的关键特征。通过使用自然语言处理技术，平台可以分析文章的关键词，识别文章的主题，为用户提供更加个性化的阅读推荐。例如，如果用户对科技类关键词感兴趣，系统可以更多地推荐相关领域的内容。

2. 内容质量分析

数据分析还可以用于评估内容的质量。通过分析文章的阅读量、点赞数、评论数等指标，平台可以判断内容的受欢迎程度和影响力。基于这些数据，系统可以为用户推荐更受欢迎、更具质量的阅读内容，提升用户体验。

3. 用户生成内容分析

社交媒体不仅是内容消费的平台，也是用户生成内容的平台。通过分析用户生成的内容，了解用户的兴趣、专业领域和创作风格。这有助于平台更好地为用户提供符合其创作兴趣的阅读服务，促进用户参与平台内容的创作与分享。

（三）个性化推荐系统

1. 协同过滤算法

协同过滤是一种常用的个性化推荐算法，通过分析用户行为数据，找到用户之间的相似性，从而向用户推荐其他相似用户喜欢的内容。这有助于拓展用户的阅读领域，引导用户发现更多可能感兴趣的内容。

2. 内容推荐算法

内容推荐算法基于内容特征，通过分析用户的历史行为和喜好，为用户推荐相似或相关的内容。这种算法考虑到了用户个体的兴趣和喜好，更加精准地满足用户的阅读需求。内容推荐算法可以利用关键词、主题、内容质量等特征，为用户提供更加个性化、符合其口味的推荐。

3. 引入深度学习

深度学习技术在社交媒体阅读服务中也逐渐发挥着重要作用。深度学习模型可以通过对大量的用户行为和内容特征进行学习，挖掘出更为复杂和深层次的关联，提高个性化推荐的准确性。例如，利用深度学习的卷积神经网络（CNN）或循环神经网络（RNN）进行特征学习和表示，可以更好地捕捉用户的兴趣和内容的语义信息。

（四）用户体验优化

1. 个性化阅读推荐

通过数据分析，社交媒体平台可以实现个性化的阅读推荐，为每个用户提供符合其兴趣和喜好的内容。个性化推荐不仅能够提高用户对平台的黏性，也能够让用户更容易找到感兴趣的内容，提升整体的用户体验。

2. 实时更新推荐

数据分析技术可以实现对用户行为的实时监测和分析，从而及时更新个性化推荐。用户在不同时间段可能有不同的阅读需求，实时更新推荐可以更好地满足用户的实时需求，提升用户体验的实效性。

3. 互动和社交体验

通过分析社交互动数据，平台可以更好地了解用户的社交网络结构和用户之间的互动关系。这有助于设计更有针对性的社交功能，提升用户在平台上的互动体验。例如，推荐用户关注可能感兴趣的用户，或者根据用户的社交圈子进行内容推荐。

（五）平台运营与营销

1. 内容运营策略

数据分析为社交媒体平台提供了深刻的内容运营策略。通过分析用户的喜好和阅读习惯，平台可以更有针对性地策划和推出各类内容，提高内容的质量和吸引力，从而增加用户的留存率和活跃度。

2. 广告投放优化

社交媒体平台通常依赖广告收入，通过数据分析，平台可以更精准地了解用户的兴趣和偏好，为广告主提供更精准的广告投放服务。这不仅提高广告的点击率和转化率，还提升了广告主在平台上的投放体验。

3. 用户增长和留存

通过分析用户行为和反馈数据，社交媒体平台可以更好地理解用户需求和痛点。基于这些数据，平台可以制定更有效的用户增长和留存策略，例如通过推出个性化福利、举办线上活动等方式，吸引更多用户参与和留存。

（六）挑战与解决方案

1. 数据隐私保护

随着对用户数据应用的增加，数据隐私保护成为一个重要的挑战。社交媒体平台需要建立严格的隐私政策，采用加密技术确保用户数据的安全，并明确告知用户数据的使用目的和方式。

2. 多样性和透明性

在推荐系统中，需要平衡推荐的多样性和透明性。一方面，推荐系统需要考虑用户多元化的兴趣，提供丰富多样的推荐内容；另一方面，系统需要保持一定的透明度，让用户能够理解推荐结果的形成过程。

3. 冷启动问题

冷启动问题是指对于新用户或新内容，推荐系统很难提供准确的推荐。解决方案包括引入基于内容的推荐方法，通过分析内容特征为新用户提供推荐；采用协同过滤和矩阵分解等技术，利用相似用户的行为为新用户提供参考。

4. 推荐结果的解释性

推荐系统的黑盒性可能降低用户对推荐结果的信任度。解决方案包括引入解释性推荐模型，通过透明的方式展示推荐依据，增强用户对推荐结果的理解和接受度。同时，用户也可以自主设置推荐策略，提高用户对推荐系统的满意度。

5. 大规模数据处理

社交媒体平台通常面对海量的用户行为数据和内容信息，处理这些大规模数据需要强大的计算和存储能力。解决方案包括采用分布式计算和存储技术，优化算法以提高处理效率，确保系统能够在高并发和大规模情境下稳定运行。

（七）未来发展趋势

1. 引入更多智能技术

未来，社交媒体平台可能会引入更多的智能技术，如自然语言处理、图像识别、推理引擎等，以更全面、深入地分析用户行为和内容特征，提供更智能、精准的阅读推荐服务。

2. 强化用户参与感

社交媒体平台可以通过增强用户的参与感，鼓励用户参与内容创作、评论和分享。通过数据分析，平台可以更好地理解用户参与的动机和需求，提供更有针对性的服务，从而促进社交媒体生态的良性发展。

3. 加强数据隐私保护

随着用户对数据隐私的关注不断增加，社交媒体平台需要更加注重数据隐私保护。未来发展趋势包括引入更加先进的隐私保护技术，如同态加密、去中心化标识等，以保障用户数据的安全和隐私。

4. 推动跨平台整合

为了提供更一体化的阅读体验，未来社交媒体平台可能会推动跨平台整合，整合不同媒体、社交网络和内容平台的信息。通过数据分析，平台可以更好地理解用户在不同平台上的行为和兴趣，为用户提供更一体化、无缝连接的阅读服务。

数据分析在社交媒体阅读服务中的运用已经成为提高用户体验、优化平台运营和推动内容创新的关键因素。通过深入挖掘用户行为、内容特征和社交关系等数据，社交媒体平台可以实现个性化、实时化的阅读推荐，提高用户满意度和平台黏性。然而，随着社交媒体的不断发展和用户需求的变化，平台需要不断创新和优化数据分析技术，以适应未来的发展趋势。在解决数据隐私、提升推荐效果、增加用户参与感等方面，社交媒体平台还需不断寻找创新的解决方案，为用户提供更加智能、个性化的阅读服务。

三、数据驱动的阅读活动策略调整

在数字化时代，阅读活动不再仅仅是传统的纸质书籍阅读，更涵盖了数字阅读、在线阅读等多种形式。随着信息技术的不断发展，数据驱动成为组织和管理阅读活动的一种关键方式。数据分析可以帮助评估阅读活动的效果，理解用户行为和偏好，以便更好地满足读者需求。以下将探讨数据驱动的阅读活动策略，包括如何利用数据分析调整阅读活动，提升参与度和效果。

（一）数据驱动的阅读活动

1. 数据采集与分析

数据驱动的阅读活动首先需要建立健全的数据采集系统。这包括用户阅读行为、参与活动的频率、喜好标签、活动页面停留时间等各方面的数据。通过这些数据，可以建立用户画像，深入了解用户的需求和兴趣。

2. 用户反馈与调查

除了行为数据，用户反馈和调查也是关键的数据来源。通过用户反馈和调查问卷收集用户对阅读活动的看法、建议和期望，有助于更全面地了解用户的感受和期待，为策略调整提供有力的依据。

3. 外部数据引入

除了内部数据，外部数据也可以为阅读活动提供有益的参考。例如，社会热点、文化事件、特殊节日等外部信息都可能影响用户的阅读兴趣。将外部数据与内部数据结合分析，可以更好地把握阅读活动的时机和主题。

（二）策略调整的数据分析方法

1. 阅读活动效果评估

数据分析的首要任务是评估阅读活动的效果。这包括参与度、用户留存率、活动期间的用户行为变化等多个方面的指标。通过这些数据，可以了解哪些活动受欢迎，哪些需要改进，以及用户对活动的整体反馈。

2. 用户行为路径分析

深入了解用户在阅读活动中的行为路径是优化策略的关键。数据分析可以揭示用户从活动入口到最终参与的完整路径，帮助了解用户的决策过程和关注点。基于这些数据，可以调整活动页面布局、引导用户流程，提升用户的参与体验。

3. 用户画像精细化

通过对用户行为数据的深入分析，可以不断细化用户画像。了解用户的地理位置、设备偏好、阅读时间偏好等信息，有助于更精准地推测用户的行为模式和参与意愿。通过对不同用户群体的差异性分析，制定更有针对性的活动策略。

4. 内容标签与主题挖掘

利用自然语言处理技术，对用户在活动中生成的内容进行标签和主题的挖掘。这有助于了解用户对不同主题的兴趣程度，为后续活动的主题选择提供数据支持。同时，也能为内容推荐提供依据，提高个性化推荐效果。

（三）策略调整的实际案例

1. A/B 测试

A/B 测试是一种经典的数据驱动策略调整方法。通过将用户随机分成两组，一组接受原有策略，另一组接受新策略，然后比较两组用户的行为数据，从而评估新策略的效果。例如，可以通过 A/B 测试比较不同奖励机制对用户参与度的影响，找到更具吸引力的奖励方式。

2. 用户留存率提升

通过数据分析，发现在某阅读活动后，用户留存率下降较为明显。进一步分析发现，用户流失主要集中在活动后的几天内。为了提升用户留存率，策略调整包括在活动结束后增加连续几天的精彩推荐内容，引导用户持续参与。

3. 时段优化

通过分析用户在不同时间段的阅读活跃度，发现某个活动的参与度在晚上较高。因此，策略调整包括将一些精彩活动集中在晚间推出，以更好地迎合用户的阅读时间习惯。

4. 话题调整

某阅读活动的话题选择并未引起用户足够的兴趣。通过用户调查和行为数据分析，发现用户更关注某热门话题。为了提高用户参与度，策略调整包括更加精准地选择热门话题，并增加与之相关的活动内容。

（四）挑战与应对策略

1. 数据安全和隐私

在数据驱动的阅读活动中，数据的安全和隐私保护是一个重要的挑战。应对这个挑战的策略包括：

（1）匿名化处理：对用户个人信息进行匿名化处理，确保数据中不包含敏感信息。这可以通过去除直接识别用户的信息如姓名、电话号码等来实现。

（2）加密技术：使用加密技术保护数据的传输和存储过程，防止未经授权的访问。通过采用先进的加密算法，确保数据在处理和传输过程中的安全性。

（3）合规政策：制定并遵循严格的数据使用和隐私保护政策，以确保阅读活动的数据处理符合法规和用户的隐私期望。与相关法规、法律进行对齐，遵循GDPR、CCPA等隐私法规。

2. 数据质量和准确性

数据质量和准确性直接影响策略调整的有效性。应对这个挑战的策略包括：

（1）数据清洗：在数据收集之前，进行数据清洗，去除异常数据和错误信息。这可以通过自动化工具和规则进行，提高数据的准确性。

（2）数据验证：使用数据验证技术，确保从多个来源收集的数据一致性。通过交叉验证数据，减少因为错误数据而导致的分析失误。

（3）实时监测：建立实时监测系统，对数据进行实时监控。一旦发现异常，及时采取纠正措施，确保数据的质量和准确性。

3. 用户参与度的提升

提升用户参与度是数据驱动阅读活动策略调整的核心目标。应对这个挑战的策略包括：

（1）个性化推荐：利用用户的历史阅读行为和偏好数据，实现个性化的阅读推荐。确保用户获得的推荐内容与其兴趣密切相关，提高参与度。

（2）互动设计：通过合理的互动设计，激发用户的参与欲望。这可以包括投票、评论、分享等方式，使用户更加积极地参与到阅读活动中。

（3）奖励机制：引入有吸引力的奖励机制，鼓励用户积极参与。奖励可以包括积分、礼品、优惠券等，增加用户的参与动力。

（4）实时反馈：提供实时的反馈机制，让用户在参与活动的过程中能够感受到实际效果。例如，实时展示用户评论、点赞等互动数据，让用户感到他们的参与是有价值的。

（五）未来发展趋势

1. 引入人工智能技术

未来，随着人工智能技术的不断发展，可以引入更先进的自然语言处理、图像识别等技术，对用户行为和反馈进行更深层次的分析，提高阅读活动策略调整的精准性和智能性。

2. 跨平台整合

未来的趋势是将不同平台上的阅读活动整合起来，形成更加一体化的阅读生态。通过数据分析，跨平台整合可以更好地了解用户在不同平台上的阅读行为，制定更全面的阅读活动策略。

3. 强化社交互动

社交互动是阅读活动吸引用户的关键因素之一。未来，可以通过强化社交互动，推出更具吸引力的社交功能，促使用户更多地参与到阅读活动中。

4. 加强可视化分析

未来的发展趋势是加强对数据的可视化分析。通过直观的图表和可视化工具，使决策者更容易理解数据，更快速地做出策略调整的决策。

数据驱动的阅读活动策略调整是数字化时代阅读推广的必然趋势。通过充分利用用户行为数据、用户反馈、外部数据等多维度信息，组织可以更好地了解用户需求、优化阅读活动，并使阅读活动更具吸引力和影响力。面对挑战，组织需要注重数据安全、提升数据质量、不断优化用户参与体验，以实现更精准、智能、有针对性的阅读活动推广策略。未来，随着技术的发展和用户需求的变化，数据驱动的阅读活动策略调整将不断迭代和创新，为阅读推广带来更广阔的发展空间。

第九章 未来趋势与发展方向

第一节 新技术对新媒体阅读的影响

一、人工智能在阅读服务中的应用

人工智能（AI）技术的快速发展在各个领域都带来了深刻的变革，阅读服务领域也不例外。本书将探讨人工智能在阅读服务中的应用，从文本分析、个性化推荐、语音识别到智能编辑等方面进行详细阐述。通过分析这些应用，我们能够更全面地了解人工智能如何改善阅读体验，提高信息获取效率，并推动阅读服务行业的创新和发展。

（一）文本分析

在阅读服务中，文本分析是人工智能应用的关键之一。通过自然语言处理（NLP）技术，人工智能能够理解和解释文本，实现语义理解和情感分析。这项技术的应用使得阅读服务更加智能化，具备更高的智能问答和摘要生成能力。

1. 智能问答系统

智能问答系统利用自然语言处理和机器学习技术，能够从大量文本中准确抽取信息，回答用户提出的问题。这种系统在在线阅读中起到了引导和帮助用户更快地获取信息的作用。通过深度学习模型，系统能够理解问题的语境，从而更准确地回答用户的疑问。

2. 摘要生成

文本摘要生成是另一个重要的人工智能应用，它能够自动提取文本中的关键信息，生成简洁而准确的摘要。在阅读服务中，这种技术有助于用户更迅速地了解文本内容，特别是在面对大量信息时，帮助用户筛选和浏览。

（二）个性化推荐

人工智能在阅读服务中的另一个显著应用是个性化推荐系统。通过分析用户的阅读历史、兴趣爱好、点击行为等数据，人工智能能够为用户提供个性化的推荐内容，从而提高用户体验。

1. 阅读历史分析

个性化推荐系统首先分析用户的阅读历史，了解用户的兴趣领域和偏好。通过深度学习模型，系统能够挖掘出用户的潜在兴趣，从而更准确地进行推荐。

2. 兴趣标签和推荐算法

基于用户的阅读历史，人工智能系统可以为用户打上兴趣标签，形成用户的兴趣画像。同时，推荐算法通过比对用户兴趣和相似用户的阅读行为，提供个性化的阅读推荐，使用户更容易找到符合自己兴趣的内容。

（三）语音识别

语音识别技术的发展为阅读服务带来了更多可能。通过语音识别，用户可以通过语音指令来控制阅读设备，也能够将语音转化为文本，实现语音搜索和语音笔记等功能。

1. 语音搜索

语音搜索技术允许用户通过口头输入来获取信息，为用户提供更为便捷的搜索体验。在阅读服务中，这项技术使用户能够通过语音指令直接获取所需内容，提高了服务的智能性和交互性。

2. 语音笔记

通过语音识别技术，用户可以将口述的内容转化为文本，实现语音笔记的功能。这为用户在阅读时记录想法、笔记和评论提供了新的途径，增强了用户与阅读内容的互动性。

（四）智能编辑

人工智能还在阅读服务中发挥着智能编辑的作用。通过自动编辑、语法检查、排版优化等技术，智能编辑系统能够提高文本质量，改善用户的阅读体验。

1. 自动编辑

自动编辑技术可以帮助自动检测和修复文本中的语法错误、拼写错误等问题，提高文本的质量和可读性。这对于在线阅读平台、新闻编辑等领域都具有重要的意义。

2. 排版优化

智能编辑系统还能够根据用户的阅读习惯和设备特性,自动进行排版优化,使阅读页面更符合用户的需求,提高页面的可读性和美观度。

(五)挑战与展望

虽然人工智能在阅读服务中取得了显著的成就,但仍然面临一些挑战。隐私保护、算法公正性、数据安全等问题需要得到有效解决。此外,人工智能在阅读服务中的应用也需要更好地融入人类的阅读习惯和情感需求,以更好地服务用户。

二、增强现实技术与虚拟阅读体验

增强现实(AR)技术作为一种蓬勃发展的交互技术,正在深刻改变我们的生活方式,其中之一就是在阅读领域的应用。本书将深入探讨增强现实技术与虚拟阅读体验的关系,从 AR 技术的基本原理、在阅读中的应用、虚拟阅读体验的创新以及未来发展方向等方面进行详细论述,旨在为读者提供对这一领域的全面理解。

(一)增强现实技术概述

1. 增强现实的定义

增强现实是一种通过将数字信息叠加在现实世界中,以实时的方式提供增强信息的技术。与虚拟现实不同,增强现实不会完全替代现实,而是通过融合虚拟和现实元素,创造出更加丰富、沉浸式的用户体验。

2. 增强现实的基本原理

增强现实技术基于计算机视觉、传感器技术和显示技术等多个领域。通过摄像头捕捉真实世界的图像,然后利用计算机算法将虚拟信息叠加在这些图像上,并通过显示设备呈现给用户。传感器可以检测用户的位置、动作等,从而实现与虚拟信息的交互。

3. 增强现实技术的分类

根据使用场景和设备的不同,增强现实技术可以分为移动增强现实、投影增强现实和混合现实等多种类型。移动增强现实主要通过移动设备(如智能手机、平板电脑)实现,而投影增强现实则利用投影技术将虚拟信息投影到现实环境中。

（二）增强现实技术在阅读中的应用

1. 增强现实图书

增强现实技术为传统图书带来了全新的阅读体验。通过在图书中嵌入 AR 标识或二维码，读者可以利用移动设备查看与书籍内容相关的虚拟信息，如作者访谈、3D 模型、交互式图表等。这不仅使阅读更加生动有趣，还提供了额外的知识层面。

2. 文字翻译与注释

增强现实技术在文字翻译和注释方面也有着广泛的应用。通过 AR 技术，用户可以在实际场景中看到虚拟的文字翻译或注释，帮助理解并扩展阅读内容。这对于跨语言阅读和学习外语具有重要意义。

3. 虚拟导览

在非虚拟场景中，增强现实可以用于创建虚拟导览，为读者提供更深入的了解。例如，在博物馆、历史场所或城市地图上，读者可以使用 AR 技术查看与地点相关的虚拟信息，了解历史背景、文化解读等。

4. 交互式学习

增强现实技术还可以用于创建交互式学习体验。通过将虚拟元素嵌入教科书或学习资料中，学生可以通过移动设备与虚拟内容互动，进行实践性学习，提高学习效果。

（三）虚拟阅读体验的创新

1. 沉浸式虚拟图书馆

虚拟图书馆是一种以虚拟现实和增强现实技术为基础的创新阅读体验。读者可以通过 VR 头戴设备进入虚拟图书馆，浏览和阅读虚拟的图书。这种体验不仅提供了更真实的图书馆环境，还可以通过 AR 技术实现互动式学习和合作。

2.3D 图书与虚拟写作

借助增强现实技术，图书可以更加立体、生动。读者可以通过 AR 设备查看 3D 模型、交互式图表，使得抽象概念更加具体化。同时，虚拟写作工具也可以通过 AR 技术实现，让作者以全新的方式创作和展示作品。

3. 虚拟文学演出

虚拟阅读体验可以通过将文学作品与虚拟演出相结合，创造出更加沉浸式的阅读体验。通过 AR 技术，读者可以在阅读过程中观看虚拟的舞台表演、听取虚拟的音效，使得文学作品更具情感共鸣。

4.虚拟阅读社交

增强现实技术可以为虚拟阅读社交创造更多可能性。读者可以通过 AR 设备在虚拟空间中与其他读者互动、分享阅读体验，甚至参与虚拟读书会。这种社交体验可以弥补传统阅读中的孤立感，使阅读成为更具社交性的活动。

5.智能推荐与定制化体验

结合增强现实技术和智能推荐系统，虚拟阅读体验可以更加个性化。AR 设备可以通过用户的视线、动作等信息，实时调整虚拟内容的呈现方式，使用户获得更符合个性化需求的阅读体验。智能推荐算法可以根据用户的兴趣、阅读历史等数据，为用户提供更精准的阅读建议。

（四）未来发展方向

1.强化技术集成

未来，随着计算机硬件和传感器技术的不断发展，增强现实技术将更加强大和精细。AR 技术可能与其他新兴技术如人工智能、5G 通信等紧密结合，实现更高效的信息处理和更低延迟的互动体验，为虚拟阅读体验提供更大的可能性。

2.跨平台融合

未来，虚拟阅读体验可能会更加跨平台融合，不仅限于专用的 AR 设备。智能手机、平板电脑等移动设备可能会通过更先进的 AR 应用程序提供虚拟阅读体验，使得用户更容易融入这一新型阅读方式。

3.应用拓展至其他领域

除了文学阅读，增强现实技术还有望在其他领域得到广泛应用，如医学教育、工程设计、博物馆展览等。将 AR 技术应用于这些领域，将为用户带来更多全新的学习和体验方式。

4.用户体验与隐私保护

随着增强现实技术在阅读中的应用不断增加，用户体验和隐私保护将成为关注的焦点。未来的发展需要更加注重提升用户体验，降低使用门槛，并加强对个人隐私的保护，确保用户在享受虚拟阅读体验的同时，能够保持安全和隐私的掌控。

5.教育与文化的深度融合

随着虚拟阅读体验的发展，教育和文化的深度融合将成为未来的一大趋势。虚拟图书馆、虚拟导览等创新应用将为教育带来更丰富的资源，同时促进文化传承和交流。

增强现实技术与虚拟阅读体验的结合为阅读带来了全新的可能性，使得阅读变得更加互动、个性化和有趣。通过增强现实技术，图书不再是静态的文字和图片，而是融合了虚拟元素的沉浸式体验。虽然目前仍有一些挑战，如技术的不断完善、用户隐私的保护等问题需要解决，但随着技术的不断进步和用户接受程度的提高，虚拟阅读体验将在未来持续创新，为读者提供更为丰富、深刻的阅读体验。在这个数字化时代，增强现实技术的蓬勃发展将为文学、教育和文化领域带来更大的推动力，推动人们对阅读的认知和体验方式不断演进。

三、区块链技术对数字阅读的影响

区块链技术作为一项新兴的分布式账本技术，正在逐渐渗透到各个行业。数字阅读作为数字化时代的产物，同样在这一技术的影响下发生着深刻的变革。本书将探讨区块链技术对数字阅读的影响，包括但不限于数字版权保护、内容创作者激励、阅读数据隐私安全等方面。通过深入分析，我们能够更好地理解区块链技术如何为数字阅读行业带来创新，推动其可持续发展。

（一）区块链技术基础概念

1. 区块链的定义

区块链是一种去中心化、分布式账本技术，它由多个区块组成，每个区块包含了一定数量的交易记录。这些区块通过密码学方法相互链接，形成一个不可篡改的链条。区块链的去中心化和不可篡改的特性为数字阅读领域带来了诸多机遇。

2. 区块链的工作原理

在区块链中，每个区块包含了上一个区块的哈希值，这样一层层链接形成了一个链条。每个区块中的交易记录经过共识算法的验证后才能被写入区块链。由于每个区块都包含了前一个区块的信息，因此一旦信息被写入区块链，就很难被篡改，确保了数字信息的安全性。

3. 区块链的关键特性

区块链技术具有去中心化、透明性、不可篡改性和智能合约等关键特性。这些特性为数字阅读提供了更加安全、透明和高效的解决方案。

（二）数字版权保护

1. 去中心化的版权管理

传统数字阅读平台存在一些问题，例如数字版权盗版、侵权抄袭等。区块链技术通过去中心化的特性，使数字版权管理更加透明和可追溯。每一份数字版权可以通过区块链的分布式账本追溯到源头，确保版权的真实性和合法性。

2.智能合约的应用

区块链中的智能合约是一种能够自动执行合同条款的计算机程序。在数字阅读领域，智能合约可以用于自动执行版权转让、许可和付费等操作，减少人为干预，提高版权交易的效率。通过智能合约，数字版权的使用和收益分配可以更加精确、公正。

3.去中介化的数字版权交易

传统的数字版权交易通常需要中介机构，而这些中介机构会提高交易成本并延缓交易速度。区块链技术的去中心化特性使得数字版权交易可以直接在参与者之间进行，减少中间环节，提高版权交易的效率和透明度。

（三）内容创作者激励

1.去除中间环节

区块链技术使得内容创作者能够更加直接地与读者进行交流和合作，去除了传统中介平台的中间环节。创作者可以通过区块链平台直接发布作品，建立与读者之间更为紧密的联系，提高创作成果的传播效果。

2.激励机制与代币经济

区块链平台可以通过建立激励机制，使用代币经济来奖励内容创作者。读者可以通过购买代币或者其他方式支持自己喜爱的创作者，创作者则通过提供高质量的内容来吸引更多读者和支持者。这种去中心化的经济模型为创作者提供了更多的激励和收益途径。

3.共享经济模式

区块链技术还可以推动数字阅读进入更为开放的共享经济模式。通过建立基于区块链的共享平台，创作者可以更灵活地管理自己的版权，读者也能够更方便地获取到所需的内容。这种模式在数字阅读领域有望推动更多的合作和资源共享。

（四）阅读数据隐私安全

1.去中心化的身份验证

数字阅读平台通常需要用户提供个人信息进行注册，而这些信息往往保存在中心化的数据库中，容易成为攻击目标。区块链技术可以通过去中心化的身份验证系统，将用户的身份信息存储在分布式账本上，提高用户数据的安全性。

2. 用户数据授权和匿名性

区块链技术可以实现用户对个人数据的更为精细的授权管理。用户可以选择授权哪些信息可以被共享，以及共享的对象。同时，区块链的匿名性特性使得用户在不暴露个人身份的情况下参与数字阅读平台，增强用户的隐私保护。

3. 安全的数字阅读记录

区块链技术还能够确保数字阅读记录的安全性。通过将阅读记录存储在区块链上，可以防止数据篡改和虚假记录。这有助于建立可信的阅读历史，对于一些需要验证阅读经历的场景，如学术研究、证书颁发等，具有重要的意义。

4. 去中心化的防火墙

数字阅读平台面临着来自网络攻击的威胁，包括数据泄露、恶意篡改等。区块链技术可以构建去中心化的防火墙系统，通过分布式的网络节点共同维护安全性，提高数字阅读平台的抗攻击能力。

（五）社区建设与读者参与

1. 去中心化社区治理

区块链技术为数字阅读平台的社区建设提供了新的模式。通过建立去中心化的社区治理机制，读者和创作者可以更直接地参与到平台的运营和决策中，共同推动平台的发展方向，形成更加开放和透明的社区生态。

2. 基于区块链的读者奖励

数字阅读平台可以通过区块链技术建立读者奖励机制。通过阅读、评论、分享等行为，读者可以获得平台发放的代币奖励，这不仅激励了读者的积极参与，还促进了社区的活跃度。

3. 社交化阅读体验

基于区块链技术的数字阅读平台可以更好地实现社交化阅读体验。读者可以在平台上建立个人身份，并与其他读者建立连接，分享阅读心得、推荐书籍等。这种社交化体验有助于形成更紧密的读者社区。

4. 分布式内容生产

区块链技术为分布式内容生产提供了可能。读者不仅可以参与内容创作，还可以通过支持自己喜欢的创作者获得代币奖励。这种模式有助于拓展平台的内容生态，吸引更多优质内容的产生。

(六)挑战与展望

1. 技术挑战

尽管区块链技术在数字阅读中带来了许多机遇,但也面临一些技术挑战。包括交易速度、可扩展性、能耗等问题,这些问题需要不断的技术创新来解决。

2. 法律和标准制定

数字阅读涉及版权、数据隐私等法律问题,区块链技术的应用需要更为完善和合规的法律框架。同时,制定行业标准也是必要的,以确保不同平台之间的互操作性和数据一致性。

3. 用户教育

区块链技术相对较新,很多用户对其了解有限。数字阅读平台需要进行大量的用户教育工作,让用户理解区块链技术的优势和应用方式,提高用户的参与度。

4. 社会接受度

由于区块链技术的去中心化特性,一些传统中心化平台可能对其应用产生抵触情绪。数字阅读平台需要克服社会接受度的障碍,推动用户从传统阅读方式向基于区块链的数字阅读平台转变。

随着区块链技术的不断发展和数字阅读平台的创新,数字阅读领域将迎来更多的变革。未来可能会看到更多的区块链技术与人工智能、大数据等技术的融合,形成更为完善的数字阅读生态。同时,数字阅读平台还有望构建起更加开放、透明、可信赖的社区,让读者和创作者在其中更好地互动和共建。

第二节 创新模式与新媒体阅读服务的未来展望

一、新媒体平台与图书馆合作的创新模式

随着数字化时代的发展,新媒体平台和传统图书馆之间的合作日益增多,共同推动了文化信息的传播与共享。本书将深入探讨新媒体平台与图书馆合作的创新模式,包括合作的形式、带来的益处以及在数字化转型中的挑战与应对策略。通过对这一合作模式的全面分析,我们可以更好地理解其在促进知识传播、服务读者、推动文化创新等方面的重要作用。

（一）概述

数字化时代的到来使得信息获取、传播方式发生了翻天覆地的变化。新媒体平台作为信息社会的重要组成部分，以其即时性、互动性和多媒体性等特点，成为人们获取信息和交流观点的主要渠道。同时，传统图书馆作为文化传承和知识服务的载体，也在数字化的浪潮中进行了不断的变革和创新。新媒体平台与图书馆的合作，既是数字化转型的产物，也是推动文化发展的一种新模式。

（二）新媒体平台与图书馆合作的形式

1. 数字资源共享

新媒体平台与图书馆可以通过数字资源的共享实现合作。图书馆可以将其馆藏中的数字化资源，如电子书籍、数字档案等，共享到新媒体平台上，使更多用户能够方便地获取这些资源。这种形式的合作扩大了图书馆的影响范围，提高了数字资源的利用率。

2. 在线图书馆服务

新媒体平台可以与图书馆合作，提供在线图书馆服务。通过将图书馆的馆藏整合到新媒体平台上，用户可以在一个平台上实现检索、借阅和阅读图书馆的资源。这种形式的合作提高了用户的便捷性，促进了图书馆服务的数字化升级。

3. 文化活动合作

新媒体平台和图书馆可以共同举办文化活动，如线上讲座、读书分享会、文学赛事等。通过新媒体平台的传播力和图书馆的专业性相结合，可以吸引更多用户参与，促进文化交流与共享。这种形式的合作推动了文化服务的创新和社区活动的丰富。

4. 社交媒体推广

新媒体平台可以借助社交媒体的力量，与图书馆展开合作，推广图书馆的服务和活动。通过在社交媒体上发布图书馆资源、推动相关话题讨论，吸引更多关注图书馆的用户。这种形式的合作提高了图书馆在社交媒体上的曝光度，拓展了受众群体。

（三）新媒体平台与图书馆合作的益处

1. 拓展受众群体

新媒体平台与图书馆合作，将图书馆的服务和资源引入更广泛的社交平台中，可以吸引更多不同年龄、背景的用户。这有助于拓展图书馆的受众群体，增加对图书馆服务的需求。

2.提高文化传播效果

通过新媒体平台的广泛传播,图书馆的文化活动、数字资源等可以更迅速、全面地传达给用户。这种合作模式提高了文化传播的效果,使得图书馆的文化价值更好地为社会所认知和接受。

3.促进数字化服务升级

新媒体平台与图书馆合作,推动了图书馆服务的数字化升级。数字资源共享、在线图书馆服务等创新形式,使得图书馆能够更好地适应数字时代的需求,提高服务的便捷性和效率。

4.增加社交互动

社交媒体平台具有强大的社交互动性,与图书馆合作可以通过用户评论、分享、点赞等形式,增加用户与图书馆之间的互动。这有助于建立更紧密的读者社区,形成用户参与图书馆服务的良好氛围。

(四)数字化转型中的挑战与应对策略

1.数据隐私与安全问题

在新媒体平台与图书馆合作中,用户信息和数字资源的传输涉及数据隐私和安全问题。为了解决这一挑战,需要建立安全的数据传输通道,加强用户隐私保护措施,确保用户信息和图书馆资源的安全性。

2.技术整合难题

不同图书馆和新媒体平台可能采用不同的技术体系,导致在合作过程中出现技术整合难题。为了应对这一挑战,需要建立统一的技术标准和接口,使得不同平台之间能够更加顺畅地进行信息传递和资源整合。同时,也需要加强对图书馆工作人员和新媒体平台运营者的技术培训,提升其应对数字化挑战的能力。

3.用户习惯的培养

在数字化转型中,用户对于新媒体平台与图书馆合作的服务可能存在接受度的问题。为了应对这一挑战,需要通过定期推广活动、线上线下宣传等方式,培养用户对于新服务的认知和习惯。同时,及时收集用户反馈,不断优化服务体验,提高用户黏性。

(五)创新模式展望

1.虚拟图书馆与社区合作

未来,虚拟图书馆可以与社交媒体平台合作,创造出更具社区氛围的数字阅读空间。通过建立在线社区,读者可以在虚拟图书馆中分享读书心得、参与线上活动，形成更具互动性和参与感的文化社区。

2. 个性化服务与推荐系统

新媒体平台与图书馆合作可以更加注重个性化服务，利用人工智能技术建立更智能的推荐系统。通过分析用户的阅读历史、兴趣爱好等信息，为用户提供更符合个性化需求的图书推荐、文化活动等服务。

3. 跨界合作推动文化创新

新媒体平台和图书馆可以与其他文化机构、艺术家等跨界合作，推动文化创新。例如，可以与艺术家合作开展数字艺术展览，与音乐平台合作举办线上音乐会，从而为用户提供更丰富多元的文化体验。

4. 区块链技术的应用

引入区块链技术可以使得数字合作更加透明、可信。通过区块链建立数字版权管理系统，确保数字资源的产权，防范侵权行为。同时，区块链技术还可以用于建立激励机制，奖励创作者和贡献者，促进数字文化生态的良性发展。

5. 开展线上线下融合活动

新媒体平台和图书馆可以开展线上线下融合的文化活动。例如，通过线上直播推送图书馆的线下讲座、展览，或者通过新媒体平台进行线上书友会、文学沙龙等活动，以满足不同用户的需求。

新媒体平台与图书馆合作的创新模式为数字化时代的文化服务提供了全新的可能性。通过数字资源共享、在线图书馆服务、社交媒体推广等形式的合作，图书馆能够更好地适应数字时代的需求，提高服务效能和用户体验。然而，在数字化转型中仍然存在一些挑战，包括数据隐私与安全问题、技术整合难题、法律法规不明确等。通过加强技术培训、制定明确的合作协议、参与法规的制定等方式，可以有效地应对这些挑战。

创新模式展望方面，虚拟图书馆与社区合作、个性化服务与推荐系统、跨界合作推动文化创新、区块链技术的应用以及线上线下融合活动等方向都将为新媒体平台与图书馆合作带来更为丰富和多元的发展前景。这些创新模式将促使数字文化服务更好地满足用户多样化的需求，推动文化传承和创新不断迈进新的阶段。

总体而言，新媒体平台与图书馆的合作为文化服务领域注入了新的活力，推动了数字化时代文化资源的更广泛传播与共享。随着科技的不断发展和社会需求的变化，这种合作模式有望在未来继续创新，为用户提供更为便捷、丰富、高效的数字文化体验。同时，图书馆作为文化传承和知识服务的机构，通过与新媒体平台的紧密合作，也能够更好地适应数字时代的潮流，保持其在社会中的重要地位。

二、用户生成内容与个性化阅读的未来趋势

随着数字技术的不断发展和社交媒体的兴起，用户生成内容（UGC）和个性化阅读成为数字时代阅读体验的两个重要方面。本书将深入探讨用户生成内容与个性化阅读的未来趋势，包括社交媒体对阅读的影响、个性化推荐算法的进展、虚拟现实与增强现实技术的整合等方面。通过对这些趋势的分析，我们可以更好地理解数字阅读未来的发展方向以及用户在阅读中的角色和需求。

（一）概述

随着互联网的普及和数字技术的飞速发展，阅读方式和体验发生了巨大的变革。用户生成内容和个性化阅读作为数字时代阅读的两大特征，正在逐渐成为阅读生态的核心。用户不再仅仅是信息的接收者，而更是信息的创造者和塑造者。以下将探讨用户生成内容与个性化阅读的未来趋势，以及这些趋势对数字阅读和文化传播的深远影响。

（二）社交媒体对阅读的影响

1. 社交阅读的兴起

社交媒体的普及使得阅读不再是孤立的个体行为，而是社交互动的一部分。读者可以通过社交媒体平台分享自己的阅读心得、推荐书单，与朋友、关注者进行交流和讨论。这种社交阅读模式强化了阅读的社交性，形成了一个庞大的数字阅读社区。

2. 微信公众号和书评平台的兴盛

微信公众号和专业书评平台为用户提供了一个分享阅读体验和交流读书感受的平台。用户可以通过撰写读书笔记、发表书评等形式，与其他读者进行互动。这种用户生成内容的形式推动了阅读社区的形成，促进了文学和知识的传播。

3. 跨界合作与 IP 文化的崛起

社交媒体平台推动了文学与其他文化形式的跨界合作，形成了多媒体 IP 文化。一本畅销小说可能会被改编成影视剧、动漫、音乐等多种形式，通过不同媒体的呈现，吸引更广泛的受众群体。这种跨界合作加强了文学作品的传播力和影响力。

（三）个性化推荐算法的进展

1. 大数据和机器学习的应用

个性化阅读的关键在于有效的推荐算法。随着大数据和机器学习技术的不断进步，个性化推荐算法变得更加智能和精准。通过分析用户的阅读历史、兴趣标签、社交互动等数据，系统能够为用户提供更符合其个性化需求的图书推荐。

2. 情感分析与情境化推荐

未来的个性化推荐算法可能会更加注重用户的情感和阅读场景。情感分析技术可以更准确地了解用户在阅读过程中的情感变化，为用户推荐更贴合其情感需求的作品。同时，根据用户所处的情境，如在旅途中、下班后等，系统也能够进行更为精准的场景化推荐。

3. 协同过滤与社交网络数据的整合

协同过滤算法是个性化推荐领域中的一种重要算法，未来可能更加充分地整合社交网络数据。通过分析用户在社交媒体上的行为、朋友圈的阅读喜好等信息，系统可以更全面地理解用户的兴趣，提供更准确的协同过滤推荐。

4. 用户参与度的强化

未来个性化推荐算法将更加注重用户的参与度。用户可以通过主动标注喜好、调整推荐策略等方式，直接参与到推荐算法的优化过程中。这种用户参与的模式不仅提高了推荐的精准度，还增强了用户对于推荐系统的信任感和满意度。

（四）虚拟现实与增强现实技术的整合

1. 虚拟现实阅读体验

虚拟现实（VR）技术的不断进步将为阅读体验带来全新的可能性。未来，用户可以通过虚拟现实设备沉浸式地阅读图书，仿佛置身于书中的世界。这种沉浸式的阅读体验将使阅读更加生动、互动，激发用户更深层次的阅读体验。

2. 增强现实图书推广

增强现实（AR）技术可以通过叠加虚拟信息到实际环境中，为图书推广提供更具创意和互动性的方式。例如，用户可以通过 AR 应用扫描图书封面，触发相关的视频介绍、音频解说等。这种形式的推广使得图书宣传更加生动有趣，提高用户的注意力和参与度。

3. 定制化的 AR 阅读体验

AR 技术还可以为用户提供定制化的阅读体验。用户可以通过 AR 应用选择不同的阅读主题、风格，将虚拟信息融入实际图书中，实现个性化的阅读界面和互动体验。这种定制化的 AR 阅读体验将满足用户对于个性化阅读的需求。

（五）社交化阅读与阅读社区的发展

1. 在线书评与书单分享

社交媒体平台上的在线书评和书单分享将成为用户生成内容的重要形式。读者通过书评表达对作品的看法，通过书单分享展示个人阅读经历，形成更加丰富的社交化阅读内容。这种形式的 UGC 有助于构建更为庞大、多元的阅读社区。

2. 读者社交网络的建立

未来的社交媒体平台可能更专注于构建读者社交网络。通过分析用户的阅读兴趣、社交关系等信息，平台可以建立更为精准的读者社交网络，推动读者之间更深层次的互动和交流。这种社交网络将成为用户生成内容的重要来源。

3. 跨界合作推动阅读社区发展

社交化阅读平台可能会与其他文化、娱乐、科技等领域进行更深层次的跨界合作。通过与音乐平台、影视平台、游戏平台等的合作，阅读社区可以吸引更广泛的用户群体，推动阅读社区的多元化和创新。

4. 虚拟社交体验的拓展

未来社交媒体平台可能会进一步拓展虚拟社交体验。通过引入虚拟现实、增强现实等技术，用户可以在虚拟空间中进行更丰富的社交体验。例如，用户可以在虚拟图书馆中与其他读者实时交流，参与虚拟读书会等活动，拓展社交化阅读的边界。

（六）挑战与应对策略

1. 隐私和安全问题

随着社交媒体和个性化推荐的发展，用户的阅读行为和个人信息将更多地暴露在数字平台上。面临的挑战包括隐私泄露、数据滥用等问题。为了解决这一问题，平台需要加强用户隐私保护措施，明确数据收集和使用的目的，并建立更为严格的数据安全标准。

2. 算法公正和透明度

个性化推荐算法可能存在过度过滤和信息茧房化的问题，导致用户只看到与其兴趣相符的内容，而忽略了多样性和挑战性的作品。为了应对这一挑战，算法需要更加注重公正性和透明度，确保推荐的多样性，避免信息茧房的形成。

3. 数字鸿沟的扩大

尽管数字阅读和社交媒体平台的普及，但数字鸿沟仍然存在。一些地区的人们可能因为经济、技术等原因无法充分参与到数字阅读和社交媒体平台中。为了解决数字鸿沟问题，需要加强数字基础设施建设，提高数字素养，推动数字化均衡发展。

4. 用户生成内容的可信度

用户生成内容的广泛应用也带来了信息可信度的问题。虚假信息、恶意攻击等现象可能影响读者对于信息的信任度。为了维护用户生成内容的可信度，平台需要建立有效的信息审核机制，引入技术手段识别虚假信息，并加强用户教育，提高用户辨别信息真伪的能力。

（七）未来展望

1. 智能化个性化推荐

随着人工智能技术的不断发展，未来个性化推荐算法将更加智能化。机器学习、深度学习等技术的应用将使得推荐算法更加深入理解用户的需求，为用户提供更具个性化和智能化的阅读推荐服务。

2. 虚拟社交体验的拓展

未来虚拟现实和增强现实技术的发展将为用户提供更为真实和沉浸的虚拟社交体验。读者可以在虚拟空间中与作者、其他读者进行更为直观的交流，拓展社交媒体平台的社交维度。

3. 跨界合作的深化

社交媒体平台与其他领域的跨界合作将更为深化。与音乐、影视、游戏等行业的深度合作将为用户提供更多元化的文化体验，丰富用户的阅读社交生活。

4. 用户生成内容的多元化

未来用户生成内容将更加多元化，不仅包括文字、图片、音频等形式的内容，还可能涌现出更具创新性的用户生成内容形式。虚拟现实创作、AR 书评等将为用户提供更为丰富和有趣的参与方式。

5. 阅读社区的全球化

社交媒体平台将更加努力实现阅读社区的全球化。跨国合作、多语言支持、文化差异的尊重将使得阅读社区在全球范围内更为融合，构建一个跨越国界的文学交流空间。

总体而言，用户生成内容与个性化阅读的未来趋势将在数字化时代继续发展。随着技术的不断进步和用户需求的不断变化，数字阅读体验将更为智能、沉浸、社交化。这为文化传播提供了更为广阔的空间，也使得阅读成为更加个性化、有趣、参与性的体验。

三、跨界合作与阅读服务的创新案例

随着数字化时代的来临，跨界合作成为推动文化服务创新的重要方式之一。本书将探讨跨界合作在阅读服务领域的创新案例，包括数字技术与文学的融合、图书馆与新媒体平台的合作、文学与影视的跨界互动等。通过对这些案例的深入分析，我们可以了解跨界合作如何推动阅读服务的创新，提升用户体验，同时推动文化产业的蓬勃发展。

（一）数字技术与文学的融合

1. 阅读应用与人工智能的结合

阅读应用与人工智能的结合是数字技术与文学跨界合作的典型案例之一。阅读应用通过引入自然语言处理、机器学习等技术，对用户的阅读行为进行分析，实现个性化推荐、情感分析等功能。例如，Kindle 的智能推荐系统能够根据用户的阅读历史和兴趣，智能地推荐新书，提升用户的阅读体验。

2. 虚拟现实与文学创作的结合

虚拟现实技术为文学创作带来了全新的表现方式。通过虚拟现实设备，读者可以沉浸式地体验故事情节，仿佛置身于故事中的世界。一些文学作品开始尝试借助虚拟现实技术进行创作和阅读，通过图像、声音、互动等元素，为读者呈现更为丰富和引人入胜的文学体验。

3. 文学与游戏的结合

文学与游戏的跨界合作呈现出一种全新的阅读体验。一些文学作品被改编成交互式游戏，读者可以通过选择情节走向、参与解谜等方式，亲身参与到故事中。这种结合不仅拓展了文学作品的呈现形式，也吸引了更多喜欢互动性阅读的用户。

（二）图书馆与新媒体平台的合作

1. 图书馆数字资源共享

合作的第一形式是数字资源共享。图书馆与新媒体平台可以达成协议，将图书馆的数字资源如电子书、数字档案等共享到新媒体平台上。这样，用户可以在新媒体平台上方便地获取到图书馆的丰富资源，实现了图书馆服务的数字化扩展。

2. 在线图书馆服务

合作的第二形式是在线图书馆服务。新媒体平台可以与图书馆合作，将图书馆的馆藏整合到平台上，用户可以在一个平台上进行检索、借阅和阅读图书馆的资源。这种形式的合作提高了用户的便捷性，推动了图书馆服务的数字化升级。

3. 社交媒体推广

新媒体平台可以与图书馆展开合作，通过社交媒体平台推广图书馆的服务和活动。通过在社交媒体上发布图书馆资源、推动相关话题讨论，吸引更多关注图书馆的用户。这种形式的合作提高了图书馆在社交媒体上的曝光度，拓展了受众群体。

4. 文化活动合作

新媒体平台和图书馆可以共同举办文化活动，如线上讲座、读书分享会、文学赛事等。通过新媒体平台的传播力和图书馆的专业性相结合，可以吸引更多用户参与，促进文化交流与共享。这种形式的合作推动了文化服务的创新和社区活动的丰富。

（三）文学与影视的跨界互动

1. 文学作品改编成影视剧

文学作品改编成影视剧一直是文学与影视的传统合作方式。这种跨界合作不仅可以让文学作品更广泛地传播，也为读者提供了全新的感官体验。

2. 影视作品衍生文学作品

成功的影视作品往往会引发对其故事世界的深入探讨，从而催生出文学作品。这种跨界合作促进了文学与影视之间的互动，拓展了故事的延伸。

3. 交互式文学与影视

随着技术的发展，交互式文学与影视的跨界互动成为一种新型的合作方式。通过虚拟现实、增强现实等技术，读者可以在故事中进行互动选择，改变故事的走向。这种创新的合作形式为读者提供了更为个性化、互动性更强的阅读和观影体验。

（四）挑战与未来展望

1. 版权问题

在跨界合作中，牵涉到文学、影视、新媒体等多方面的版权问题。作品的改编、衍生，以及不同平台之间的合作都需要明确的版权协议。未来需要建立更为完善和透明的版权交易机制,以便更好地保护创作者的权益,推动合作的顺利进行。

2. 技术整合

在数字化时代,不同领域的合作往往需要技术的整合。文学、影视、新媒体等行业涉及的技术、平台不同,如何实现数据的互通与共享,确保用户体验的一致性是一个亟待解决的问题。这需要各方加强技术标准的制定,提高跨界合作的技术整合水平。

3. 用户体验

跨界合作要求提供更为全面、多元、个性化的用户体验。在合作中,需要考虑不同用户群体的需求,提供更贴近用户习惯的服务。未来,将更加注重用户参与和反馈,不断优化跨界合作的产品和服务,提升用户体验。

跨界合作将继续推动阅读服务的创新。随着技术的发展和文化产业的融合,文学、影视、新媒体等领域的合作将更加紧密,为用户提供更为多元、丰富的阅读体验。同时,跨界合作也将推动文学作品更广泛地传播,促使文学创作与文化产业的繁荣。在解决相关挑战的同时,各方需要共同努力,推动跨界合作的可持续发展,以满足数字化时代用户对阅读服务的不断增长的需求。

第三节 新媒体时代的阅读引导与读者服务创新案例分析

一、成功案例分析:新媒体平台与图书馆合作的经验总结

本书旨在总结新媒体平台与图书馆合作的经验,探讨这种合作模式对于文化传承、数字化服务以及阅读体验的积极影响。通过案例分析和经验总结,我们可以更好地理解新媒体平台与图书馆合作的优势、挑战,以及未来可能的发展方向,为推动图书馆服务创新提供借鉴和启示。

(一)背景介绍

在数字化时代,新媒体平台的崛起与图书馆的服务创新相辅相成。新媒体平台以其便捷的传播方式、社交性质的特点,成为推动文化传播、知识共享的重要平台。图书馆作为传统的文化机构,通过与新媒体平台合作,可以更好地适应时

代变革，将丰富的文化资源引入数字空间，提升服务质量和用户体验。

（二）新媒体平台与图书馆合作的形式

1. 数字资源共享

一种常见的合作形式是数字资源共享。图书馆可以将其数字化的馆藏、电子书籍等资源分享到新媒体平台上，通过平台的传播力，使更多用户能够便捷地获取到图书馆的丰富资源。这种形式的合作加强了图书馆的数字服务能力，拓展了服务辐射范围。

2. 在线图书馆服务

另一种形式是在线图书馆服务。新媒体平台与图书馆合作，将图书馆的馆藏整合到平台上，用户可以在一个平台上进行检索、借阅和阅读图书馆的资源。这种形式的合作提高了用户的便捷性，推动了图书馆服务的数字化升级。

3. 社交媒体推广

合作的另一形式是社交媒体推广。新媒体平台可以通过社交媒体平台推广图书馆的服务和活动。通过在社交媒体上发布图书馆资源、推动相关话题讨论，吸引更多关注图书馆的用户。这种形式的合作提高了图书馆在社交媒体上的曝光度，拓展了受众群体。

4. 文化活动合作

新媒体平台和图书馆可以共同举办文化活动，如线上讲座、读书分享会、文学赛事等。通过新媒体平台的传播力和图书馆的专业性相结合，可以吸引更多用户参与，促进文化交流与共享。这种形式的合作推动了文化服务的创新和社区活动的丰富。

（三）新媒体平台与图书馆合作的经验总结

1. 优势

（1）数字化服务拓展：新媒体平台与图书馆合作可以有效拓展图书馆的数字化服务。通过将数字资源共享到新媒体平台上，图书馆的馆藏得以数字化扩展，用户可以在线借阅、检索和阅读图书馆的资源，提高了服务的便捷性和可访问性。

（2）社交媒体推广：通过在社交媒体上与新媒体平台合作，图书馆可以更广泛地推广自身的服务和活动。社交媒体的传播效应大，可以吸引更多用户的关注，提高图书馆在社交媒体平台上的曝光度，进而吸引更多读者参与到图书馆的文化活动中。

（3）丰富文化活动：新媒体平台与图书馆的文化活动合作，使得图书馆的文化活动更加多元丰富。线上讲座、读书分享、文学赛事等形式的活动可以吸引不同兴趣领域的读者参与，为社区提供更为丰富的文化服务。

（4）提高读者参与度：新媒体平台的互动性质可以促进读者更积极地参与到图书馆的服务和活动中。通过评论、分享、点赞等社交媒体互动方式，读者可以更好地表达自己的观点、分享阅读体验，形成更为活跃的阅读社区。

2. 挑战

（1）版权管理：数字资源共享涉及版权问题，需要各方建立明确的版权协议，确保数字化资源的合法使用。图书馆需要与新媒体平台协商一致的版权管理机制，以保护创作者的权益。

（2）技术整合：不同图书馆和新媒体平台可能使用不同的技术平台和系统，需要进行技术整合，以实现数据的互通与共享。这需要各方加强技术标准的制定，提高跨界合作的技术整合水平，确保用户体验的一致性。

（3）用户隐私保护：在数字化服务和社交媒体推广过程中，涉及用户个人信息。图书馆和新媒体平台需要加强用户隐私保护措施，明确数据收集和使用的目的，建立更为严格的用户隐私保护标准。

（4）文化差异：不同文化背景下的图书馆和新媒体平台可能存在文化差异，需要更深层次的合作和理解。在文化活动合作中，要考虑到不同社区的文化需求，确保活动的受众群体广泛而有针对性。

3. 未来展望

（1）强化数字化服务：未来，新媒体平台与图书馆合作可以更加强化数字化服务。通过引入先进的数字技术，如人工智能、虚拟现实等，可以提供更智能、沉浸式的阅读体验，进一步拓展数字化服务的边界。

（2）创新社交化阅读体验：社交媒体推广和文化活动合作的基础上，未来可以进一步创新社交化阅读体验。例如，通过在线书评互动、读书会线上参与等方式，建立更丰富、有趣、互动性强的阅读社区。

（3）提升合作技术水平：面对技术整合的挑战，未来新媒体平台与图书馆可以加强技术合作，共同推动技术水平的提升。建立更通用的技术标准，推动不同系统之间的互通性，以确保数字化服务和数据共享更为顺畅。

（4）拓展跨界合作领域：未来的新媒体平台与图书馆合作可以拓展跨界合作的领域。除了数字化服务和社交媒体推广，可以考虑与音乐平台、影视平台、游戏平台等更深层次的跨界合作，实现文化产业的更大融合。

（5）强化用户教育和参与度：未来合作可以更加注重用户教育和参与度。通过在线培训、数字素养教育等方式，提高用户对数字化服务的认知和使用能力。同时，加强用户参与度的策略，使用户更活跃地参与到图书馆和新媒体平台的合作中。

总体而言，新媒体平台与图书馆合作是推动文化服务创新、满足数字化时代阅读需求的有效方式。通过总结已有经验，解决合作中的挑战，未来的合作可以更加紧密，更加有针对性地满足用户的多样化需求。

二、创新实践：社交媒体阅读社区的打造与运营

随着社交媒体的不断发展，人们对于信息获取和分享的需求不断增加。社交媒体阅读社区因其具有交流互动、内容分享的特点，逐渐成为吸引用户的热门平台。以下将探讨如何打造和运营一个成功的社交媒体阅读社区，并提供一些建议和策略。

（一）社交媒体阅读社区的定义

社交媒体阅读社区是指一个以阅读为主题的在线社区，通过社交媒体平台进行内容分享、讨论和交流的虚拟空间。在这个社区中，用户可以分享自己的阅读心得、推荐好书、参与读书活动，并与其他用户建立联系。

（二）社交媒体阅读社区的优势

内容分享与推荐：社交媒体阅读社区提供了一个平台，让用户能够分享他们喜欢的书籍、文章和阅读心得。这种内容分享能够激发更多人的兴趣，形成良好的阅读氛围。

互动与交流：用户可以在社交媒体阅读社区中与其他读者进行互动和交流，讨论书籍内容、提出问题、分享阅读体验。这种互动提高了社区的活跃度，增加了用户黏性。

读书活动的组织：社交媒体阅读社区可以组织各种读书活动，如线上读书会、书评比赛等，进一步拉近用户之间的距离，增强社区凝聚力。

个性化推荐：借助社交媒体平台的算法，社交媒体阅读社区可以根据用户的阅读历史和兴趣，为他们推荐更符合个性化需求的书籍，提升用户体验。

（三）社交媒体阅读社区的打造

明确社区定位：在创建社交媒体阅读社区之前，要明确社区的定位。是以某一特定领域的书籍为主题，还是涵盖多个领域？是以专业读者为目标群体，还是

面向广大大众?

建设丰富的内容：社交媒体阅读社区的核心是内容，要确保社区中有丰富、有质量的阅读内容。可以邀请专业编辑、作家、学者等进行定期的专题推荐，也可以鼓励普通用户分享自己的读书心得。

用户体验优化：社交媒体阅读社区的用户体验直接关系到用户留存率。要确保平台操作简便，界面美观，功能完善。引入个性化推荐、互动社交等元素，提高用户的参与度。

激发用户参与：可以通过开展阅读挑战、征文比赛、每月推荐等活动，激发用户的参与热情。同时，要及时回应用户反馈，建立用户信任感。

建立社群氛围：社交媒体阅读社区需要建立积极向上的社群氛围。可以设立专门的板块用于分享正能量、感人故事，倡导尊重、理解、分享的社区文化。

（四）社交媒体阅读社区的运营

活动策划与推广：定期策划各种有趣的读书活动，如线上读书会、书籍推荐赛等，并通过社交媒体平台进行推广，提高活动的曝光度。

内容推送与更新：不断更新社区内容，包括专业书评、行业动态、读书心得等。通过定期推送精选内容，保持用户的活跃度。

社交媒体互动：利用社交媒体平台进行互动，回应用户评论，发布有趣的投票、问答等，增加用户黏性。也可以考虑与其他社交媒体阅读社区合作，共同举办活动。

数据分析与优化：运用数据分析工具，了解用户行为、兴趣，根据数据优化社区运营策略。通过分析用户反馈和数据，不断改进社区功能，提升用户体验。

建立合作关系：与出版社、作家、文学机构等建立合作关系，争取更多资源支持。可以邀请作家进行线上访谈、合作举办线下活动，提升社区的知名度和权威性。

（五）社交媒体阅读社区的未来发展趋势

虚拟现实与增强现实技术应用：结合虚拟现实和增强现实技术，提供更具沉浸感的阅读体验，为用户打造更真实的社交媒体阅读社区。

社交化阅读体验：进一步加强社交元素，推动用户在社交媒体阅读社区中建立更紧密的联系。可以通过引入更多社交功能，如好友推荐、共同阅读、在线讨论等，促进用户之间更深层次的互动。

多媒体内容分享：随着多媒体技术的不断发展，社交媒体阅读社区可以更多地采用图文、音频、视频等形式,丰富内容呈现方式,提供更多元化的阅读体验。

个性化推荐算法优化:进一步改进个性化推荐算法,更准确地了解用户兴趣和阅读习惯,为用户提供更符合其口味的推荐书籍。这需要社区不断积累数据、改进算法,并保障用户数据隐私。

跨平台整合:为了提高社交媒体阅读社区的可及性,可以考虑跨平台整合,将社区内容在不同的社交媒体平台进行分享,扩大社区影响力。

社区商业化:随着社交媒体阅读社区用户规模的扩大,可以考虑引入商业化模式,如广告投放、付费会员服务、线下活动赞助等,以确保社区的可持续发展。

全球化发展:在全球范围内寻找合适的合作伙伴,进行国际化运营。可以与不同国家和地区的出版社、文学机构、作家合作,为社区引入更多元化的阅读资源。

社区治理与用户教育:强化社区的治理机制,建立用户行为规范,防范网络暴力和不良信息。同时,通过定期举办线上培训、阅读教育活动等,提高用户对于优质阅读的认知。

创新的活动形式:探索新颖有趣的活动形式,如虚拟写作马拉松、阅读挑战赛等,以激发用户兴趣,增强社区活力。

绿色阅读倡导:提倡绿色阅读理念,倡导数字化阅读,减少纸质书籍的消耗。社交媒体阅读社区可以通过相关活动和倡议,引导用户形成环保的阅读方式。

在打造和运营社交媒体阅读社区的过程中,需要不断关注用户反馈,灵活调整策略,保持创新,以适应不断变化的市场需求和用户期望。同时,建立开放的沟通机制,与用户建立互信关系,形成共建共赢的社区生态。通过精心规划、有效运营,社交媒体阅读社区有望成为一个促进阅读文化传播和知识分享的重要平台。

三、先进技术应用:人工智能驱动的个性化阅读服务发展

在信息过载的时代,个性化阅读服务成为满足用户需求的关键。人工智能技术的不断发展为构建个性化阅读服务平台提供了强大的工具。

(一)技术创新和未来发展方向

强化深度学习和神经网络:随着深度学习和神经网络技术的不断发展,未来个性化阅读服务可望在模型的深度和精度上取得更大突破。深度学习的应用可以更好地挖掘用户行为数据中的潜在关联,提高推荐系统的智能程度。

整合更多数据源：未来个性化阅读服务可以进一步整合更多的数据源，如社交媒体、新闻网站、电商平台等。通过分析用户在不同平台上的行为，系统可以更全面地了解用户兴趣和需求，提供更准确的推荐。

开发更智能的情感分析：随着自然语言处理技术的进步，未来的个性化阅读服务可以更精准地进行情感分析。系统可以更好地理解用户评论中的情感色彩，为用户提供更具情感共鸣的阅读推荐。

引入增强学习：引入增强学习技术，使得系统能够更好地理解用户的反馈，并及时调整推荐策略。增强学习的应用可以使个性化阅读服务更具灵活性和适应性，更好地满足用户多变的阅读需求。

打造更丰富的用户画像：未来的个性化阅读服务可以通过整合更多维度的用户数据，打造更丰富、全面的用户画像。这可以包括用户的社交关系、地理位置、在线行为等多方面的信息，以更好地了解用户的多元需求。

社交化与协同过滤：强化社交化元素，通过协同过滤算法分析用户在社交网络上的行为，借助朋友推荐、共同阅读等方式提供更精准的个性化推荐。

（二）面临的挑战与解决方案

用户隐私与数据安全：个性化阅读服务需要大量用户数据来进行分析和推荐，但同时也涉及用户隐私和数据安全的问题。为了解决这一挑战，平台需要建立严格的隐私政策，并采取有效的加密和安全措施，确保用户的个人信息得到妥善保护。

信息过滤与信息茧房：个性化阅读服务如果仅仅基于用户的历史阅读记录进行推荐，可能导致信息茧房的问题，使用户陷入信息的封闭圈子。为了解决这一问题，系统需要引入更广泛的数据源，确保用户能够接触到更丰富多样的内容。

算法透明度与用户信任：随着算法的复杂性增加，用户可能难以理解系统是如何进行个性化推荐的，从而降低用户对于推荐的信任度。解决这一挑战的方式之一是增加算法的透明度，通过解释模型的工作原理，让用户更容易理解系统的运作方式。

反馈不足与标签噪声：有时用户提供的反馈信息可能不足，或者包含噪声，使得系统难以准确理解用户的兴趣和偏好。为了解决这一问题，可以通过引入更多的互动方式，鼓励用户主动提供更准确的反馈。

多样性与陷入过滤泡：个性化推荐系统往往有一定的保守性，更倾向于推荐用户已经熟悉的内容。这可能导致用户陷入过滤泡，错过了一些潜在感兴趣的新颖内容。为了解决这一问题，系统需要引入多样性推荐算法，确保用户接触到更广泛的内容。

个性化阅读服务在人工智能技术的推动下取得了显著的进展，为用户提供了更智能、更符合个体化需求的阅读体验。通过案例分析，我们了解了豆瓣阅读、Kindle、网易云阅读以及阅文集团的"熊猫看书"等个性化阅读服务平台是如何借助人工智能技术实现用户画像构建、智能推荐、情感分析等功能的。

随着技术的不断创新和发展，未来的个性化阅读服务有望在深度学习、自然语言处理、增强学习等领域迎来更多突破。技术的不断进步将进一步提高系统的智能程度，使用户能够更全面、更深入地享受到个性化阅读服务的好处。

然而，个性化阅读服务在发展过程中也面临着一系列的挑战，如用户隐私和数据安全、信息过滤与信息茧房、算法透明度与用户信任等问题。解决这些挑战需要平台制定更严格的隐私政策、引入更广泛的数据源、提高算法的透明度，以及通过更多的互动方式鼓励用户提供准确的反馈。

未来，个性化阅读服务将继续通过技术创新不断提升用户体验。更加智能的推荐系统将更好地理解用户的需求，为用户推荐更符合其兴趣和口味的内容。同时，社交化和协同过滤等技术将进一步促进用户之间的互动和信息交流，打破信息孤岛，提供更丰富多彩的阅读社区。

总体而言，个性化阅读服务的发展不仅受益于人工智能技术的不断进步，也需要平台在技术应用的同时关注用户体验、隐私保护等方面的平衡。未来，个性化阅读服务有望成为更多阅读者获取个性化阅读体验的首选平台，为用户打开更广阔的阅读世界。

参考文献

[1] 邓香莲. 全媒体语境下老龄社会的阅读服务保障整合研究 [M]. 上海：复旦大学出版社, 2020.06.

[2] 邓香莲著. 新媒体环境下阅读引导与读者服务的协同推进研究 [M]. 上海：复旦大学出版社, 2014.08.

[3] 李雅编；王余光, 霍瑞娟, 李东来总主编. 推荐书目与阅读推广 [M]. 北京：朝华出版社, 2022.03.

[4] 李玉梅, 王沛战编著. 新媒体环境下大众阅读行为与公共图书馆对策 [M]. 天津：天津人民出版社, 2014.06.

[5] 梁宏霞著. 读者阅读心理、行为和图书馆服务 [M]. 镇江：江苏大学出版社, 2016.11.

[6] 杨智. 新媒体环境下读者阅读心理趋向研究 [J]. 新闻世界, 2023(8)：64-66.

[7] 张林贺. 新媒体环境下党报提升读者黏性新范式探析 [J]. 新闻爱好者, 2018(11)：45-47.

[8] 张虹. 公共图书馆基于新媒体推进全民阅读策略探究 [J]. 参花(下), 2022(7)：128-130.

[9] 杨永岑. 新媒体环境下阅读行为嬗变与出版创新研究 [D]. 广东财经大学, 2023.

[10] 韩晓雨. 新媒体时代大学生碎片化阅读行为影响因素研究 [D]. 黑龙江大学, 2022.

[11] 郭阳. 数字媒体语境下纸媒阅读体验的设计研究 [D]. 天津美术学院, 2022.